21世纪大学生思想政治教育丛书

大学生国情教育理论研究与实践

王 薇／著

吉林大学出版社
·长春·

图书在版编目（CIP）数据

大学生国情教育理论研究与实践 / 王薇著. -- 长春：吉林大学出版社, 2021.4
（21世纪大学生思想政治教育丛书）
ISBN 978-7-5692-8230-6

Ⅰ.①大… Ⅱ.①王… Ⅲ.①大学生－国情教育－中国 Ⅳ.①D643

中国版本图书馆CIP数据核字(2021)第075261号

书　　名：21世纪大学生思想政治教育丛书：大学生国情教育理论研究与实践
21 SHIJI DAXUESHENG SIXIANG ZHENGZHI JIAOYU CONGSHU:
DAXUESHENG GUOQING JIAOYU LILUN YANJIU YU SHIJIAN

作　　者：王　薇著
策划编辑：矫　正
责任编辑：张宏亮
责任校对：李潇潇
装帧设计：雅硕图文
出版发行：吉林大学出版社
社　　址：长春市人民大街4059号
邮政编码：130021
发行电话：0431-89580028/29/21
网　　址：http://www.jlup.com.cn
电子邮箱：jdcbs@jlu.edu.cn
印　　刷：长春市华远印务有限公司
开　　本：787mm×1092mm　　1/16
印　　张：13.5
字　　数：200千字
版　　次：2022年4月　第1版
印　　次：2022年4月　第1次
书　　号：ISBN 978-7-5692-8230-6
定　　价：50.00元

版权所有　翻印必究

总 序
FOREWORD

2004年中共中央、国务院印发了《关于进一步加强和改进大学生思想政治教育的意见》，明确指出了加强和改进大学生思想政治教育的主要任务。

2017年2月，中共中央、国务院印发了《关于加强和改进新形势下高校思想政治工作的意见》，明确指出加强和改进高校思想政治工作的指导思想是：……全面贯彻党的教育方针，坚持社会主义办学方向，扎根中国大地办大学，以立德树人为根本，以理想信念教育为核心，以社会主义核心价值观为引领，……要强化思想理论教育和价值引领。把理想信念教育放在首位，切实抓好马克思列宁主义、毛泽东思想学习教育，广泛开展中国特色社会主义理论体系学习教育，深入学习习近平同志系列重要讲话精神，引导师生深刻领会党中央治国理政新理念新思想新战略，坚定中国特色社会主义道路自信、理论自信、制度自信、文化自信。

2019年3月，习近平同志在学校思想政治理论课教师座谈会上强调，用中国特色社会主义思想铸魂育人，引导学生增强中国特色社会主义道路自信、理论自信、制度自信、文化自信；强调推动思想政治理论课改革创新要坚持"八个统一"。

按照党中央、国务院印发的文件精神，以及习近平同志关于高校思想政治工作的相关重要论断，我们邀请了全国部分高校的思想政治工作者和思想政治理论课教师编写了这套《21世纪大学生思想政治教育丛书》，旨在为高校思想政治工作以及思想政治理论课的开展"添砖加瓦"。这套丛书主要包括坚持"四个自信"、个人素养养成、组织形式探索和重要专项教育四个方面的内容，下面将一一列举。

第一，"四个自信"的专项教育包括《大学生社会主义核心价值观培养教育》《大学生社会主义核心价值观认同教育》《大学生理想信念教育》

《大学生爱国主义教育》《大学生国情教育理论研究与实践》《大学生红色文化精神教育》《大学生校园文化精神教育》。

通过《大学生理想信念教育》《大学生爱国主义教育》引导学生增强中国特色社会主义道路自信。道路自信指明了中国梦的实现方向。正确的道路是实现美好梦想的前提，实现中国梦应坚持走中国特色社会主义道路，这不仅是历史的选择，也符合现实的需要。坚持走中国特色社会主义道路，是中国人民在长期的思考与探索中得到的，不仅符合中国国情，也符合社会主义基本原则。坚持走中国特色社会主义道路，让我们在新的发展时期获得了新的发展机遇，实现了跨越式进步，使我国的面貌与广大群众的生活发生了巨大变化，迎来了中国梦的光明前景。坚持走中国特色社会主义道路使我国各项事业获得巨大成功，但是面对社会主义现代化建设事业取得的伟大成就，我们必须保持清醒头脑。在改革发展以及实现中国梦的路上，难免会存在诸多矛盾与问题，这些会干扰中国梦实现的脚步，因此，必须坚定中国特色社会主义的道路自信，不忘初心，确保方向正确，实现"两个一百年"奋斗目标，实现中国梦。道路自信进一步明确了实现中国梦的方向，方向正确，才能确保寻梦路上稳步前进。以理想信念教育为核心，深入进行树立正确的世界观、人生观和价值观教育。要坚持不懈地用马克思列宁主义、毛泽东思想、邓小平理论、"三个代表"重要思想、科学发展观和习近平新时代中国特色社会主义思想武装大学生，深入开展党的基本理论、基本路线、基本纲领和基本经验教育，开展中国革命、建设和改革开放的历史教育，开展基本国情和形势政策教育，开展科学发展观教育，使大学生正确认识社会发展规律，认识国家的前途命运，认识自己的社会责任，确立在中国共产党领导下走中国特色社会主义道路、实现中华民族伟大复兴的共同理想和坚定信念。同时，要积极引导大学生不断追求更高的目标，使他们中的先进分子树立共产主义的远大理想，确立马克思主义的坚定信念。以爱国主义教育为重点，深入进行弘扬和培育民族精神教育。深入开展中华民族优良传统和中国革命传统教育，开展各民族平等团结教育，培养团结统一、爱好和平、勤劳勇敢、自强不息的精神，树立民族自尊心、自信心和自豪感。要把民族精神教育与以改革创新为核心的时代精神教育结合起来，引导大学生在中国特色社会主义事业的伟大实践中，在时代和社会的发展进步中汲取营养，培养爱国情怀、改革精神和创新能力，始终保持艰苦奋斗的作风和昂扬向上的精神状态。

通过《大学生社会主义核心价值观培养教育》《大学生社会主义核心价值观认同教育》引导学生增强中国特色社会主义理论自信。理论自信，源于中国特色社会主义理论体系的科学性、人民性和开放性。实践是检验真理的唯一标准，中国特色社会主义理论体系的科学性，不仅在于它和马克思列宁主义、毛泽东思想一脉相承，是当代中国的马克思主义，马克思主义的真理性决定了中国特色社会主义理论体系的科学性，更在于它作为改革开放以来中国社会主义建设实践的经验总结和理论指导，已经被中国改革开放和社会主义现代化建设的辉煌成就所证明。面对世界范围思想文化交流交融交锋形势下价值观较量的新态势，面对改革开放和发展社会主义市场经济条件下思想意识多元多样多变的新特点，抓好青少年价值观教育养成的任务十分艰巨而紧迫。培育和践行社会主义核心价值观，是推进中国特色社会主义伟大事业、实现中华民族伟大复兴中国梦的战略任务。党的十八大提出，倡导富强、民主、文明、和谐，倡导自由、平等、公正、法治，倡导爱国、敬业、诚信、友善，积极培育和践行社会主义核心价值观。富强、民主、文明、和谐是国家层面的价值目标，自由、平等、公正、法治是社会层面的价值取向，爱国、敬业、诚信、友善是公民个人层面的价值准则，这24个字是社会主义核心价值观的基本内容。"富强、民主、文明、和谐"是我国社会主义现代化国家的建设目标，也是从价值目标层面对社会主义核心价值观基本理念的凝练，在社会主义核心价值观中居于最高层次，对其他层次的价值理念具有统领作用。"自由、平等、公正、法治"是对美好社会的生动表述，也是从社会层面对社会主义核心价值观基本理念的凝练。它反映了中国特色社会主义的基本属性，是我们党矢志不渝、长期实践的核心价值理念。"爱国、敬业、诚信、友善"是公民基本道德规范，是从个人行为层面对社会主义核心价值观基本理念的凝练。它覆盖社会道德生活的各个领域，是公民必须恪守的基本道德准则，也是评价公民道德行为选择的基本价值标准。

通过《大学生国情教育理论研究与实践》引导学生增强中国特色社会主义制度自信。党的十九届四中全会指出："中国特色社会主义制度是党和人民在长期实践探索中形成的科学制度体系，我国国家治理一切工作和活动都依照中国特色社会主义制度展开，我国国家治理体系和治理能力是中国特色社会主义制度及其执行能力的集中体现。"制度自信为中国梦提供根本保障。制度是成就一番事业的根本保障，而我国实行社会主义制度不仅是由我国国情、性质决定的，也是经济社会发展进程决定的。中国特色社会主义制度体系是我国发展的制度保障，强调制度自信需要完善中国特色社会主义制度。制度自信不仅表现为政治定力，也需要改革创新、不断完善，这是制度自信的基本要求，是制度自信的重要保证。习近平同志曾明确指出，制度自信能激发全面深化改革的勇气，不断深化改革，制度自信才能更彻底、更久远。在新的时期，强调制度自信，需要在实现中华民族伟大复兴中国梦的实践中，继续坚持并完善中国特色社会主义制度体系，特别是围绕广大人民群众关注的热点问题完善这一制度体系，做到科学规范、系统完备、运转有效，确保每一个人都能展现聪明才智，调动一切积极因素，为实现中国梦增添力量。要明确中国特色社会主义制度是鲜明的、特色的、富有效率的，对其存在的问题，应有清醒的认识，要推动社会主义制度更为稳定、完备，才能为实现中国梦打好制度基础。

通过《大学生红色文化精神教育》《大学生校园文化精神教育》引导学生增强中国特色社会主义文化自信。要弘扬中华优秀传统文化和革命文化、社会主义先进文化，实施中华文化传承工程，推动中华优秀传统文化融入教育教学，加强革命文化和社会主义先进文化教育，深化中国共产党史、中华人民共和国史、改革开放史和社会主义发展史的学习教育，利用我国改革发展的伟大成就、重大历史事件纪念活动、爱国主义教育基地、国家公祭仪式等组织开展主题教育，弘扬以爱国主义为核心的民族精神和以改革创新为核心的时代精神。

第二，"个人素养养成"包括《大学生法律法规教育》《大学生"三观"教育》《大学生诚信为本教育》《大学生网络素养教育》《大学生优良学风教育》《大学生公民道德教育》《大学生集体主义教育》。

以基本道德规范为基础，深入进行公民道德教育。要认真贯彻《公民道德建设实施纲要》，以为人民服务为核心、以集体主义为原则、以诚实守信为重点，广泛开展社会公德、职业道德和家庭美德教育，引导大学生自觉遵守爱国守法、明礼诚信、团结友善、勤俭自强、敬业奉献的基本道德规范。坚持知行统一，积极开展道德实践活动，把道德实践活动融入大学生学习生活之中。修订完善大学生行为准则，引导大学生从身边的事情做起，从具体的事情做起，着力培养良好的道德品质和文明行为。

以大学生全面发展为目标，深入进行素质教育。加强民主法制教育，增强遵纪守法观念。法律素质是现代社会公民健康成长、参与社会、幸福生活的核心素质之一。高校要进一步培养学生法律意识，使学生了解现代法学的基本理论和中国特色社会主义法律体系中的基本法律原则、法律制度及民事、刑事、行政法律规范，提高运用法律知识、解决问题的意识和能力。加强人文素质和科学精神教育，加强集体主义和团结合作精神教育，促进大学生思想道德素质、科学文化素质和健康素质协调发展，引导大学生勤于学习、善于创造、甘于奉献，成为有理想、有道德、有文化、有纪律的社会主义新人。

第三，"组织形式探索"包括《大学生党团建设教育》和《大学生社团建设教育》。

高校党团组织是高校思想政治教育工作的重要资源，无时无刻不发挥着重要的作用，不仅发挥着导向和保证的作用，而且还充分发挥了其载体和渠道的作用。作为高校思想政治教育工作的载体，高校学生党团组织在新形势下也面临着新的挑战，研究高校党团组织建设具有重要意义。因此，引领高校党团组织朝着健康、正确的方向发展，就必须充分发挥高校党团组织在高校思想政治教育工作中的作用。

高校学生党员是学生中的骨干分子，学生党员建设是高校党的建设的基础工程。做好新形势下的学生党员发展和教育管理服务工作，对于提高学生党员队伍整体素质，培养造就中国特色社会主义事业合格建设者和可靠接班人，实现"两个一百年目标"，实现中国梦，具有重大而深远的意义。

高校社团组织是高校学生自我服务、自我管理、自我教育的主体组织，是高校党政联系广大同学的主要桥梁和纽带，是尊重学生主体地位、完善学校内部治理结构的重要方面。加强和改进高校社团组织建设，对于在新时期巩固和扩大党执政的青年群众基础、完善中国特色现代大学制度、促进大学生健康成长，具有现实意义和重要作用。

第四，重要专项教育包括《大学生创新创业教育》《大学生国家安全教育》《大学生志愿服务教育》《大学生英模事迹教育》。

创新从哲学上讲是人的实践行为，是对客观世界的变革和主体客体关系的再创造，是对人类实践范围的超越，是对既有思维模式和行为模式的一种辩证的否定和发展。创新精神是人类的精神状态，是实现创新能力和实践能力的前提，是一种典型的心理特征。创新精神是创新主体在从事改造客观世界和主观世界的过程中，受行为主体自身特定的心理状态，运用新思维、新知识、新手段进行探索和尝试，不断解决新问题，从而实现创新成果和创新知识的个性特征。在高校传统的创新能力和创新精神的培养中，往往只注重创新知识和创新理论的课堂传授，忽视创新实践环节的锻炼，从而导致大学生的创新欲望受到压抑，创新意识遭到扼杀。大学生根据自己以往的知识结构和认识水平，将自身的想法、思路和灵感等加以展现和实施，并能在创新实践中不断地得以检验和完善，实现理论与实践的统一，实现学习以往知识和探索未知真理的统一，从而达到激发大学生的创新欲望和创新潜力，调动大学生参与实践创新活动的积极性，提升大学生的创新能力，培养大学生创新精神的目的。创新更多体现在思维层面——推陈出新、锐意进取、勇于尝试、勇于开拓，创业则体现在行动层面——在社会经济、文化、政治等相关领域里开创新事业和新企业，并开展新业务，从而将开发新产品或新服务的机会被确认和挖掘出来，为社会缔造、产出新价值与新财富。创业是创新的重要载体和表现形式，创新是创业的支撑、核心和本质。创业不是停滞于思想、意识上的创新，是属于行动和行为上的创新活动，是创新行为的呈现。高校大学生创业从本质上来讲是一种实践活动，即大学生根据社会发展和个人就业的需要，运用自身所学的专业知识和技能，创新性、创造性地运用、整合各种生产要素和社会资源，通过为社会提供符合社会需求的产品和服务，获得报酬和社会认可，进而实现个人社会价值的实践行为。

加强大学生国家安全教育是促进大学生全面发展的必然要求。作为培养高素质人才的重要内容之一，大学生的国家安全教育已成为大学生思想政治教育的重要内容，是提高大学生综合素质的必然要求。大学生的成长成才是全面的，最重要的是除了扎实的专业知识外，还要有良好的道德素质和人文修养。大学生的国家安全意识是其良好思想道德素质的重要组成部分，也是大学生作为公民必须履行的义务。因此，衡量一个大学生的思想道德素质，除了对他人和社会的贡献和良好的社会责任感外，还要看他是否关心国家的发展与进步，是否维护国家的尊严和形象，是否有爱国主义情怀，是否与破坏国家的主权、独立、领土完整和社会和谐等违法犯罪活动作斗争。培养大学生的国家安全意识是大学生综合素质的重要内容，增强大学生的国家安全意识已成为提高大学生综合素质的重要任务。自觉维护国家安全既是大学生必须履行的公民义务，也是大学生良好思想道德素质的重要组成部分，是促进大学生全面发展的必然要求。大学生作为未来社会主义事业的合格建设者和可靠接班人，在国家发展中发挥着重要作用，因此，要增强大学生的国家安全意识，明确大学生的责任，增强大学生的责任感和使命感，自觉维护国家安全这也是实施素质教育、促进大学生全面发展的重要内容。大学生的成长成才应该是全面的，他们除了要学习必要的文化课知识，提高理论水平外，还要有良好的思想素质和道德修养，在当前复杂多变的国际形势下，大学生要具备更加全面的应对素质，这就要求大学生加强国家安全理论知识的学习，增强国家安全意识，从而担负起维护国家安全的责任和义务，这对促进大学生的全面发展也起着重要作用。当前，部分大学生国家安全意识淡薄，在一定程度上反映了当代青年大学生基本素质和能力的缺失。高校通过课堂教学和各种与国家安全相关的主题教育活动，可以帮助大学生将国家安全内化于心，外化于行，不仅掌握国家安全的相关知识，增强责任意识、忧患意识、法律意识等，同时也增强了他们应对和处理威胁国家安全事件的能力，特别是在当前国际国内背景下，增强大学生的国家安全意识已成为促进大学生全面发展的重要组成部分。

　　志愿服务活动是志愿者不以获得报酬为目的参加的、服务社会奉献他人或者为促进经济社会发展进步的社会公益实践活动。志愿服务活动具有社会性、公益性、自愿性和无偿性等特点。它是大学生思想政治教育、道德教育的有效途径，能增强大学生的社会责任感，提升大学生专业素质和实践能力。志愿服务活动是高校实践育人的重要载体，在高等学校育人工作中起着非常重要的作用。首先，志愿服务活动是大学生思想政治教育的有效途径。大学生参加丰富多样的志愿服务活动，深入基层了解社情民意，了解改革开放以来经济社会发展的突出成绩，能帮助大学生正确地看待当前经济社会发展中出现的问题,帮助大学生正确认识社会发展规律,明确自身肩负的社会责任和历史使命,进而坚定在中国共产党领导下全面建成小康社会、实现中华民族伟大复兴的中国梦的理想信念。其次,志愿服务活动能加强对大学生的思想道德教育。通过志愿服务活动的生动实践,能培养大学生服务他人、奉献社会的精神,加强对大学生以爱国主义为核心的民族精神、以改革开放为核心的时代精神为主要内容的社会主义核心价值观教育。倡导学生践行"爱国、敬业、诚信、友善"的价值准则,并在大学生不断参与志愿服务实践的过程中得到强化,从而内化为大学生的内在品格,提升大学生的思想道德素质。再次,志愿服务活动能提升大学生专业素质和实践能力。大学生在参与志愿服务活动的过程中,将所学知识运用到广大人民群众的生产生活实际中,能进一步加深对专业知识的学习和掌握,锻炼大学生运用知识解决实际问题的动手能力,并激发大学生学习专业知识的主动性和自觉性,以更加饱满的热情和更加负责任的态度投入到今后的学习生活中,进一步提升自己服务他人、奉献社会的本领。最后,志愿服务活动能促进大学生的身心健康发展。大学生走出课堂、走进社会生活现实,接受一线生产劳动的锻炼,接受社会生活的磨炼,强健自身体魄,锻炼自身坚忍不拔的意志品质,不断提升大学生的身体素质和抗压抗挫折能力。同时,大学生在参加志愿服务的过程中,助人为乐、服务他人,能在服务他人的过程中不断实现自身的价值,能不断获得良好的情感体验和正面的心理暗示,培养大学生阳光、向上的心态,不断提升大学生的心理素质。此外,志愿服务活动对培养大学生解决问题的实践能力、勇于探索的创新精神,也具有十分重要的促进作用。

榜样教育是利用影视、文学和现实生活中的榜样形象,用正面人物的优秀品质和模范行为向学生施加德育影响的一种教育方法,其实质是用他人的模范事迹、高尚情操来影响学生的行为。榜样的力量是无穷的,人自呱呱坠地开始就潜移默化地受到榜样作用的影响,比如父母、教师等等都是个体成长中的榜样,对人的健康成长产生了重要的作用。以榜样这一特殊的人格形象为载体,再通过教师合理的引导就能够激发起学生的内在动力,将自己的认知调整到与榜样一样高度的认知上来,从而产生共鸣,进而不断提升自身的道德素养、品质德行,向榜样学习,甚至超越榜样。榜样教育具有示范性、激励性和生动性的特点。榜样教育的示范性是指榜样教育首先是以示范的形式出现在人们面前的，每个人在成长的道路上都会多多少少遇到些坎坷和磨难，尤其是大学生涉世不深，在面对学习和生活中的各种压力和困惑的时候，如果能有榜样的示范作用，那他们就能够在行为处事时找到一个参照物，找到学习和效仿的对象，指引他们走出困境，实现梦想。榜样教育的激励性是指利用榜样这一特殊的人格形象，以一种教学的方式将榜样的内在品质传达到受教育者的心上，使受教育者受到教育，从而引导他们积极向上。在榜样人物的感召下，受教育者能够产生源源不断的正能量，这样在克服困难和走出迷惘的路上，就能够不断发现自己的缺点并给予改正，最终走向成功的彼岸。榜样教育的生动性是指榜样教育是活生生的人物和鲜活的事例，尤其是生活中的英雄模范不是虚构的也不是抽象的。客观地讲，人们往往很难理解抽象的事物。但榜样形象不是抽象的，他是有血有肉的人，做出了真实具体的事，不仅是人们喜闻乐见的人物，也可能是老人、孩子这些本身就处于弱势的群体；不仅是拾金不昧、乐于助人这样的小事，更可能是见义勇为、不怕牺牲的大举。所以说感人的事迹就是一个个故事，能够深深扎入受教育者的心里。而现实生活中的英雄模范作为榜样就更加不是虚构的了，也许影视作品，文学作品中的榜样会使人觉得这都是虚构的是艺术的是假的，但就发生在实实在在的生活中，甚至是人们身边的英雄模范事迹，绝对是真实可信的，真实性同样能给人们带来共鸣和震撼，更加有利于受教育者的接受和学习。

改革开放以来，尤其是进入21世纪，我国高校思想政治教育领域的著作层出不穷，可谓浩如烟海、汗牛充栋，一方面体现了学界对高校思想政治教育的高度重视，另一方面则映射出该领域理论研究的不断深入和与时俱进。例如，随着时代的进步和社会的发展，大学生社会主义核心价值观的培养和认同教育这个主线不能动摇，大学生的国情民情教育这个根本不能丧失；大学生的网络素养教育逐渐显现出其重要性，大学生的国家安全教育更是"因势而新"的具体体现；大学生的集体主义教育亟须加强，大学生的英模事迹教育有待完善等等，因为高校思想政治教育工作"永远在路上"！

这套丛书的作者们并不是学界泰斗、知名专家，他们只是工作在高校思想政治战线上普普通通的教师，但是他们不忘初心、牢记使命，为培养中国特色社会主义合格建设者和接班人默默奉献自己的光和热，为实现中华民族伟大复兴中国梦无私付出自己的时间和精力。

千里之行，始于足下；九层之台，起于垒土。期望这套丛书能够为目前我国高校思想政治教育体系的构建做一个粗略的勾勒，期望这套丛书能够对我国高校思想政治教育工作者开卷有益，哪怕是其中一段论述、一句话，只要能够引起共鸣抑或开拓了思路，那么就已经实现了我们编写这套丛书的初衷。

是为序。

《21世纪大学生思想政治教育丛书》编委会
2019年岁末

序
FOREWORD

对于马克思主义理论来说，国情是一个基础的范畴。恩格斯在《反杜林论》中指出："为了使社会主义变为科学，就必须首先把它置于现实的基础之上。"[①]对于国家来说，现实就是国情；对于社会主义中国来说，国情是科学社会主义发展的基础。由此可见，国情对于科学社会主义发展何等重要！

新中国成立以来，中共中央、教育部高度重视高校思想政治教育工作，其中国情教育是高校思想政治教育的重要内容。开展国情教育是高校培养大学生形成正确的世界观、人生观、价值观与科学的思想行为的一个重要途径。2004年，中共中央、国务院下发的《关于进一步加强和改进大学生思想政治教育的意见》再次强调："开展中国革命、建设和改革开放的历史教育，开展基本国情和形势政策教育，开展科学发展观教育，使大学生正确认识社会发展规律，认识国家的前途命运，认识自己的社会责任，确立在中国共产党领导下走中国特色社会主义道路、实现中华民族伟大复兴的共同理想和坚定信念。"[②]在新时代，高校应继续提高国情教育的针对性和实效性，引导学生坚定不移地走中国特色社会主义道路，培养更多社会主义合格建设者和可靠接班人，使其为中国特色社会主义现代化建设作出应有的贡献。

伴随着国内政治经济的快速发展，改革开放的进一步深化以及外来文化、思潮的冲击，当代大学生的国情教育面临着一系列新的挑战和问题。作为社会主义建设的生力军，祖国未来建设的栋梁，大学生的思想境界关

---

① 马克思恩格斯选集(第3卷)[M].北京：人民出版社，1995：358.
② 教育部思想政治工作司组编.加强和改进大学生思想政治教育重要文献选编(1978—2014)[M]. 北京：知识产权出版社，2015：266.

系到中华民族的兴衰荣辱。只有使大学生真正了解我国国情，使其拓宽视野、增长见识，引导他们了解社会发展中的优势和不足，在形势好的时候看到存在的问题，不盲目乐观；在遇到困难和挫折的时候看到光明，不悲观失望，认清社会矛盾和问题，自觉抵制资本主义腐朽思想的侵蚀，这样他们才能成为对国家、对民族有用的人才，成为中国特色社会主义现代化建设合格的接班人。因此，在当前的社会、时代背景下，对大学生进行国情教育势在必行。

  大学生国情教育是引导当代大学生群体正确认识、理解和把握我国国情与社会现实的思想政治教育活动。一直以来，党和国家领导人都十分重视大学生国情教育。毛泽东同志曾说：认清中国社会的性质，即认清国情，是进行革命的基础和前提。邓小平同志说，要用历史教育青年和人民。江泽民同志强调要进一步加强近代史、现代史和国情教育，树立正确的理想、信念和价值观。胡锦涛同志也一再强调要加强对广大青年进行国情教育。党的十八大以来，以习近平同志为核心的党中央在统筹国内外两个大局的基础上，在总结党和国家几代领导人国情思想的基础上，提出了一系列富有创见、具有时代性的国情新观点、新理念。对大学生进行国情教育，能够使其正确认识国情，深刻领会党的路线、方针和政策，正确看待社会矛盾和问题，培养脚踏实地、艰苦奋斗的勤勉作风，从而为高校的思想政治教育奠定牢固基础，为大学生的健康成长提供有力保障，促进社会主义建设事业的顺利进行。

  本书以大学生国情教育为题，以"国情"为切入点，进行了系统的梳理和研究。从大学生国情教育相关概念及内涵着手，阐述了大学生国情教育相关的理论及思想渊源；系统地陈述了改革开放以来中国共产党的国情观，梳理其发展脉络；回顾了新中国成立以来我国大学生国情教育在艰辛探索中取得的较好成就，总结其经验启示，并对大学生国情教育现状进行分析，找出存在问题，探究其原因；在此基础上，从基本国情教育和拓展教育两个方面构建和完善大学生国情教育内容体系；最后，集中探讨增强大学生国情教育实效性的创新方法与实践路径。

  目前高校大学生国情教育一般体现在思想政治理论课和专业课教学以及校园文化活动中。虽然国家、高校和教师高度重视国情教育，但还并没有专门设置的课程，没有教学大纲要求，也没有固定的教材，使得国情教育的开展还有待于进一步加强。由于笔者学识水平有限，本书尚有许多不足之处，如，大学生国情教育现状分析部分，没有进行问卷调查，而是采用文献研究法和借助别人统计的相关数据，使大学生国情教育问题的提出在实践层面上显得有所欠缺；又如对内容体系的构建，方法、路径的创新，所提建议不够全面且对其可行性把握还不够。这些都有待于笔者在今后的学习和工作中继续努力并持续关注大学生国情教育的相关研究。

目 录

第一章　大学生国情教育相关理论概述 ········· 001
一、相关概念及内涵 ········· 003
二、加强大学生国情教育的理论意义 ········· 013
三、加强大学生国情教育的现实意义 ········· 017

第二章　大学生国情教育的思想渊源 ········· 023
一、马克思列宁主义的国情理论 ········· 025
二、马克思主义中国化的国情思想 ········· 037

第三章　我国大学生国情教育的历史进程及教育现状分析 ········· 059
一、大学生国情教育的历史进程与启示 ········· 061
二、当前大学生国情教育现状分析 ········· 091

第四章　构建和完善大学生国情教育内容体系 ········· 103
一、加强基本国情教育内容 ········· 105
二、拓展大学生国情教育内容 ········· 111

第五章　创新大学生国情教育方法与实践路径 ········· 149
一、高校加强大学生国情教育应坚持的原则 ········· 151
二、创新大学生国情教育的方式方法 ········· 155
三、创新大学生国情教育的实践路径 ········· 163

参考文献 ········· 192

第一章

大学生国情教育相关理论概述

> 70年来,在中国共产党坚强领导下,中国人民勇于探索、不断实践,成功开辟了中国特色社会主义道路,推动中国特色社会主义进入新时代,中国大踏步赶上了时代,中国人民意气风发走在了时代前列!
>
> 70年来,中国人民发愤图强、艰苦创业,创造了"当惊世界殊"的发展成就,千百年来困扰中华民族的绝对贫困问题即将历史性地划上句号,书写了人类发展史上的伟大传奇!
>
> 70年来,中国人民奉行独立自主的和平外交政策,坚持和平发展道路,坚持在和平共处五项原则基础上发展同各国的友好合作,为推动构建人类命运共同体、推动人类和平与发展的崇高事业作出了重大贡献!
>
> 70年在人类历史长河中只是弹指一挥间,但对中国人民和中华民族来讲,这是沧桑巨变、换了人间的70年。中华民族迎来了从站起来、富起来到强起来的伟大飞跃,迎来了实现伟大复兴的光明前景。对此,每个中华儿女都感到无比自豪!
>
> ——节选自习近平2019年9月30日在庆祝中华人民共和国成立70周年招待会上的讲话

第一章 大学生国情教育相关理论概述

当前我国正处于发展的重要战略机遇期，又处于矛盾凸显与利益格局深度调整的时期，在这样一个关键时期，我们对国情的科学把握比以往任何时候都更加紧迫。正确认识国情是制定党和国家路线、方针和政策，引导社会主义建设走向胜利的前提条件。大学生是社会主义建设事业的重要力量，大学生能不能成为祖国需要的人才关系到国家的长治久安和前途命运。在高校中加强国情教育，使大学生成长为品德高尚、文化素质高的优秀人才，是十分重要和必要的。在新的历史时期，无论是改革的深化、四项基本原则的坚持，还是防止"和平演变"的危险，都对高校的人才培养提出了更高的要求。大学生只有在正确认识国情，理解党在新时期确定的路线、方针和政策的基础上，才能正确选择自己的人生道路，为国家发展和民族富强而奋斗。当代大学生的大部分对祖国有感情，但对国情了解不够，以至迷失了方向。因此，如果不大力开展国情教育，就不可能培养出政治信仰坚定的社会主义现代化建设者和接班人。进行大学生国情教育研究首先要厘清国情教育相关概念及内涵，要明晰国情教育的现实价值及实践意义，更要清楚大学生国情教育的思想渊源，这样不仅能为后续问题的研究奠定坚实的理论基础，而且对认识我国国情具有先决性的重要作用。

一、相关概念及内涵

（一）国家

自从人类社会出现阶级以来，国家对阶级社会的社会生活和社会发展就起着十分重要的影响作用。正确认识国家及其相关的问题是科学地认识国情的首要前提。马克思主义对国家的分析，是从国家内部结构和国家外部环境两个视角进行的，形成了对国家的整体性认识。就国家内部结构而言，马克思主义主要从政治与经济关系的角度认识国家，论述了政治是一定经济基础上形成的上层建筑，国家是经济上占统治地位的阶级实行政治统治的工具。国家是一个有着产生、发展和消亡过程的历史范畴。恩格斯指出："国家并不是从来就有的。曾经有过不需要国家，而且根本不知国家和国家权力为何物的社会。在经济发展到一定阶段而必然使社会分裂为阶级时，国家就由于这种分裂而成为必要了。"①国家是这样产生的："这个社会陷入了不可解决的自我矛盾，分裂为不可调和的对立面而又无力摆脱这些对立面。而为了使这些对立面，这些经济利益互相冲突的阶级，不致在无谓的斗争中把自己和社会消灭，就需要有一种表面上凌驾于社会之上的力量，这种力量应当缓和冲突，把冲突保持在'秩序'的范围以内；这种从社会中产生但又自居于社会之上并且日益同社会相异化的力量，就是国家。"②国家是暴力机关，或者说是一个阶级压迫另外一个阶级的暴力机关。马克思恩格斯曾指出：国家"在本质上都是镇压被压迫被剥削阶级的机器"。③从国家的外部环境而言，马克思恩格斯在《德意志意识形态》《共产主义基本原理》中经典论述了资本主义时代中的"国家"已经处于"世界历史"的发展趋势之中，科学社会主义事业是世界历史性事业。因此，认识某一个国家的发展和命运还需要从世界历史的宽广视角来分析。

在马克思主义国家观的指导下，毛泽东从国内结构方面和国际形势两个视角来分析中国。在国内结构方面，毛泽东从政治、经济、文化三个方面分析国家与社会。在《新民主主义论》中，毛泽东对新中国从政治、经济、文化三个方面进行了分析和展望。毛泽东也认为，国家是经济上占统治地位的阶级实行政治统治的工具。"军队、警察、法庭等项国家机器，是阶级压迫阶级的工具。对于敌对的阶级，它是压迫的工具，它是暴力，并不是什么'仁慈'的东西。"④在帝国主义、国内反动派和国内阶级还存在时，还不能消灭国家权力。相反，"要强化人民的国家机器，这主要地是指人民的军队、人民的警察和人民的法庭，借以巩固国防和保护人民利益"。⑤通过发挥国家的保护职能，"使中国有可能在工人阶级和共产党的领导之下稳步地由农业国进到工业国，由新民主主义社会进到社会主义社会和共产主义社会，消灭阶级和实现大同"。⑥同时，毛泽东还以世界历史的宽广视野来分析中国革命和建设中的问题。毛泽东分析十月革命胜利后

---

① 马克思恩格斯选集（第4卷）[M].北京：人民出版社，1995：174.
② 马克思恩格斯选集（第4卷）[M].北京：人民出版社，1995：170.
③ 马克思恩格斯选集（第4卷）[M].北京：人民出版社，1995：176.
④ 毛泽东文集（第4卷）[M].北京：人民出版社，1991：1476.
⑤ 毛泽东文集（第4卷）[M].北京：人民出版社，1991：1476.
⑥ 毛泽东文集（第4卷）[M].北京：人民出版社，1991：1476.

的世界革命趋势，认为中国革命处于世界革命的新阶段，把这一新阶段概括为新民主主义的革命时期，并据此制定了中国革命的一系列战略和策略问题。

综上所述，国家是经济上占据统治地位的阶级进行阶级统治的工具。阶级性是国家的根本属性。具有一定的地理区域管理范围，固定的社会人群，拥有完整的政府管理机构、军队、独立的元首。国家是一个成长于社会之中而又凌驾于社会之上的、以暴力或合法性为基础的、带有相当抽象性的权力机构。如果我们将一国之内的诸组成部分依范围大小排列，则国家的位置大概是：社会—政治—国家—政府，是由抽象概念到实质概念的过渡中间者。[①]

（二）国情与国情观

1.国情

中国古代典籍中，很早就出现了"国情"一词，《战国策·秦策一》中记载："陈轸为王臣，常以国情输楚。"[②] 此处"国情"一词为其字面意思，指国家的情况。中国共产党创始人之一的李大钊在日本出版的《甲寅》杂志上发表的《国情》一文中有言："夫衡宪典于国情，宁匪可尚者，而以客卿论国情，则扞格之处恒多。"[③]这里所提到的"国情"是指：一国的社会性质、政治、经济等方面的基本情况。新民主主义革命时期，毛泽东指出："认清中国的国情，乃是认清一切革命问题的基本的根据。"[④]此处"国情"的含义是：国家的社会性质、政治、文化等方面的基本情况和特点。20世纪以来，国内学者对国情的研究逐渐深入。胡鞍钢认为：国情是"一国的相对稳定的总体的客观实际情况，或那些对经济发展起决定性作用的最基本的、最主要的发动因素和限制因素"。[⑤]韩振峰将国情的含义进一步准确细致化："所谓国情，即一个国家的基本情况，它是一个综合性概念，包括社会基本状况、社会性质及社会发展水平、自然资

---

① 国家_360百科 https://baike.so.com/doc/5352776-5588234.html
② 战国策（卷三，秦策一）[M].北京：中国和平出版社，2005.
③ 李大钊文集（第3卷）[M].北京：人民出版社，1999：14.
④ 毛泽东选集（第2卷）[M].北京：人民出版社，1991：633.
⑤ 胡鞍钢，鄢一龙.中国国情与发展[M].北京：中国人民大学出版社，2016：8.

源、历史传统等多方面的内容。其中，核心是社会性质。"①其观点得到了学术界的普遍认可。

综上，所谓国情，是指一个国家的实际情况，包括政治制度、经济发展、文化思想、历史沿革、自然资源、人口状况以及国际地位等，是一个国家社会发展的阶段水平和特征等的综合反映。国情是一个内涵极其丰富的综合概念，可以分为：整体国情和局部国情、历史国情和现实国情、自然国情和人文国情、静态国情和动态国情等。认识国情，要注意以下几点：第一，国情是客观的。国情作为决定、制约、影响一个国家社会性质、生产关系和生产力状况的物质力量，它是客观存在的，而不是人们凭主观意志随意制造的。第二，国情是综合的。任何一个国家的国情都是一个综合范畴，包含相当广泛的内容，它涉及政治、经济、文化、社会等各个领域，同时也涉及国际与国内、历史与现实等各个方面因素，它是由互相联系的各个要素构成的一个系统，既有有利的一面，也有不利的一面。第三，国情是发展的。不同的国家具有不同的国情，而且国情还处于不断的发展变化之中。一个国家的国情除了地理状况、自然资源、历史等是相对稳定的，其他情况都在变化，一个国家的国情在不同时期具有不同的特点。第四，国情是相对的。纵向来看，一个国家的现实国情与历史国情紧密相连，历史国情为现实国情奠定基础，现实国情由历史国情发展而来。横向来看，一国的国情总是与其他国家的国情相联系，而不是孤立存在的。因此，必须用唯物辩证法的立场、观点和方法去认识国情、研究国情。具体地说，就是要全面认识国家的社会制度、经济发展水平、人口状况、资源环境、民族文化传统等，同时要以一个发展变化的角度来看待国情，认识到一国的国情是不断发展变化的一个过程。

2.国情观

国情观是人们在长期的社会主义实践过程中形成的对于我国国情的系统认识，它对中国特色社会主义事业的发展至关重要。学者金性尧最早提及"国情观"一词，他认为"国情观"会随着形势的变化而发生变化。②随后学术界对"国情观"的定义不断明确化。杨中将"国情观"解释为，对

---

① 韩振峰.国情学[M].北京：中央国际出版社，1990：22.
② 参见金性尧.实事求是的"国情观"[J].读书，1982（03）：106-107.

社会现象的看法。①李雅莉进一步认为，国情观就是人们对一国的整体发展水平与综合状况的分析和描述。②宁馨则认为国情观是人们对国情系统认识、基本看法和根本态度的总和③，突出了国情观是基于对国情的系统认知，论述更加严谨。冯昆、张澍军认为国情观就是人们关于国情问题的比较全面而系统的基本观点，因而，任何国情观，都会深刻地打上人的世界观、历史观、价值理想和思维方式的印迹。④李晶晶在阐述"国情观"概念时认为，国情观是指人们关于国情问题的根本观点和根本看法。在不同的世界观、历史观、价值理想和思维方式指导下，人们所形成的国情观也不同。⑤她对"国情观"做出了详尽明确的定义，其观点最为系统全面。国情观受主客观条件的限制，有正确和错误之分。在人们正确的世界观、历史观、价值思想和思维方式指导之下所形成的国情观是正确的，反之，则是错误的。唯有以科学的理论思维为指导，才能形成正确、科学的国情观。

3.科学国情观

科学国情观，通俗地讲，就是人们对国情的科学观点与正确看法。科学国情观是人们在深入理解和认识基本国情发展变化的基础之上形成的，对国情全面的、系统的，唯物的、辩证的，发展的、动态的，历史的、联系的，透过现象揭示本质的根本观点和根本看法。

科学国情观之所以科学，在于其能够真实、全面、辩证发展地看待国情。科学的国情观具有以下特征：第一，科学国情观是全面的、系统的。能够从全局出发，整体性地认识国情，不能"只见树木不见森林"。只看某一方面，忽视整体性，"一叶障目、不见泰山"而得到的国情观必然是片面的、不科学的。第二，科学国情观是真实的、客观的。科学的国情观，必然是建立在对国情的全面调查了解基础之上，对国情真实、客观的反映。从实际出发，实事求是地认识国情，这就坚持了认识上的唯物主

---

① 参见杨中.论老舍三十年代初期之国情观——也论《猫城记》[J].四川大学学报（哲学社会科学版），1984（02）：61.

② 参见李雅莉.毛泽东的国情观与马克思主义中国化[J].前沿，2012（08）：18.

③ 宁馨.略论邓小平国情观的主要特点[J].理论导刊，2005（01）：49.

④ 参见冯昆，张澍军.论毛泽东的国情观及其思想理论启示——纪念毛泽东同志诞辰110周年[J].思想教育研究，2003（12）：3.

⑤ 李晶晶.大学生科学国情观培育研究[D].河南大学，2017：8.

义。反之，脱离实际，主观上想当然地认识国情，对国情虚假的、扭曲的认识，就是认识上的唯心主义。第三，科学国情观是发展的、动态的。大学生要能够与时俱进地看待问题，及时更新自己的国情认识，辩证发展地认识国情，这就坚持了认识上的辩证法。反之，僵化、静止地看待国情，用老眼光看待新问题，必然是错误的。第四，科学国情观是历史的、联系的。要想正确的认识国情，不能割裂历史联系、凭空臆想，不能闭门造车或夜郎自大，必须在古今对比、中外对比中科学分析国情。要将中国的政治、经济、文化等各方面同外国进行横向比较，将现阶段中国的发展情况同历史上不同的发展阶段做纵向比较，在对比中看到自己所取得的成绩，查找自身的不足，从而清晰准确地定位自己。第五，科学国情观是透过现象揭示本质的，是对国情的理性认识。要正确地认识国情，不单单要对国情有全面深入的了解，掌握丰富的国情信息，还要能够通过对感性材料去粗取精、去伪存真、由此及彼、由表及里的科学分析，透过各种国情表象揭示出国情的本质，从对国情的感性认识上升到理性认识。

（三）大学生国情教育

1.大学生国情教育的内涵

大学生国情教育是指"针对大学生深层次的思想认识问题，以辩证唯物主义和历史唯物主义的观点和方法引导他们认识中国社会的历史、现状和形势和任务，从而使他们正确地判断历史和现实的选择，理性地认识自身的历史使命和社会责任"。[①]大学生国情教育是依据我国现实国情，结合当代青年大学生群体的特点，向他们普及国情的基本内容和基本知识、传授认识国情的基本方法，引导他们科学认识和把握国家实际情况的思想政治教育实践活动。大学生国情教育涵盖了一个国家现实情况的方方面面，不仅是国情内容几个方面状况的简单传授，更是一种深层次的内化活动，是一个相互制约、相互联系的有机整体过程。"它的内容不是国情的一般规律，而是具体国情的现实分析；也不是国情资料的堆砌，而是运用国情要素对大学生进行思想政治教育，从而使大学生对国情的认知内化为自己的思想觉悟并最终外化为有利于社会、国家的实际行动。"[②]大学生国情教

---

① 晏开利，陆勤.对大学生进行国情教育的若干思考[J].高等师范教育研究，1991（05）：3.
② 解丹.高校加强基本国情教育研究[D].中国地质大学（北京），2011：2.

育的内容非常丰富，涵盖了一个国家现实情况的方方面面，是对国情的总结和提炼。大学生国情教育的内容是一个动态、综合的概念，在不同历史时期是不断变化发展的，要用发展变化的眼光来看待，不断丰富和完善内容体系。

2.大学生国情教育的目的

开展大学生国情教育，是为了强化大学生的爱国主义意识、增强历史责任感、培养忧患意识和树立自我发展意识。只有明确了目的，才能为大学生国情教育的发展提供方向和着力点，为大学生成长成才创造条件。

（1）强化爱国主义意识

一些大学生在初步认识国情后，并没有树立报效祖国的远大志向，而是开始推崇资产阶级思想。这说明了国情教育中爱国主义教育的欠缺，大学生的爱国主义意识需要强化。国情教育是爱国主义教育的基础，在国情教育中通过向青年大学生介绍我国五千年的灿烂文化，介绍改革开放和社会主义现代化建设的伟大成就等，增强大学生对祖国的深厚感情，激发爱国情怀，弘扬中华民族精神，从而树立报效祖国的理想信念。

（2）增强历史责任感

"用这些国家和民族兴旺发达的历史史实教育青年，就可以激发他们的民族自信心和自豪感。同时，也应用历史唯物主义的态度教育青年，使他们实事求是地了解到，1840年开始到1949年新中国成立前的一百多年间，在我国近代史上经历了一段非常屈辱和痛苦的历史。"[1]知耻而后勇，以史为鉴，让大学生懂得落后就要挨打，发展才是硬道理。只有积极加入社会主义现代化建设事业，才能使祖国强大起来。

（3）培养忧患意识

古人云：生于忧患，死于安乐。现在的大学生大多出生于21世纪，生活安逸，没有经受过太多的磨难和挫折，往往有贪图享乐，自私自利，不知奉献的错误思想与行为，而没有忧患意识。强烈的忧患意识是大学生成长成才的必要条件，是大学生努力拼搏的强大精神动力。高校有必要向大学生实事求是地讲清楚我国的现实国情，讲清楚当前面临着复杂多变的

---

[1] 武东升.应高度重视高校的国情教育工作[J].山西煤炭管理干部学院学报,2006(03):3.

国际形势以及各种矛盾问题，告诫每个大学生都必须提高警惕，居安而思危，保持高度的危机感和紧迫感，努力学习专业知识和提高自身能力，时刻做好准备，为振兴中华而奋斗。

（4）树立自我发展意识

科学发展观是我国国情教育重要内容之一，大学生自身需要全面发展，不断进行知识学习，保持良好精神状态；需要协调发展，保持与社会、自然的协调统一；需要持续发展，使其在持续发展中不断超越完善自己。要想实现大学生的全面、协调、可持续发展，就必须保证大学生的自觉发展。大学生树立自觉发展观，首先是大学生要有意识地发展自己，并把自身发展与社会发展紧密结合起来，在促进社会发展的过程中推动自身的进步；其次是要把个体自身发展置于当代中国社会实际发展之中，自觉适应社会发展趋势，不断提高自身素质，承担社会责任；最后要根据我国全面建成小康社会的宏伟目标与社会主义现代化建设对人才的要求，确定自身发展的长远目标，在实践中丰富发展内涵，养成自觉发展习惯。

3.大学生国情教育的主要内容

大学生国情观教育内容的确定，既应以国情教育的目的和任务为客观依据，又要以受教育者的思想政治教育状况为现实依据。在进行国情教育时，只有根据受教育者的实际情况，有针对性地选择不同的教育内容，才能增强国情教育的实效性。概括地说，大学生国情教育的内容主要包括中国近现代史教育、基本国情教育、形势与政策教育。

（1）中国近现代史教育

要进行大学生国情教育，培育大学生科学的国情观，首要的就是进行国史教育。知史可以鉴今。了解了历史，会帮助大学生理解时事政治，许多的时事与政策某种程度上是有历史渊源的。如果不了解历史，自然不能更深刻地了解国情、时事、政策乃至国际政治。历史可以昭示未来，可以激励后来人奋发图强、团结奋进。中华民族的悠久历史是大学生国情教育的宝贵资源。高校要加强中国近现代史教育，让大学生了解我国优秀灿烂的历史文化、汉唐盛世的荣耀，增强大学生的民族自信心和自豪感；同时，也要坚持历史唯物主义，不回避我们的屈辱历史：要让大学生知晓中国近代史上自1840年鸦片战争开始到1949年新中国成立这百年间被西方列强欺凌的屈辱史,知耻而后勇,振奋民族精神,奋发图强。加强中国近现代史教育和中共党史教育,让大学生从近现代历史上无数仁人志士的求索中认识到,只有中国共产党才能救中国,只有社会主义才能发展中国。通过对我国古往今来兴衰荣辱史的教育,让大学生明白:落后就要挨打,弱国无外交,发展才是硬道理。通过教学图片、插图、史实评价、英雄人物事迹等,进行历史责任意识教育和爱国主义教育,激励大学生沿着前辈们开辟的道路,发扬革命斗争精神、长征精神、雷锋精神、航天精神等,责无旁贷地担负起国家赋予我们的历史使命,自强不息,艰苦奋斗,继续建设中国特色社会主义事业。

(2)基本国情教育

知之深,爱之切。要想让大学生对国家有正确的认识,建立起对国家的深厚感情,必须对大学生进行国情教育,让他们了解我国的基本情况。首先是自然国情,包括我国的地理地貌、国土资源、自然生态环境等,让他们正确认识我国的自然状况,知晓我国幅员辽阔、资源丰富,建立起深厚的国家荣誉感和民族自豪感;同时也要认识到我国资源匮乏、人均资源占有量少、生态环境遭到破坏的现状,从而树立起勤俭节约意识、环境保护意识,坚定不移地走可持续发展道路。其次是人口状况,包括我国的人口数量、素质、民族等。我国是世界上人口最多的国家,截至2019年末全国内地总人口140005万人,比上年末增加467万人,其中城镇常住人口84843万人,占总人口比重(常住人口城镇化率)为60.60%,比上年末提高1.02个百分点。[①]当前我国正在步入老龄化社会,人口老龄化给经济、社会、政治、文化等方面的发展带来了严峻挑战,未来在养老、医疗、社会服务等方面的压力巨大。大学生要正确认识我国是有着56个民族的统一的多民族国家,各民族亲如一家、密不可分,任何搞民族分裂、国家分裂的行径都是徒劳的,要自觉维护国家统一,反对民族分裂。再次是经济发展状况,包括生产力发展水平、科技发展、对外开放、经济实力等。要让大学生正确认识我国的经济发展情况,要综合运用比较的方法,既横向比较又纵向比较。横向比较,就是将我们国家分别同西方发达国家、发展中国

---

① 中华人民共和国2019年国民经济和社会发展统计公报_部门政务_中国政府网[EB/OL]. http://www.gov.cn/xinwen/2020-02/28/content_5484361.htm.

家作比较,既看到我国与发达国家的差距,增强紧迫感和危机感,又看到我国发展所取得的重大成就,认识到社会主义制度的优越性。纵向比较,就是将我国发展的不同历史阶段作比较,如新中国成立前后、改革开放前后的比较,让大学生认识到走中国特色社会主义道路是符合中国国情的,坚持改革开放是正确的,从而坚定大学生的道路自信、理论自信、制度自信。最后是社会状况,包括民生状况、教育科技卫生文化体育等各项社会建设状况。通过国情教育,使大学生既要看到国家各项社会事业全面进步,公共服务均等化水平提高,也要看到社会上存在的问题和矛盾,以此激发大学生增强主人翁意识,甘当"螺丝钉""零部件",为国家发展添砖加瓦。

我国最基本的国情是处于并将长期处于社会主义初级阶段。这就要求大学生全面深入地了解国情,关心国家的前途命运,主动将自己的人生理想、奋斗目标同国家的发展需要结合起来,树立与祖国同呼吸、共命运的人生追求和远大抱负,将强烈的爱国热情转化为支持国家发展的力量,积极投身到全面建成小康社会的伟大实践中,为实现中华民族伟大复兴的中国梦而奋斗。

(3) 形势与政策教育

形势与政策教育是大学生思想政治教育的重要内容。要培育大学生科学的国情观,必须进行形势与政策教育,给大学生讲清楚我国的基本理论、路线、方针和政策,让大学生正确认识我国的国体、政体,帮助大学生正确认清国内外的形势,全面准确地了解、掌握党和国家在不同历史发展阶段制定的大政方针,增强大学生建设中国特色社会主义事业的自信心和责任感。

形势与政策教育的内容,主要包含世界观和政治观教育、形势观和政策观教育、国内外宏观形势和党的总路线总政策教育、社会生活各领域形势、党和政府各项具体政策教育。首先,让学生对国际国内形势有一个宏观把握。虽然中国已经超越日本成为世界第二大经济体,国际地位大幅提高,国际影响显著增强,但是当今全球化给政治格局带来深刻动荡,某些国家对我国虎视眈眈、一再侵犯我国的领土主权,西方的和平演变从未停止。我们要清楚,当前面临着复杂多变的国际形势以及各种矛盾问题,告诚每个大学生都必须提高警惕，理智看待西方文化渗透，居安思危，保持高度的危机感和紧迫感；努力学习专业知识和提高自身能力，自觉维护国家主权和利益；增强忧患意识与危机意识，坚定大国自信，为振兴中华而奋斗。其次，及时解读路线政策，让大学生正确领会党中央精神。在形势与政策教育中，应结合大学生特点，及时对党和国家的路线方针政策进行解读，如对党的十九大精神、十九届二中、三中、四中、五中全会精神，以及"四个全面"战略布局、"五位一体"总体布局、社会主义核心价值观、国家意识和社会责任意识等进行解读，对党和国家施行的各项政策进行解读，加深大学生对重大问题的认识与感悟，真正理解并拥护党和国家制定的方针政策。最后，开展时事教育。时事教育是"活"的国情教育，是对课堂教学的延伸和补充。时事教育要以中国特色社会主义理论体系为指导，以党中央的一系列方针政策为依据，对最新的国内国际发生的重大事件进行解读，帮助学生正确认识当前形势和党的方针政策，养成关心国家大事的良好习惯。高校思想政治教育工作者要关注时事，科学分析时事，准确地把握党中央的精神，做好舆论引导工作。通过时事教育，让大学生发自内心地认同中国共产党的领导，认同中国特色社会主义的道路。

二、加强大学生国情教育的理论意义

经过改革开放四十多年来的高速发展，我国现在已经是中等偏上收入国家，资本已经不再那么短缺，人民的物质生活、精神生活都有了质的提升。在肯定成绩的同时，我们也要看到社会发展所面临的诸多问题。当前，我国亟须破解改革的难题：经济增长放缓的问题，经济发展不平衡问题，国民收入分配不公平问题，房地产问题，人口老龄化问题，环境污染、资源短缺问题，教育、医疗、交通等民生问题。而大学生是我们党和社会主义各项事业的接班人，肩负着建设和改革的重任。因此，培育大学生科学的国情观十分必要。

加强大学生国情教育，从理论上来说，延续了中国共产党重视做青年思想政治工作的优良传统，科学国情观是科学发展观的立论基础，是实现大学生思想政治教育创新发展的客观要求。

（一）延续了中国共产党重视做青年思想政治工作的优良传统

中国共产党人历来都重视科学认识国情，用科学的国情观指导实践，并在开展大学生基本国情教育、培育青年大学生树立科学的国情观方面进行了不懈的探索。

毛泽东作为中国共产党杰出的领导人，他的国情观内容最为丰富。毛泽东曾强调："明白了中国社会的性质，亦即是中国特殊的国情，这是解决中国一切革命问题的最基本的根据。"① 毛泽东基于中国当时国情的正确认识，指导新民主主义革命取得了最终的胜利。在社会主义革命与探索阶段，他结合中国的基本国情，提出了许多符合中国国情的科学理论，为我们今天建设社会主义留下了宝贵的历史经验。

邓小平指出："我们要用历史教育青年，教育人民。"② 江泽民曾在党的十四大报告中强调指出："在全国各族人民特别是青少年中，进一步加强党的基本路线教育，爱国主义、集体主义和社会主义思想教育，近代史、现代史教育和国情教育。"③ 胡锦涛也高度重视加强和改进大学生思想政治教育，在2005年1月召开的全国加强和改进大学生思想政治教育工作会议上强调："要坚持不懈地用马列主义的基本理论武装大学生，深入开展党的基本理论路线纲领和基本经验教育，开展中国革命、建设和改革开放的历史教育，开展基本国情和形势政策教育，使大学生正确认识社会发展规律，认识自己的社会责任。"④ 从国家领导人的讲话，再到党中央的文件，都明确指出要对大学生开展基本国情和形势政策教育，这体现了国家越来越意识到加强大学生国情教育的重要性。

习近平指出："要认真学习党史、国史，知史爱党，知史爱国。要了解我们党和国家事业的来龙去脉，汲取我们党和国家的历史经验，正确了解党和国家历史上的重大事件和重要人物。这对正确认识党情、国情十分

---

① 毛泽东选集（第2卷）[M]. 北京：人民出版社，1991：646.
② 邓小平文选（第3卷）[M]. 北京：人民出版社，1993：206.
③ 社会主义精神文明建设文献选编_党的历史文献集和当代文献集_中国共产党新闻_人民网 http://cpc.people.com.cn/GB/64184/64186/66695/4494836.html.
④ 中共中央国务院发出《关于进一步加强和改进大学生思想政治教育的意见》_中华人民共和国教育部政府门户网站 [EB/OL]. http://www.moe.gov.cn/s78/A12/szs_lef/moe_1407/moe_1408/tnull_20566.html.

必要，对开创未来也十分必要，因为历史是最好的教科书。"①"要教育引导学生正确认识世界和中国发展大势，从我们党探索中国特色社会主义历史发展和伟大实践中，认识和把握人类社会发展的历史必然性，认识和把握中国特色社会主义的历史必然性，不断树立为共产主义远大理想和中国特色社会主义共同理想而奋斗的信念和信心；正确认识中国特色和国际比较，全面客观认识当代中国、看待外部世界。"②

由此可见，党和国家都十分重视国情教育。在新的时代背景下，高校应大力弘扬党的国情教育传统，采取卓有成效的措施，培育大学生科学的国情观。

（二）科学国情观是科学发展观的立论基础

科学发展观是在深刻把握当代中国基本国情和发展实际基础上提出来的。科学发展观适合我国国情和特点，具有深厚的国情基础。

第一，科学发展观是马克思主义与中国实践相结合的产物。中国改革开放前30年所采取的经济发展模式是以牺牲一部分人的利益、破坏生态环境为代价的，社会各方面的发展滞后于经济发展。这种粗放型的经济发展模式已经不再适应当前的国情，阻碍了经济发展和社会进步，长此下去将严重影响经济社会的全面、协调、可持续发展。在此背景下提出的科学发展观，是从中国现实国情出发，科学认识国情的基础上提出来的。

第二，科学发展观是对当代世界发展观的扬弃。当代世界发展理论有三种发展观，第一种发展观=经济增长，第二种发展观=经济增长+社会变革，第三种发展观=以人为中心的综合发展观。我国并没有照搬照抄任何一种发展观，而是对当代世界发展理论进行有机整合，结合本国的国情实际，批判地吸收各国发展理论成果和成功经验，富有前瞻性地提出了科学发展观。

第三，科学发展观有着深厚的中国传统文化渊源。科学发展观的基本

---

① 习近平在中央党校建校80周年庆祝大会暨2013年春季学期开学典礼上的讲话[N].人民日报，2013-03-03.
② 中共中央国务院发出《关于进一步加强和改进大学生思想政治教育的意见》,中华人民共和国教育部政府门户网站[EB/OL].http://www.moe.gov.cn/s78/A12/szs_lef/moe_1407/moe_1408/tnull_20566.html.

内涵是坚持以人为本，全面、协调、可持续发展，促进经济社会和人的全面发展。这与中国传统文化中的"天人合一"思想不谋而合，有着深厚的国情基础。

第四，科学发展观是一种中国表述。科学发展观提出的"五个统筹"，体现了统筹兼顾的丰富内涵和中国特色，独具中国的民族风格和气派。

科学发展观是在准确把握我国发展的阶段性特征，适应我国发展新要求基础上提出来的，有着深厚的国情基础。可以说，科学国情观是科学发展观的立论基础。中国要实现全面协调可持续的科学发展，必须坚持科学的国情观。

（三）是实现大学生思想政治教育创新发展的客观要求

大学生思想政治教育工作是我党思想政治工作的重要组成部分，一直备受党和政府的高度重视，并为社会各界广泛关注。当前，各高等学校党组织都把大学生思想政治教育工作摆在学校各项工作的首要位置，强化责任担当，创新方式载体，在立德树人的具体实践中，坚持社会主义办学方向，加强对大学生的思想政治引领，将大学生知识积累、能力提升与价值观塑造紧密结合，着力服务大学生成长成才的现实需要，取得了显著成效。大学生的主流思想政治面貌在整体上是积极健康的，高度地认同党中央治国理政的新理念新思想新战略，但同时我们也必须清醒地认识到，大学生思想政治教育工作也面临许多新情况新问题新挑战，针对性、实效性有待进一步提高。

在各种思想文化观念相互交织、激荡的新背景下，高校作为意识形态工作的前沿阵地，必须适应新形势新期待，实现大学生思想政治教育工作的创新发展。国情观教育不仅丰富了大学生思想政治教育的内容，而且通过引导大学生全面了解历史和国情，能够极大地提振大学生的民族自尊心与自豪感，从而激发起大学生的社会责任感和历史使命感，这与大学生思想政治教育的目的是高度契合的、一致的。大学生对脱离实际、脱离国情、脱离现实生活的说教非常反感，在科学国情观基础上开展的思想政治教育工作，与大学生的心理距离最近，大学生的亲切感、认同感更强，效果也更显著。因此，加强大学生国情教育，是实现大学生思想政治教育创新发展的客观要求。

三、加强大学生国情教育的现实意义

认识的最终目的是为了指导实践。开展大学生国情教育，让大学生正确认识国情，深刻领会党的路线方针政策，自强不息艰苦奋斗，正确选择人生道路，积极投身社会主义建设实践。

（一）深刻领会党的路线、方针和政策，为社会主义建设事业提供重要保证

我国的改革和建设事业是一项崇高而神圣的事业，关系到中华民族的兴衰成败，而大学生是祖国的未来、国家的栋梁和民族的希望，他们中的很多人将成为我国建设事业的重要力量，他们身上担负着把我国建设成为一个繁荣富强的社会主义国家，实现民族崛起的重大使命。未来的党和国家领导人、祖国的建设者，各行各业的专家、劳模、企业家、科学家等各类有才之士，多数都将从他们中间产生，因此对大学生开展国情教育是非常重要的，是关系到中国社会主义建设事业发展前途的一件大事。

中国的历史已经反复向我们证明：离开中国的现实国情，一味模仿别国的模式，照搬其他国家的经验，我们的革命和建设事业定会遭受重大挫折。要把马列主义的基本原理与我国的现实国情真正结合，就必须对我国国情有一个全面、深刻的了解和认识。为了避免重蹈历史覆辙，保证我国改革开放事业的更好发展，就必须对大学生进行全面的国情教育。要使学生认识到，党的十一届三中全会以来党和国家制定的路线方针、政策，都是以中国的基本情况为依据的，是对我国现实国情的正确反映，从而使学生理解支持党的基本方针和政策，明白走中国特色社会主义的道路，归根到底是由中国基本国情的特点决定的。大学生只有懂得了这些，才能真正树立起社会主义的理想信念，始终不渝地走中国特色社会主义道路，坚决贯彻党的指导思想和政策，自觉地把个人奋斗同实现社会主义现代化建设的宏伟目标紧密结合起来，进一步增强社会责任感，不断提高政治觉悟，从而成为对社会发展有用的人才，推动我国的各项事业不断前进。

（二）树立科学的国情意识，引导当代大学生正确看待社会矛盾和问题

当代大学生对国情的基本认识和评价将直接影响他们进入社会时的思想行为和价值判断，他们对走中国特色社会主义道路的信念是否坚定也在很大程度上影响着国家和民族的命运。在高校开展大学生国情教育，帮助青年学生全面了解和科学认识国家的基本国情，增强民族自尊心和自信心，树立对未来社会发展的使命感、荣誉感，从而形成科学的国情意识，使他们在面对矛盾和问题时，能够做到从国家的根本情况出发，立足于基本国情去思考问题、研究现状、认识社会。这是一种自觉思维意识，是对国家正面的、积极的、自觉的认识和反映。

改革开放四十多年以来，我国的政治经济文化各方面有了突飞猛进的发展，当前我国正处于改革攻坚的关键时期，正是各种纷繁复杂的矛盾和利益集中爆发的时期，面临着种种困难和挑战。尤其是在改革事业向纵深推进的过程中，出现了许多社会问题，例如城乡贫富差距的不断扩大，城镇化的快速发展对城市的交通出行、社会治安和劳动就业等产生了不小的影响，社会保障包括教育、医疗、卫生等制度还很不健全等，这些都是当代大学生所关心的社会热点问题。调查显示，近年来大学毕业生的就业难现象，已经成为全社会关注的热点。中商产业研究院数据显示：2010—2017年的毕业生人数按照2%至5%的同比增长率逐年增长，近7年间累计毕业生人数达到5706万人。而2018年全国高校毕业生首次突破了800万人，根据教育部消息，2019届全国普通高校毕业生预计达834万人，再创近10年毕业生人数新高值，就业创业工作面临复杂严峻的形势。[①]就业岗位严重满足不了大学毕业生的需求，再加上受国际金融危机影响，高校毕业生的就业情况雪上加霜，又一个"史上最难就业季"要出现，大学生对此产生了诸多埋怨，产生了消极悲观的思想。这种情形的出现反映了部分大学生对社会问题把握能力不足，缺乏一个清晰的认识，思想观念与社会在一定程度上相脱节。对此，有必要对大学生进行国情教育，使其正确看待社会发展中的诸多现实问题，分析产生这些问题的原因并找出对策，而不是对现状抱怨、牢骚和谩骂，让大学生明白抱怨无济于事，以乐观向上的心态去看

---

① 2019届全国高校毕业生人数将达834万人 再创近10年人数新高值（附历年毕业生人数统计）_中商情报网https://www.askci.com/news/chanye/20181224/1507511139146.shtml.

待，积极去改变才是明智之举。大学生可以从改变自身做起，积极转变就业观念，例如自主创业，去基层、中小企业就业和二三线城市工作等，同时可以适度地寻求政策支持，找到适合自己的解决措施。大学生国情教育能够引导青年学生形成科学的国情意识，在遇到问题时自觉做到从现实国情出发，辩证看待社会发展进程中的矛盾、把握社会热点问题，以积极的心态和实际行动为社会的健康有序发展作贡献。

（三）是大学生正确选择人生道路的基本前提

"天下兴亡，匹夫有责""位卑未敢忘忧国，事定犹须待阖棺""安得广厦千万间，大庇天下寒士俱欢颜，风雨不动安如山""先天下之忧而忧，后天下之乐而乐"这些诗句都表达了古代读书人关心民间疾苦，把国家、民族的利益摆在首位，忧国忧民。作为新时代的青年大学生，更应当广闻博览，不仅要"风声雨声读书声声声入耳"，更要"家事国事天下事事事关心"；不仅要读书长知识，还要关心国家，关心政治，关心天下之事，关心国家大事，关心祖国的前途和命运；要有修身齐家治国平天下的博大胸怀，多用心去体会世间百态，敢于为民请命，而不能读死书、死读书。不关心时事，不关注国情、社情、民情，"两耳不闻窗外事，一心只读圣贤书"的人，早已经不适应历史发展潮流了，在社会上更是毫无立足之地，也必将被时代所淘汰。

大学生只有正确认识国情、了解世界，正确理解了党和国家制定的路线方针和政策，客观地认识和评价我国各项建设和发展取得的巨大成就，清醒、理智地看待我国与发达国家存在的差距和不足，才能产生强烈的使命感，确立起对国家诚挚、执着地热爱，才能坚定中国特色社会主义道路自信、理论自信、制度自信、文化自信、价值自信，才能把自己的人生理想、人生目标同国家建设事业结合起来，从而正确选择自己的人生道路。

高校应针对大学生开展马克思主义理论教育，让他们掌握科学的方法论，学会用马克思主义原理，全面、系统、科学、辩证地分析国家的基本情况，树立科学的国情观，为大学生的人生价值目标的确立和职业选择提供可靠依据。对大学生进行中国梦教育、强国梦教育，使大学生把自己的梦同国家的梦、民族的梦联系起来，把个人的进步、成长、成才与祖国的富强、民族的兴旺、人民的幸福有机联系起来，通过国情世情教育，让大学生正确把握当今时代特征、正确认识国情世情党情、县情民情社情，提升其价值判断能力、价值选择能力和价值塑造能力，促进大学生全面成长成才。

（四）是培养大学生艰苦奋斗精神的现实需要

"一个有志青年，要想成为对国家对人民的有用之才，必须走艰苦锻炼之路。青年只有在实践斗争中才能锻炼成长，没有捷径可走。"[1]全面建成小康社会的宏伟目标迫切需要大学生到祖国中西部地区、到基层和人民中去建功立业。因为改革开放的战略抉择，东南沿海地区先富起来了，导致我国现在东西部差距大、城乡发展差距大。我国中西部地区、老少边穷地区、农村，都普遍存在着人才紧缺的问题。基层迫切需要人才。基层是人才成长的摇篮。基层人才紧缺，广阔天地大有可为，在那里也更容易干出一番成绩。然而正是由于缺乏艰苦奋斗精神，加上人生目标选择的限制，基层往往招揽不到人才。我们从历年的国家公务员考试报名统计中也可窥一斑，大城市、好单位报名都呈"井喷"之势，而一些老少边穷、基层艰苦岗位却无人问津。

近几年来，我国经济发展速度放缓，实体经济不振，社会矛盾和医疗、教育、住房等民生问题突出，需要大学生在勇挑重担的过程中积极发扬艰苦奋斗的精神。大学生自我期望值都较高，内心渴望实现自我价值，但是缺乏艰苦奋斗精神，贪图生活安逸，不愿从事辛苦的工作，并且较多考虑眼前利益，不着眼长远；眼高手低，志大才疏，好高骛远，不愿意从基层干起。

孟子说："天将降大任于斯人也，必先苦其心志，劳其筋骨，饿其体肤，空乏其身……"大学生不能眼高手低、好高骛远而一头扎进大城市，祖国的中西部、边远山区、农村、基层更需要人才。当代大学生应当脚踏实地，转变择业观念，坚持从国家和社会的现实需要出发，从自身实际出发，到祖国和人民需要的地方去，不畏艰难、不怕吃苦，踏踏实实走好每一步，勤勉努力，在平凡的岗位上创造不平凡的业绩。

---

[1] 中共中央文献研究室编.毛泽东邓小平江泽民论青少年和青少年工作[M].北京：中央文献出版社，2000：227.

（五）树立正确的人生观、价值观

大学时期是大学生个体的人生观、价值观形成的关键时期。但目前，由于各种主客观因素影响着他们对我国国情的认识和把握，使得很多大学生的人生观、价值观发生了扭曲变化。因此，高校加强国情教育有利于大学生树立正确的人生观、价值观。

一方面，当代大学生肩负着全面建成小康社会，实现中华民族伟大复兴的历史重任，但随着社会经济的不断发展、物质水平的不断提高，当今大学生习惯了享受生活，缺乏生活的历练，容易被拜金主义、利己主义等错误思想所侵蚀。这对学生形成正确的人生观、价值观产生严重负面影响。其中原因有二：其一，由于生活在幸福的和平年代，成长于改革开放的新时期，使得大学生在关注国内国际大事件的同时，存在视野不够宽阔、"事不关己，高高挂起"的想法；其二，由于缺乏系统、科学的国情知识理论指导，在认识理解很多历史问题和现实情况时，大学生容易误入迷途，思维认识倾向保守或者激进。另一方面，外来文化对中国传统文化的冲击，导致了当代大学生人生观、价值观的形成容易错位。随着世界政治多极化、文化多元化和经济一体化的发展，西方发达国家借助其政治、经济、科技、文化等诸多领域的全面渗透，极力推销资本主义价值观，同我国进行政治上的较量，争夺青年一代的思想阵地。这样，以个人主义和功利主义为主的西方价值体系不断涌入我国，尤其是左右了大学生这一特殊群体；又由于当代大学生多数是独生子女，自身缺乏坚定的信念和深度的理性思考，加上国情教育的乏力和滞后性，使他们容易被眼前的利益所迷惑，引发了大学生价值取向的偏移。

大学生在价值观上更多地关注个人利益的实现，缺乏奉献精神和集体主义意识，表现出了一定程度的功利主义和个人倾向。大学生人生观、价值观的形成和思想政治素质的提高，绝不是孤立的个体在自我完善中所能解决的，它与宏观的客观环境，与整个世界、整个社会，特别是我国的现实国情是密切联系的。存在决定意识。大学生只有在正确了解世界，正确认识国情，正确理解党在新时期确定的路线、方针、政策的基础上，才能产生强烈的责任感、使命感，才能正确选择自己的人生道路，加入全面建成小康社会的建设中来，到建设社会主义现代化强国最需要的地方和岗位上去，并且在爱国主义思想的激励下，执着地为国家、民族富强而奉献，并自觉地接受马克思主义，逐步成长为坚定的共产主义者。

因此，高校必须通过开展国情教育，让大学生不但深入了解我国国情，而且要内化为自觉思想、外化为实际行动，这样才能使其拓宽视野、增长见识，切实提高思想觉悟与政治素养，深刻认识我国的发展战略，并为之贡献自己的力量。

综上所述，高校加强国情教育能够进一步深化大学生对当代中国国情和阶段性特征的认识，并使其科学地把握我国目前发展的阶段性特征与社会主义初级阶段基本国情之间的辩证统一关系。通过科学、全面了解国情、立足国情，筑牢大学生毫不动摇地坚持党的基本路线和大政方针，坚持走好中国特色社会主义道路，正确把握和对待社会热点问题，增强忧患意识、危机意识和社会责任感，树立正确的人生观和价值观，高等学校才能把大学生培养成为建设社会主义事业的合格建设者和可靠接班人。

第二章

大学生国情教育的思想渊源

> 要教育引导学生正确认识世界和中国发展大势,从我们党探索中国特色社会主义历史发展和伟大实践中,认识和把握人类社会发展的历史必然性,认识和把握中国特色社会主义的历史必然性,不断树立为共产主义远大理想和中国特色社会主义共同理想而奋斗的信念和信心;正确认识中国特色和国际比较,全面客观认识当代中国、看待外部世界;正确认识时代责任和历史使命,用中国梦激扬青春梦,为学生点亮理想的灯、照亮前行的路,激励学生自觉把个人的理想追求融入国家和民族的事业中,勇做走在时代前列的奋进者、开拓者;正确认识远大抱负和脚踏实地,珍惜韶华、脚踏实地,把远大抱负落实到实际行动中,让勤奋学习成为青春飞扬的动力,让增长本领成为青春搏击的能量。
>
> ——节选自习近平2016年12月7日在全国高校思想政治工作会议上的讲话

马克思列宁主义的国情理论和马克思主义中国化国情思想是大学生国情教育的思想渊源。马克思列宁主义的国情理论是指马克思、恩格斯等早期科学社会主义创始人的思想,以及苏联成为世界上第一个社会主义国家后,列宁、斯大林等领导人对社会主义国情的有关论著,这些论著也是马克思主义中国化国情思想的理论渊源。新中国成立后,通过"一化三改"的社会主义改造,我国建立了社会主义制度。面对社会主义经济建设规模的扩大,社会主要矛盾的变化,中国共产党人始终毫不动摇地坚持把马克思主义基本原理同我国国情相结合,以战略眼光高度重视对中国国情的总体把握,尤其是以毛泽东、邓小平、江泽民、胡锦涛、习近平等为代表的中国共产党领导人的国情思想为大学生国情教育提供了直接的思想来源。

一、马克思列宁主义的国情理论

马克思恩格斯的经典论述设想了未来社会主义国家的基本特征,指出了认识一个具体国家国情的科学方法。列宁在科学社会主义变成现实的第一次伟大实践中,形成了关于殖民地半殖民落后国家的国情理论。斯大林在领导苏联从一个落后的农业国发展成一个先进的工业国的过程中,形成了苏联社会主义模式。马克思恩格斯、列宁、斯大林的国情理论是中国化的马克思主义国情思想的重要思想渊源。我们也可以说,中国历代领导人的国情思想,是马克思主义视阈内的国情思想。由于马克思主义国情理论内容十分丰富,全面系统地阐述马克思主义的国情理论是本书的篇幅所不能容纳的,所以这里只概述几个重要的方面。

(一)马克思恩格斯的国情理论

马克思恩格斯以历史唯物主义为指导思想,深刻揭示了资本主义社会中生产社会化和私人占有之间难以克服的矛盾,科学揭示了资本主义必然灭亡,社会主义必然胜利的历史必然性,创立了共产主义的思想体系。在共产主义思想体系中,包含着丰富的社会主义国情理论以及国情认识的方法论,是国情教育的重要思想渊源。

1. 指出了科学社会主义建立在现实之上

恩格斯在《反杜林论》中开篇就指出:"现代社会主义,就其内容来说，首先是对现代社会中普遍存在的有财产者和无财产者之间、资本家和雇佣工人之间的阶级对立以及生产中普遍存在的无政府态度这两个方面进行了考察的结果。"① "考察"这两个字就说明了"现代社会主义"不是产生于纯粹的理论幻想，因为纯粹的理论幻想是不能在实际中考察的，而是产生于对社会实际的分析之上。马克思恩格斯还指出："共产主义对我们来说，不是应当确立的状况，不是现实应当与之相适应的设想。我们所称为共产主义的是那种消灭现存状况的现实的运动。这个运动的条件是由现有的前提产生的。"② 有鉴于此，笔者认为，国情是一切社会活动的基础，人们不能脱离具体国情去主观想象改造社会与国家。

2.设想了未来社会主义国家的基本国情概况

马克思恩格斯关于未来社会的设想，也是对未来社会主义国家国情概况的设计，是现实社会主义国家国情认识的蓝本依据。马克思恩格斯关于未来社会主义国家的国情概况设计主要包括以下几方面。

（1）无产阶级作为大工业的产物，是新的生产方式的代表者，因而是真正革命的阶级和未来社会的创造者。无产阶级的革命运动是为大多数人的、为绝大多数人谋利益的自觉的独立的运动。

（2）无产阶级要取得革命的胜利，首先必须形成无产阶级的先锋队组织——共产党来组织和领导工人运动。共产党是无产阶级利益的根本体现者，共产党人"没有任何同整个无产阶级的不同的利益。"③

（3）共产党及其领导的无产阶级革命运动的最近目的是使无产阶级形成为阶级，推翻资产阶级的政治统治，建立无产阶级专政。为实现这一目的，无产阶级要和农民、小资产阶级和反对封建专制的资产阶级建立联合的统一战线。

（4）当无产阶级变为统治阶级并争得民主以后，无产阶级必须运用自己的政治统治，逐步夺取资产阶级的全部资本，把一切生产资料都集中在国家手中，并且尽可能快地增加生产力的总量。

（5）无产阶级革命的最终目的，是消灭一切阶级和阶级对立，消灭私

---

① 马克思恩格斯选集（第3卷）[M].北京：人民出版社，1995：355.
② 马克思恩格斯选集（第3卷）[M].北京：人民出版社，1995：87.
③ 马克思恩格斯选集（第1卷）[M].北京：人民出版社，1995：285.

有制，实现共产主义。

3. 奠定了认识一个国家具体国情的方法论基础

虽然国情的具体内容是什么非常重要，但从认识的形成上来说，站在什么样的立场、用什么方法来形成关于国情的认识，具有更加重要的意义。换句话说，用不同的方法认识国情会得出完全不同的结论。马克思恩格斯在这方面有很多非常重要的论述，为怎样认识一个国家的具体国情奠定了方法论的基础。

（1）运用唯物史观和辩证思维方式观察人类社会的发展

马克思恩格斯的第一个伟大科学发现是发现唯物史观，它的发现对于认识人类社会具有革命性的意义。"这一伟大科学发现不仅使他们实现了哲学领域中的革命性变革，而且为他们创立完整的马克思主义科学理论体系奠定了牢固的世界观和历史观的基础。"[1]唯物史观认为：物质生产是人类社会存在和发展的基础。"人们为了能够'创造历史'，必须能够生活。但是为了生活，首先就需要衣、食、住以及其他东西。因此第一个历史活动就是生产满足这些需要的资料，即生产物质生活本身。"[2]这段论述科学揭示了生产实践是人的最基本的活动，只有从社会实践出发才能把握社会历史的本质及规律。

对于人类社会发展是一个怎样的历程的问题，马克思恩格斯从生产力与生产关系的辩证运动视角加以科学的阐述。在马克思恩格斯看来，人类社会发展的规律在于生产力和生产关系的辩证运动。生产力与生产关系的辩证关系主要表现在两个方面：一方面，生产力决定生产关系的性质和状况。生产关系对生产力具有能动的反作用，当生产关系适合生产力需要的时候，它是生产的必要条件，促进着生产力的发展；当生产关系不适应生产力时，就必然会阻碍生产力的发展。总之，生产力与生产关系的辩证统一，是一个基于生产力发展之上的矛盾的、历史的过程。

（2）从经济基础和上层建筑的辩证关系及其矛盾运动角度科学揭示了人类社会形态的更替和演变规律

人类社会是如何更替和演变的呢？马克思恩格斯通过深入分析社会结

---

[1] 庄福龄. 简明马克思主义史[M]. 北京：人民出版社，1999：63.
[2] 马克思恩格斯全集（第3卷）[M]. 北京：人民出版社，1965：31.

构、政治结构与社会生产的关系,揭示了经济基础与上层建筑辩证关系的原理,从而科学揭示了人类社会形态更替和演变的规律。他们指出:"在过去一切历史阶段上受生产力所制约、同时也制约着生产力的交往形式,就是市民社会。"① "市民社会"的概念指的就是经济基础。市民社会这个"名称始终标志着直接从生产和交往中发展起来的社会组织,这种社会组织在一切时代都构成国家的基础以及任何其他的观念的上层建筑的基础。"②

不仅如此,马克思恩格斯还阐述了上层建筑对经济基础的反作用。他们指出,在资本主义社会,国家和法只是资产阶级维护自己阶级利益和私有财产的工具。全部观念形式的上层建筑,都是由经济基础决定的,经济基础的性质决定着意识形态的性质。"统治阶级的思想在每一时代都是占统治地位的思想。这就是说,一个阶级是社会上占统治地位的物质力量,同时也是社会上占统治地位的精神力量。支配着物质生产资料的阶级,同时也支配着精神生产的资料,因此,那些没有精神生产资料的人的思想,一般地是受到统治阶级支配的。占统治地位的思想不过是占统治地位的物质关系在观念上的表现,不过是表现为思想的占统治地位的物质关系;因而,这就是那些使某一个阶级成为统治阶级的各种关系的表现,因而,这就是那些使某一个阶级成为统治阶级的各种关系的表现,因而这也就是这个阶级的统治的思想。"③

在唯物史观的指导下,"马克思恩格斯将人类社会历史划分为依次更替的五种社会形态:部落所有制,即原始社会;古代国家所有制和公社所有制,即奴隶社会;封建所有制;资本主义所有制和共产主义所有制。这样,马克思恩格斯就揭示出了社会形态更替的实质是基于生产力发展基础之上的生产关系特别是生产资料所有制的更替。"④

4. 发现了东方社会的发展具有特殊性

在马克思恩格斯的晚年,他们极其重视对东方社会的历史和发展道路

---

① 马克思恩格斯全集(第3卷)[M].北京:人民出版社,1965:40.
② 马克思恩格斯全集(第3卷)[M].北京:人民出版社,1965:41.
③ 马克思恩格斯全集(第3卷)[M].北京:人民出版社,1965:52.
④ 庄福龄.简明马克思主义史[M].北京:人民出版社,1999:62.

的研究。所谓东方，主要指俄国、中国、印度等东方国家。他们对东方社会的研究是以他们的世界历史理论为考评标准的，即在世界历史的视野内来看东方社会的。而正是从这样的视角出发，他们发现了东方社会的亚细亚生产方式不同于西欧发展模式的特殊性。马克思在《1857—1858年经济学手稿》的写作中研究发现，前资本主义的所有制关系是在亚细亚生产方式的基础上发展起来的，亚细亚生产方式是人类社会的原生形态。它的基本特征是土地公有制和专制主义。东方社会的亚细亚生产方式的特殊性成为马克思恩格斯理解东方的认识基础和预测东方未来跨越"卡夫丁峡谷"的判断依据。他们对此有过五次比较集中的论述。笔者选择其中三次重要的论述。

第二次是在1877年11月马克思《在给〈祖国纪事〉杂志编辑部的信》中指出的："如果俄国继续走它在1861年所开始走的道路，那它将会失去当时历史所能提供给一个民族的最好的机会，而遭受资本主义制度所带来的一切灾难性的波折。"① 这封信阐述了一个重要的思想：像俄国这样经济文化落后的国家可以不经过资本主义道路的痛苦而走上非资本主义的道路。

第三次是1881年在给俄国女革命家查苏利奇的复信初稿中，马克思认为俄国公社土地占有制的"历史环境，即它和资本主义生产的同时存在，则为它提供了大规模地进行共同劳动的现成的物质条件。因此，它能够不通过资本主义制度的卡夫丁峡谷，而占有资本主义制度所创造的一切积极的成果。"②

第五次是恩格斯在1894年的《〈论俄国社会问题〉跋》一文中，将跨越资本主义的认识应用于经济文化不发达的一切国家。他指出："这不仅适用于俄国，而且适用于处在资本主义以前的阶段的一切国家。"③

从马克思恩格斯以上的三次论述可以看出，他们是紧紧把握住了俄国及东方经济文化落后国家不同于西欧的特殊性而展开论述的。正如有的学者指出，在马克思恩格斯的东方社会研究中，"始终贯穿着一条思想主

---

① 马克思恩格斯选集（第3卷）[M]. 北京：人民出版社，1995：340.
② 马克思恩格斯选集（第3卷）[M]. 北京：人民出版社，1995：770.
③ 马克思恩格斯选集（第4卷）[M]. 北京：人民出版社，1995：443.

线，就是着眼于对东西方社会发展的不同历史特点进行比较。并从东方社会之区别于西方的特殊历史环境出发，对东方社会之不同于西方社会的特殊发展道路提出预见性见解。这种具体分析历史环境的方法论原则，应当说是马克思东方社会研究课题留给东方和人类的最重要的思想财富。"[①]因此可以说，马克思恩格斯的东方社会理论的最大理论贡献就是指出了东方社会的特殊性，时刻把握东方的特殊性是理解马克思东方社会理论的实质性要求。

（二）列宁的国情理论

列宁把科学社会主义理论变成了现实，在全世界建立了第一个社会主义国家，开辟了人类历史的新纪元。列宁作为这段崭新历史的开拓者，他的理论与实践对无疑对同样处于落后境地的中国革命与建设具有示范性的直接指导意义。

1. 列宁的民族殖民地理论为探索中国新民主主义革命的基本问题提供了理论指导

关于中国革命的性质和步骤。列宁通过分析殖民地半殖民地国家的经济特点，得出了这些国家的革命性质是反帝反封建的结论。他指出："这些国家最重要的特点就是资本主义前的关系还占统治地位"，[②]在这些国家里几乎没有工业无产阶级，"因此，还谈不到纯粹的无产阶级运动。"[③]因此，列宁指出："你们面临着全世界共产党人所没有遇到过的一个任务，就是你们必须以共产主义的一般理论和实践为依据，适应欧洲各国所没有的特殊条件，善于把这种理论和实践运用于主要群众是农民、需要解决的斗争任务不是反对资本而是反对中世纪残余这样的条件。"[④]与此相适应，在这些落后国家中开展的群众革命运动，就国内来说，首先需要解决的斗争任务不是反对资本而是反对中世纪残余，即反对封建剥削制度和各种封建主势力。另一方面，落后国家的广大人民群众还长期遭受外国帝国主义资产阶级的残酷压迫和剥削，而外国帝国主义势力又总是同落后国家内部

---

① 王瑞生，黎德华. 读懂马克思[M]. 成都：四川人民出版社，2001：302.
② 列宁选集（第4卷）[M]. 北京：人民出版社，1995：277.
③ 列宁选集（第4卷）[M]. 北京：人民出版社，1995：277.
④ 列宁选集（第4卷）[M]. 北京：人民出版社，1995：79.

的封建反动势力互相勾结并充当后者的靠山，因此，落后国家的群众革命运动在解决反封建斗争任务的过程中，就必须同时大力开展反对国际帝国主义。

在认识中国革命性质的基础上，列宁进一步指出了中国革命要分两步走。1922年4月，《先驱》刊登了共产国际《关于中国少年运动的纲要》，指出中国革命"应分两步去做：第一步是完全颠覆封建主义，促成中国真正独立；第二步是推翻有产阶级的政治，把政权掌握在自己手中。"①"中国革命分两步走"的结论成为毛泽东关于中国革命要分两步走，先做好新民主主义革命上篇，再做好社会主义革命下篇，"不能毕其功于一役"的直接思想渊源。

关于中国革命的领导权。列宁在领导俄国革命时，认识到俄国资产阶级革命必须由无产阶级来领导，而不是资产阶级。这是因为在当时的俄国"只有无产阶级，由于它在大生产中的经济作用，才能成为一切被剥削劳动群众的领袖"。②同样，列宁认为殖民地半殖民地国家的资产阶级革命也要由无产阶级领导。他指出："殖民地革命在最初时期不会是共产主义革命，然而要是它从头起就由共产主义先锋队所领导，那么革命群众，由于渐次地获得革命经验，将走上达到所抱目的的正确道路。……在其发展的第一阶段，殖民地革命应当按照带有纯粹小资产阶级改良主义各点的纲领去进行，如分配土地等等。但是不能由此得出结论说：殖民地革命的领导应当放在资产阶级民主派手中。"③

关于农民问题。俄国有汪洋大海一般的农民，因此，列宁非常重视农民问题。列宁认为，农民是拥护民主革命的重要力量。"农民虽然不会因此而成为社会主义者，不会因此而不再成为小资产阶级，但是他们能够成为完全而又极其彻底地拥护民主革命的力量。只要给农民以教育的革命事变进程不因资产阶级叛变和无产阶级失败而过早地中断，农民就必然会成

---

① 转引自王占仁. 共产国际联共（布）与马克思主义中国化研究（1919—1943）[D]. 东北师范大学，2009：23.
② 列宁选集（第3卷）[M]. 北京：人民出版社，1995：131.
③ 李小江. 共产国际有关中国革命的文献资料（第一辑）1919—1928 [M]. 北京：中国社会科学出版社，1981：32.

为这样的力量。"①因此，列宁认为，在落后的东方国家里，无产阶级要取得革命胜利，必须和农民建立巩固的联盟。"毫无疑问，任何民族运动都只能是资产阶级民主性质的，因为落后国家的主要居民群众是农民，而农民是资产阶级资本主义关系的体现者。认为无产阶级政党（如果它一般地说能够在这类国家里产生的话）不同农民运动发生一定的关系，不在实际上支持农民运动，就能在这些落后国家里实行共产主义的策略和共产主义的政策，那就是空想。"②1923年5月，共产国际执行委员会给中国共产党第三次代表大会发来指示说："只有把中国人民的基本群众，即占有小块土地的农民吸引到运动中来，中国革命才能取得胜利。"进一步指出："全部政策的中心问题乃是农民问题。无论出于任何考虑而回避这一基本点，都意味着不理解这个社会经济基础的重大意义，而只有在这个基础上才能胜利地进行反对外国帝国主义和彻底消灭中国封建制度的斗争。"③共产国际执行委员会第六次扩大会议就中国问题做出的决议案中再次强调："中国民族解放运动的基本问题乃是农民问题。"④

2. 列宁的社会主义建设理论对中国社会主义建设思想具有现实的指导意义

列宁领导的社会主义建设虽然很短，但是科学社会主义从理论到实践的第一次，又是在经济文化非常落后基础上的实践。由于俄国具有和中国相似的情形，因此，列宁的社会主义建设理论对中国进行社会主义建设具有现实的指导意义。

关于国家政权建设。革命的根本问题是国家政权问题。经济文化落后国家的革命胜利后，建设什么样的政权呢？马克思恩格斯提出了建立无产阶级专政的思想。列宁在社会主义实践中进一步丰富发展了这一思想。列宁在《国家与革命》中科学地阐述了国家的起源与本质。他指出："国家是阶级统治的机关，是一个阶级压迫另一个阶级的机关，是建立一种'秩

---

① 列宁选集（第1卷）[M]．北京：人民出版社，1995：604．
② 列宁选集（第4卷）[M]．北京：人民出版社，1995：276．
③ 李小江．共产国际有关中国革命的文献资料（第一辑）1919—1928[M]．北京：中国社会科学出版社，1981：78-79．
④ 中共中央文件选集（第2卷）[M]．北京：中共中央党校出版社，1983：25．

序'来抑制阶级冲突，使这种压迫合法化、固定化。"①列宁还强调了无产阶级专政的重要性。他指出："从向着共产主义发展的资本主义社会过渡到共产主义社会，非经过一个'政治上的过渡时期'不可，而这个时期的国家只能是无产阶级的革命专政。"②列宁还深刻揭示了无产阶级民主与资产阶级民主的本质区别，阐明了无产阶级专政与无产阶级民主的辩证关系。他指出："在资本主义社会里，在它最顺利的发展条件下，比较完全的民主制度就是民主共和制。但是这种民主制度始终受到资本主义剥削制度狭窄框子的限制，因此它实质上始终是少数人的即只是有产阶级的、只是富人的民主制度。"③与此相反，无产阶级的民主则把民主制度大规模地扩大，使它第一次成为穷人的、人民的而不是富人的民主制度。列宁同时强调，从资产阶级的民主转变为无产阶级的民主，必须经过无产阶级专政，因为再也没有其他办法和其他途径能够粉碎剥削者资本家的反抗。无产阶级专政不仅使人民大多数享有民主，还对人民的剥削者、压迫者实行镇压，把他们排除在民主之外。这种形态的民主不仅是新型的民主，也是新型的专政，是新型民主和新型专政的统一，是"新型民主的（对无产者和一般穷人是民主的）和新型专政的（对资产阶级是专政的）国家"④。

  关于经济建设。由于俄国是一个经济文化落后的国家，列宁非常重视经济建设。在十月革命胜利后的第二天，列宁就提出着手解决经济建设这个任务。1918年4月，列宁在《苏维埃政权的当前任务》一文中，首次提出将党的工作重心转移到经济建设上来的历史任务。他指出："在任何社会主义革命中，当无产阶级夺取政权的任务解决以后，随着剥夺剥夺者及镇压他们反抗的任务大体上和基本上解决，必然要把创造高于资本主义的社会结构的根本任务提到首要地位，这个根本任务就是：提高劳动生产率。"⑤由于当时俄国还受到国内外反动势力的武装干涉，导致转变的任务没有完成。当粉碎了敌人的疯狂进攻以后，列宁再次提出把党的工作重心

---

① 列宁选集（第3卷）[M].北京：人民出版社，1995：114.
② 列宁选集（第3卷）[M].北京：人民出版社，1995：118.
③ 列宁选集（第3卷）[M].北京：人民出版社，1995：126.
④ 列宁选集（第3卷）[M].北京：人民出版社，1995：140.
⑤ 列宁选集（第3卷）[M].北京：人民出版社，1995：490.

转移到经济建设上来。"现在我们必须再一次把这种转变提到首位,并尽一切力量加以实现。"①他说:"无产阶级取得国家政权以后,它的最主要最根本的需要就是增加产品数量,大大提高社会生产力。"②列宁把搞好经济建设甚至提高到政治的高度来认识。他说:"现在我们主要的政治应当是:从事国家的经济建设,收获更多的粮食,开采更多的煤炭,解决更恰当地利用这些粮食和煤炭的问题,消除饥荒,这就是我们的政治。"③在经济建设中,列宁提出并反复强调要首先恢复和发展大工业,认为这是建立社会主义制度的基础。列宁还针对俄国是一个小生产如汪洋大海般的国家事实,在"战时共产主义"政策试验失败后,采取间接过渡的办法,即实施新经济政策,把经济建设建立在适应和支持小农经济的基础上,从农业入手来恢复和发展大工业。列宁还认识到用商业把社会主义大工业与小农经济结合起来。他认为,活跃商业是当时无产阶级政权必须全力抓住的中心环节。在社会主义经济发展史上,列宁首次明确提出了发展商品经济和利用商品货币关系建设社会主义的重要思想,重视市场在经济建设中的重要作用。

关于文化建设。面对俄国这样一个经济文化非常落后的国家,列宁提出了文化建设的任务。他说:"在解决了世界上最伟大的政治变革的任务以后,摆在我们面前的已是另一类任务,即可称为'小事情'的文化任务。"④他认为,社会主义革命是包括文化革命在内的全面革命,只有政治和经济上的革命而无文化上的革命,并不能实现真正的社会主义,因为在一个文盲的国家里是不能建成共产主义社会的。"只要实现了这个文化革命,我们的国家就能成为完全社会主义的国家了。"⑤列宁还提出了无产阶级文化要为工农大众服务的思想。他说:无产阶级文化应当为"千千万万劳动人民,为这些国家的精华、国家的力量、国家的未来服务。"⑥

---

① 列宁全集(第40卷)[M].北京:人民出版社,1986:28.
② 列宁选集(第4卷)[M].北京:人民出版社,1995:623.
③ 列宁选集(第4卷)[M].北京:人民出版社,1995:308–309.
④ 列宁选集(第4卷)[M].北京:人民出版社,1995:585.
⑤ 列宁选集(第4卷)[M].北京:人民出版社,1995:774.
⑥ 列宁选集(第1卷)[M].北京:人民出版社,1995:666.

3. 列宁认识国情的科学方法和科学态度

列宁以科学的方法和科学的态度认识俄国国情以及殖民地国家的国情，这些也为马克思主义中国化国情思想提供了直接的方法论指导。

关于科学方法。列宁是唯物辩证法"大师"，他用唯物辩证法考察现实社会。在考察俄国社会过程中，列宁总是力求用唯物辩证法，用全面的、联系的和发展的观点看问题，反对片面性、死板和僵化，力求在对立统一中把握事物发展规律。

关于科学态度。列宁具有将马克思主义基本原理与俄国国情相结合的科学态度。列宁社会主义实践的最突出特征，就是有将马克思主义基本原理与俄国国情相结合的科学态度。

俄国是一个经济文化不发达的国家。这样的国情现实给社会主义者提出了一个全新的课题，即经济文化落后的国家如何取得革命的胜利以及如何建设社会主义？

第一次世界大战使帝国主义的矛盾和俄国国内矛盾激化，促进了俄国革命条件的成熟。在这种有利形势下，列宁认为，应当抓住已经出现的革命的有利形势，不失时机地夺取政权，然后再逐步发展生产力，建设社会主义。在《论我国革命》中，他说："世界历史发展的一般规律，不仅丝毫不排斥个别发展阶段在发展的形式或顺序上表现出特殊性，反而是以此为前提的。"[1]正是掌握和运用了这一历史的辩证法，布尔什维克党才能领导俄国无产阶级和广大人民取得十月革命的胜利。

在第一个社会主义国家里，怎样建设社会主义，没有任何经验可供借鉴。列宁不可避免地和必然地要以马克思恩格斯关于未来社会主义社会的设想为蓝本和依据。非常难能可贵的是，列宁并没有固守于马克思恩格斯的个别结论，而是坚持把马克思主义基本原理和俄国国情相结合，不断进行理论创新。列宁的探索经历了从马克思恩格斯设想的直接过渡的最初构想、实施战时共产主义政策到实行新经济政策，并形成对社会主义全新认识的"后退"的转变历程。驱动列宁思想历程不断"后退"转变的，就是俄国如汪洋大海一般的小农经济的存在。小农经济在整个俄国经济中占绝

---

[1] 列宁选集（第4卷）[M].北京：人民出版社，1995：776.

对优势，这是俄国国情的重要方面。如何对待小农经济，是一个关系整个社会主义建设的全局性问题。列宁在坚持马克思主义基本原理的基础上，在实践社会主义理想的过程中，逐步找到适应俄国国情的正确道路：用无产阶级国家政权支持小农生产力的发展，适应小农经济来建设社会主义，来恢复和发展社会主义大工业；用商业把社会主义大工业和小农经济联系起来；用合作社的形式引导农民走社会主义道路。

列宁的这种对待马克思主义的科学态度为毛泽东树立了榜样。毛泽东在领导中国革命和建设的过程中，也坚持马克思主义基本原理和中国实际相结合，形成了马克思主义中国化的第一个伟大理论成果——毛泽东思想。

（三）斯大林的国情理论

列宁逝世以后，斯大林领导苏联人民把一个经济上落后的农业国家建设成为先进的工业国。在这个过程中，斯大林提出了一系列社会主义思想，逐渐形成了不仅对苏联本国而且对其他社会主义国家也有强烈影响的"苏联模式"。

"苏联模式"的内容和特征表现在经济、政治和文化诸方面。

在经济方面，苏联生产资料公有制采取了全民所有制和集体所有制两种形式。国家所有制是社会主义所有制的基本形式，集体农庄合作所有制是公有制的一种，是劳动者的集体所有制。全民所有制是社会主义所有制的高级形式，集体所有制是全民所有制的低级形式，必须逐步向国家所有制过渡；最终实现单一的全民所有制。苏联经济采取高度集中的计划经济。国家是经营管理的主体，中央直接掌握着企业的人事权、计划权、财政权和产品分配权。管理方法以行政手段为主；国家计划主要靠自上而下的行政措施来保证。整个经济活动依靠国家指令性计划来指挥，排斥市场机制对经济的调节作用。

在政治体制方面，苏联实行共产党一党制；管理方面实行了高度集权的管理体制；在中央和地方关系上，地方处于无权的地位。

在文化方面，斯大林继承了列宁的遗志，十分重视文化建设，但是在思想理论和学术领域由于混淆了政治与学术的界限，进行片面的、过火的批评，甚至用行政手段来干预学术发展，使自由争论的气氛逐渐消失，教条主义、主观主义盛行，造成了思想僵化、学术停滞的不良后果。

斯大林的"苏联模式",既有积极的一面,也导致了极为严重的后果。无论"苏联模式"所带来的苏联社会主义建设的成功还是社会主义建设的曲折与失误,都对毛泽东分析和判断中国国情产生了不可避免的影响。

(四)马克思列宁主义国情理论的实质要求

马克思列宁主义作为一种引导无产阶级走向胜利的科学理论,虽然它的基本原理具有普遍意义,给落后国家人民的革命运动指明了发展的方向,但它没有也不可能对落后国家进行具体的分析和深入的论述。因此,马克思列宁主义特别强调,马克思主义不是教条,是行动的指南,要从本国的具体情况出发运用马克思列宁主义。

近代以来的中国受到外国资本主义的侵略,一个独立的国家逐渐变为一个半殖民地半封建的国家。一方面,自给自足的自然经济基础被破坏;另一方面,促进了中国城乡商品经济的发展,出现了资本主义生产方式,产生了近代的资产阶级和无产阶级。中国的半殖民地半封建的社会呈现出罕见的经济政治不平衡特征。中国社会在政治和经济上的这些特点,在马克思主义经典著作中找不到如何取得革命胜利的直接答案。

总之,坚持马克思主义基本原理和中国实际相结合,是马克思主义国情理论的实质要求,是否能够做到影响着革命和建设的历程。就像王占仁所指出的:"是不是和善不善于用马克思主义研究中国国情,从而把马克思主义同中国实践相结合,这是关系马克思主义在中国的命运和中国革命成败的大问题。"[①]

二、马克思主义中国化的国情思想

马克思主义中国化是马克思列宁主义的普遍原理与中国革命和建设的具体实际相结合,可见马克思主义中国化是一个随着国情的发展而不断深入的过程。历史经验证明,马克思主义中国化每一理论的产生、确立和发展,无不是马克思主义基本原理同每个时代的国情相结合的产物;把马克思主义基本原理同中国每个时代的国情相结合,也是中国革命、建设和改革开放事业胜利推进的保证。所以,在不断推进马克思主义中国化的历史

---

① 王占仁.共产国际联共(布)与马克思主义中国化研究(1919—1943)[D].东北师范大学,2009:29.

进程中，以毛泽东、邓小平、江泽民、胡锦涛、习近平等为代表的中国共产党人在以马克思主义基本原理作指导时，总是从中国社会的特定状况出发，牢固树立科学国情观，不断推进理论创新。

（一）毛泽东的国情思想

毛泽东作为中国共产党的第一代领导核心，"为我们探索建设中国特色社会主义的道路积累了经验和提供了条件"。①毛泽东的国情思想内涵丰富，其国情思想主要包括以下方面。

（1）关于中国社会性质的分析。毛泽东在探索认识中国国情的过程中，开创性地认为在构成国情的诸多因素中，社会性质始终居于核心地位。毛泽东把中国近代社会的性质判定为"半殖民地半封建"社会，并明确指出："1840年的鸦片战争后，中国一步一步地变成了半殖民地半封建社会。"②这就是当时中国社会的性质、国情。新民主主义革命时期，毛泽东进一步指出："现在我们建立新民主主义社会，性质是资本主义的，但又是人民大众的，不是社会主义，也不是老资本主义，而是新资本主义，或者说是新民主主义。"③在社会主义改造时期以及社会主义制度建立以后，毛泽东又多次阐述了社会主义制度的优越性，引导人们进一步认识社会主义社会。正是基于对社会性质的准确把握和深入分析，以毛泽东为代表的党的第一代领导集体才能在此基础上制定了一系列对中国革命和建设有深远影响的路线、方针和政策。

（2）关于中国社会主要矛盾的分析。毛泽东认为对社会主要矛盾的把握直接关系到党和国家方针、政策的制定。首先，他指出了社会主要矛盾的重要性，并提出了主要矛盾决定主要任务的科学论断。其次，毛泽东明确了人民日益增长的物质文化需要同落后的社会生产之间的矛盾是我国社会主义时期的主要矛盾。

（二）邓小平的国情思想

"邓小平留给我们最重要的思想和政治遗产，就是他带领党和人民开创的中国特色社会主义。"④在改革开放和现代化建设过程中，邓小平高度

---

① 习近平. 习近平谈治国理政[M]. 北京：外文出版社，2014：25.
② 毛泽东选集（第2卷）[M]. 北京：人民出版社，1991：626.
③ 毛泽东选集（第3卷）[M]. 北京：人民出版社，1996：110.
④ 习近平. 习近平谈治国理政[M]. 北京：外文出版社，2014：12.

重视对国情的分析与研究，其国情思想主要包括以下几方面。

（1）提出并探索了什么是社会主义，怎样建设社会主义。邓小平理论中的核心问题是如何建设社会主义，如何巩固社会主义。党的八大之后，我党对国情的认识偏离了客观实际，颠倒了社会主要矛盾与次要矛盾的位置，制定了一系列脱离国情、脱离实际的方针政策，给党和国家造成了重大损失。邓小平在分析错误原因时，肯定了"我们建立的社会主义制度是一个好制度"，并指出了症结所在是没有搞清楚"什么是社会主义，如何建设社会主义"[1]。

（2）准确定位与科学认识我国社会主义的发展阶段。邓小平在反思和总结我国社会主义建设经验教训的基础上，提出了社会主义初级阶段理论。党的十三大召开前，邓小平明确指出："社会主义本身是共产主义的初级阶段，而我们中国又处在社会主义的初级阶段，就是不发达阶段。"[2]并以此为依据，分析了这个历史阶段应把握的一系列问题。

（三）江泽民的国情思想

"以江泽民同志为核心的党的第三代中央领导集体的探索和实践，坚定捍卫中国特色社会主义。"[3]江泽民同志立足于新的探索与实践之上，对社会主义初级阶段提出了更为具体的论断。

（1）江泽民对社会主义初级阶段提出了更具体的奋斗目标。党的十三大提出，要把我们这个农业国逐步变为非农产业人口占多数的现代化的工业国。江泽民则进一步具体地指出：把我国"变为非农业人口占多数、包含现代农业和现代服务业的工业国。"[4]并且更加具体地指出："通过改革和探索建立和完善比较成熟的充满活力的社会主义市场经济体制、社会主义民主政治体制和其他方面体制。"[5]明确了社会主义初级阶段的目标。

（2）江泽民对社会主义初级阶段做出了时间上的基本界定。"这样的历史过程，至少需要一百年时间。"这比党的十三大所提"社会主义初级

---

[1] 邓小平文选（第3卷）[M]. 北京：人民出版社，1993：296.
[2] 中国道路的哲学智慧_理论_人民网 http://theory.people.com.cn/n1/2019/0923/c40531-31366863.html.
[3] 习近平在学习《胡锦涛文选》报告会上的讲话[N]. 人民日报，2016-09-30.
[4] 张士义，王祖强. 决策：中国共产党全国代表大会纵览[M]. 杭州：浙江教育出版社，2012：309.
[5] 张士义，王祖强. 决策：中国共产党全国代表大会纵览[M]. 杭州：浙江教育出版社，2012：302.

阶段是很长的历史发展过程"更为具体。

（3）提出了我党在社会主义初级阶段的基本纲领。提出了我党在社会主义初级阶段包含政治、经济、文化三大内容的基本纲领，明确了建设有中国特色社会主义的基本目标和基本政策。

（四）胡锦涛的国情思想

"以胡锦涛同志为总书记的党中央，紧紧围绕坚持和发展中国特色社会主义这一主题。"[1]在继承马克思主义经典作家国情思想的基础上，结合我国实际情况，分析和总结了改革开放以来，特别是党的十六大以来我国国情要素中的"三个没有变"，提出了许多有关我国国情的新思想、新观点和新论断，为推进党的建设等各方面进行了新的探索、积累了丰富经验，也为习近平国情观提供了有效借鉴。胡锦涛在党的十八大提出"三个没有变"是对我国国情的最大概括。

（1）我国仍处于并将长期处于社会主义初级阶段的基本国情没有变，这是从社会性质和发展阶段上对我国国情所作的科学判断，是中国共产党制定社会发展路线、方针、政策和策略的基本出发点，是现阶段发展中国特色社会主义的总依据。

（2）我国所面临的人民日益增长的物质文化需要同落后的社会生产的矛盾这一社会主要矛盾没有变。我国综合国力日益增强，人民生活水平日益提高，经济社会发展成就有目共睹，欣欣向荣。但是，我们要真正认清我国离社会主义所要求的经济社会发展水平还存在相当的差距，当前的生产力水平还比较落后，尽管我国经济总量位居世界第二，但人均经济总量去年仍然排在世界第94位，还有1亿多人口处在贫困线以下，推动经济社会发展依然任重而道远。

（3）我国是世界最大发展中国家的国际地位没有变，这是对我国的国际身份所做出的总的根本判断，是我国处理现阶段国际关系、承担国际义务的总依据。

这"三个没有变"的科学判断，无疑给我们注入了一支"催化剂"。党的十八大报告告诫我们，既不要妄自菲薄、自甘落后，也不要脱离实

---

[1] 习近平在学习《胡锦涛文选》报告会上的讲话[N]. 人民日报, 2016-09-30.

际、急于求成，坚持把真实的中国国情作为推改革、谋发展的根本依据，牢牢坚持发展是硬道理的战略思想，牢牢扭住经济建设这个中心，一心一意谋发展，聚精会神搞建设，进一步筑牢国家发展繁荣、全国各族人民幸福安康和中华民族伟大复兴的强大物质基础。党的十八大报告勉励我们，只要胸怀理想、坚定信念，不动摇、不懈怠、不折腾，顽强奋斗、艰苦奋斗、不懈奋斗，就一定能在中国共产党成立一百年时全面建成小康社会，就一定能在新中国成立一百年时建成富强民主文明和谐的社会主义现代化国家。全党要坚定这样的道路自信、理论自信、制度自信！

（五）习近平国情观

习近平国情观是新时代的国情观，是在结合国内外发展环境、汲取中国共产党重要领导人国情思想以及丰厚个人实践基础上形成的。从时代背景来看，当今时代的主题仍然是和平与发展，但国际经济、政治及安全形势日益严峻复杂，给我国发展带来严峻的挑战；与此同时，我国特色社会主义事业已取得伟大成就，但发展状况出现的新变化和新问题，导致国内新老问题交织，形势异常严峻。从主要内容上来看，习近平国情观是科学的理论体系，是中国特色社会主义建设的指南针和风向标，具有科学性和可行性。党的十八大以来，以习近平同志为核心的党中央在统筹国内外两个大局的基础上，在总结党和国家几代领导人国情思想的基础上，提出了一系列富有创见、具有时代性的国情新观点、新理念，构成了习近平国情观的主要内容。习近平对我国社会性质、发展阶段、主要矛盾、历史国情、国际定位做出了深刻论述，进一步深化了我们党对新形势下我国国情的认识，为领航中国发展提供精准定位。

1.习近平国情观形成的时代背景

"中国要聚精会神搞建设，需要两个基本条件，一个是和谐稳定的国内环境，一个是和平安宁的国际环境。"①当今世界正处在一个大发展大变革大调整时期，国际形势的变化动向，是习近平国情观形成的国际背景；步入新时代，中国特色社会主义不断取得重大成就，但同时我国发展状况不断出现的阶段性特征和面临的新挑战是习近平国情观形成的国内背景。

---

① 习近平在德国发表重要演讲[N]. 人民日报, 2014-03-30.

（1）国际形势严峻复杂，机遇与挑战同在

面对世界经济、政治、安全形势的日益复杂以及国际竞争的日趋激烈，唯有对我国国情保持清醒的认识，才能在复杂多变的国际环境中，坚定道路自信、理论自信和制度自信，保持战略定力，谋求自身发展。

①和平与发展仍是时代主题

当前国际形势不断发生变化，但时代的主题始终没有变，和平与发展已成为不可抗拒的时代潮流。首先，世界形势总体趋于缓和。冷战结束后，虽然世界上某些国家或区域仍存在争端和战争，但各国在衡量自身利益的前提下，更愿意以谈判协商的和平方式来解决国家间的分歧和争端，第三次世界大战在可预见的时期内是不会发生的。其次，世界各国共同利益日益加深。难以逆转的经济与科技全球化使世界各国之间利益交融、安危与共，形成了你中有我、我中有你的利益与命运共同体，彼此一荣俱荣、一损俱损，再难泾渭分明、相互割裂。最后，和平与发展是全人类的共同愿望。第二次世界大战特别是冷战结束以来，世界各国人民或饱受战争折磨，或深受战争影响，因此都不愿再受到霸权主义和强权政治的威胁，都不愿再看到南北之间贫富差距的扩大化发展。要和平不要战争，要发展不要贫穷，要合作不要对抗，建立公正合理的国际新秩序，实现国际关系的民主化，建设持久和平、共同繁荣的和谐世界，是全人类共同的美好愿望。

②国际经济、政治及安全形势严峻复杂

就国际形势而论，世界经济、政治及安全格局已发生演变和调整，我国所面临的形势更加严峻复杂。经济全球化给世界各国带来严峻的挑战和风险，其主要表现为：经济全球化的影响已从经济领域向政治、安全和社会领域扩展；世界经济发展仍然很不平衡，南北贫富鸿沟仍在扩大，经济现状仍呈西强东弱、北富南穷、北攻南守的现状，实现世界各国共同繁荣任重而道远；人口、环境、资源、贫困、毒品、金融危机国际化等诸多因素也在不断影响国际经济稳定发展。政治多极化给各国，尤其是发展中国家带来了新的挑战：美国在国际政治格局中的主导地位趋强，多极化趋势与美国单极霸权企图之间的斗争愈演愈烈，国际形势发展的变数增多；霸权主义和强权政治仍然存在，并且表现形势日益多样化；某些国家大肆鼓吹"新干涉主义",企图建立由西方价值观主导的世界,竭力推行单边主义,干涉别国内政,导致了一些国家和地区矛盾激化,局势紧张,对世界和平与发展构成严重威胁。传统安全与非传统安全相互交织,给国际安全带来严重威胁:一方面,传统安全问题依然存在,虽然近些年来世界范围内的战争没有再次发生,但是小规模的地区性冲突乃至局部战争此起彼伏,近些年来就先后发生了海湾战争、科索沃战争、阿富汗反恐战争、伊拉克战争等局部战争,对战争所覆盖区域造成了严重摧残,同时也严重威胁国际形势的安全。另一方面,非传统安全威胁与日俱增,"恐怖主义、跨国犯罪、环境安全、网络安全、能源资源安全、重大自然灾害等带来的挑战明显上升"[①],给人类社会的安全以及发展带来严重威胁。

(2)国内新老问题交织,发展与困难并存

习近平国情观有其特定的国内背景:一方面,改革开放以来,我国社会主义事业已取得辉煌成就;另一方面,国内各种矛盾和问题不断凸现,改革发展稳定的任务异常艰巨。在这样一个特定的历史时期,我们要想妥善地解决各种矛盾,澄清各种疑惑,关键在于对我国国情有一个清醒而科学的认识。

①新老问题交织,新旧矛盾叠加

在长期的快速发展过程中,我国积累和遗留的各种问题十分突出,主要表现为:发展质量较低,经济结构不合理。目前,我国各方面建设虽已取得了巨大成就,但"高投入、高消耗、高污染、低效益"的痼疾仍然未能克服,产业结构失调、产业发展滞后等问题仍未改变,人与自然、人与社会、人与环境发展不协调问题仍然存在。发展不平衡,贫富差距过大。发展不平衡不充分等突出问题尚未解决,缩小城乡、区域发展差距和促进经济社会协调发展依然是我们的当务之急,人民生活总体上达到小康水平,但城乡贫困人口和低收入人口还有相当数量,脱贫攻坚任务艰巨。

步入新时代,我国发展又出现许多新问题:当前我国发展已经进入了阶级转换和体制转轨时期,发展状况发生了本质性变化。传统经济结构逐渐落后,旧的经济结构促进经济增长的潜力逐渐降低,亟需全方面优化升级;

---

① 习近平.积极树立亚洲安全观 共创安全合作新局面——在亚洲相互协作与信任措施会议第四次峰会上的讲话[N].人民日报,2014-05-22.

经济发展环境逐渐恶化,中国的生态破坏和环境污染已经严重跨越生态红线和环境有效负荷;经济体制发生严重扭曲,改革艰难程度加大,社会矛盾不断积累并逐渐激化;城镇化建设虽在不断扩大,但建设速度逐年下降,从而导致居民 GDP 水平的降低,经济增长速度的减缓。

同时,我国经济社会发展中新旧矛盾交织叠加,发展任务仍然十分艰巨。一方面,我国经济转型正处在关键时期,区域、行业等发展不协调等矛盾依然存在,南北分化显现、城乡发展不均、第二产业比重过低、上下游行业分化、大中小企业差距过大等新矛盾不断涌现。另一方面,经济与社会发展不平衡的问题没有得到改善,且随着社会生产力的发展,公民的生活和精神需求逐渐多样化,我国社会主要矛盾有了新的表现形式,统筹兼顾各方面利益难度加大,这些都给我们党执政和领导各项事业提出了新的要求。

②发展状况出现新变化,发展与挑战并存

经过改革开放四十多年的艰苦奋斗,我国各项事业都已取得很大进步,中国特色社会主义步入新时代。其一,中华民族实现了由站起来、富起来到强起来的历史性飞跃。鸦片战争之后,中国逐渐沦为半殖民地半封建社会,以毛泽东为核心的党的第一代领导集体,带领中国人民彻底推翻了压在中国人民头上的"三座大山",建立中华人民共和国,标志中国人民从此站起来了。1978年,以邓小平同志为核心的党的第二代领导集体开启了改革开放历史新征程,不断推进社会主义各项事业向前发展,我国迎来了由站起来到富起来的伟大飞跃。党的十八大以来,以习近平同志为核心的党中央坚持一切从国情出发,全面推进中国特色社会主义各项事业全面发展,我国综合国力不断增强,中华民族实现了由富起来到强起来的历史性飞跃。其二,科学社会主义在中国焕发出强大的生机活力。20世纪80年代末90年代初,在帝国主义的和平演变战略下,社会主义骤然跌入谷底。正当世界社会主义遭受巨大挫折时,中国特色社会主义却在蓬勃兴起。改革开放以来,特别是党的十八大以来,我国不断取得各项事业全面协调推进,经济、政治、文化、社会等领域都取得了重大进展和成就,党和国家事业发生的历史性变革,雄辩地证明了科学社会主义的真理性。

与此同时,站在新的历史起点上,"我们肩负着新的历史使命,面临着新的风险、新的挑战"。[①]经济增长速度还不能保持平稳的发展,生产力水平以及自主创新力还有待提高;缩小城乡、区域发展差距和促进经济社会协调发展依然是我们的当务之急;可持续发展问题急需得到重视并解决。这些矛盾和问题的存在对我国的社会主义建设与发展构成了严峻的挑战,如果不妥善解决,将造成矛盾激化,给社会安全问题带来新的挑战。

2.习近平国情观的主要内容

(1)社会性质:中国特色社会主义是科学社会主义

党的十八大以来,习近平把科学社会主义基本原则同我国社会主义国情紧密结合起来,从社会性质方面着重强调中国是实行中国特色社会主义的国家,且中国特色社会主义是科学社会主义。

①中国特色社会主义符合科学社会主义原则

习近平指出:"中国特色社会主义是社会主义而不是其他什么主义,科学社会主义基本原则不能丢,丢了就不是社会主义。"[②]在中国特色社会主义伟大实践中,习近平从科学社会主义基本原则出发,阐述中国特色社会主义是具有科学社会主义性质的,从根本上保证了新时代中国特色社会主义沿着科学社会主义的方向前进。马克思恩格斯依据人类社会发展的客观规律,指出了科学社会主义的基本原则,习近平将马克思科学社会主义原则同中国国情相结合,进一步指出中国特色社会主义符合科学社会主义原则。第一,马克思认为满足全体社会成员的需要是社会主义生产的根本目的。习近平明确指出:要高举中国特色社会主义伟大旗帜,"不断满足人民日益增长的美好生活需要。"[③]让"发展成果更多更公平惠及全体人民。"[④]第二,科学社会主义实行按劳分配原则。习近平强调:要"毫不动摇坚持我国社会主义基本经济制度和分配制度。"[⑤]第三,合乎规律地利用和改造自然。我国在进行特色社会主义建设时,始终秉持可持续发展

---

① 习近平.在纪念周恩来同志诞辰120周年座谈会上的讲话[N].人民日报,2018-03-02.
② 习近平.习近平谈治国理政[M].北京:外文出版社,2014:21.
③ 习近平.决胜全面建成小康社会 夺取新时代中国特色社会主义伟大胜利——在中国共产党第十九次全国代表大会上的报告[N].人民日报,2017-10-28.
④ 习近平.决胜全面建成小康社会 夺取新时代中国特色社会主义伟大胜利——在中国共产党第十九次全国代表大会上的报告[N].人民日报,2017-10-28.
⑤ 习近平.习近平谈治国理政[M].北京:外文出版社,2014:259.

理念，促进人与自然的和谐共生，习近平明确指出："全面协调可持续的发展观是立足于世界大势和我国国情的科学发展观。"①第四，马克思认为社会主义事业必须坚持无产阶级政党的领导。习近平强调："中国特色社会主义最本质的特征和最大优势是中国共产党领导。"②这从根本上确立了"党是领导一切的"政治原则。第五，科学社会主义目的是实现人的自由而全面的发展。习近平强调中国特色社会主义"既不断解放和发展社会生产力，又逐步实现全体人民共同富裕、促进人的全面发展"。③充分体现了与中国国情相结合的科学社会主义的基本内容及基本原则。

②只有中国特色社会主义才能发展中国

习近平在比利时布鲁日欧洲学院发表重要演讲时强调："中国是实行中国特色社会主义的国家。"④辛亥革命推翻了统治中国几千年的君主专制制度，开创了完全意义上的近代民族民主革命，"旧的制度推翻了，中国向何处去？中国人苦苦寻找适合中国国情的道路。君主立宪制、复辟帝制、议会制、多党制、总统制都想过了、试过了，结果都行不通。最后，中国选择了社会主义道路。"⑤在社会主义革命和建设的过程中，"我们有成功也有失误，甚至发生过严重曲折。"⑥改革开放以后，在邓小平的领导下，"我们从中国国情和时代要求出发，探索和开拓国家发展道路，形成了中国特色社会主义。"⑦习近平进一步指出："独特的文化传统，独特的历史命运，独特的国情，注定了中国必然走适合自己特点的发展道路。"⑧强调了中国特色社会主义是中国历史特别是近现代历史发展的必然结果，是中国共产党和人民群众历尽千辛万苦、付出各种代价取得的宝贵成果，

---

① 习近平. 在庆祝改革开放40周年大会上的讲话[N]. 人民日报, 2018-12-19.
② 习近平. 决胜全面建成小康社会 夺取新时代中国特色社会主义伟大胜利——在中国共产党第十九次全国代表大会上的报告[N]. 人民日报, 2017-10-28.
③ 习近平在中共中央政治局第一次集体学习时强调：紧紧围绕和坚持发展中国特色社会主义 深入学习宣传贯彻党的十八大精神[N]. 2012-11-19.
④ 习近平. 在布鲁日欧洲学院的演讲[N]. 人民日报, 2014-04-02.
⑤ 习近平. 在布鲁日欧洲学院的演讲[N]. 人民日报, 2014-04-02.
⑥ 习近平. 在布鲁日欧洲学院的演讲[N]. 人民日报, 2014-04-02.
⑦ 习近平. 在布鲁日欧洲学院的演讲[N]. 人民日报, 2014-04-02.
⑧ 习近平. 在布鲁日欧洲学院的演讲[N]. 人民日报, 2014-04-02.

习近平指出："历史和现实都告诉我们,只有社会主义才能救中国,只有中国特色社会主义才能发展中国。"①并多次强调："中国特色社会主义是适合中国国情、符合中国特点、顺应时代发展要求的理论和实践,所以才能取得成功,并将继续取得成功。"②在纪念红军长征胜利80周年大会上,习近平再次着重强调："中国特色社会主义制度,是近代以来中国社会发展的必然选择。"③

(2)发展阶段:初级阶段是我国的最大国情

社会主义初级阶段理论是中国共产党在社会主义现代化建设新时期制定党的路线、方针、政策的根本出发点和立足点。习近平强调："社会主义初级阶段是当代中国的最大国情、最大实际。我们任何情况下都要牢牢把握这个最大国情,推进任何方面的改革发展都要牢牢立足这个最大实际。"④

①我国仍处于并将长期处于社会主义初级阶段

党的十八大以来,虽然我国已经成为世界第二大经济体,但习近平不断强调我国仍处于并将长期处于社会主义初级阶段,并进一步深化丰富了社会主义初级阶段理论。

习近平立足于社会主义初级阶段这个最大实际,多次指出："全党要牢牢把握社会主义初级阶段这个基本国情,牢牢立足社会主义初级阶段这个最大实际。"⑤并着重强调："不仅在经济建设中要始终立足初级阶段,而且在政治建设、文化建设、社会建设、生态文明建设中也要始终牢记初级阶段;不仅在经济总量低时要立足初级阶段,而且在经济总量提高后仍然要牢记初级阶段;不仅在谋划长远发展时要立足初级阶段,而且在日常工作中也要牢记初级阶段。"⑥从深度和广度赋予了社会主义初级阶段新的时代内涵,也从根本上说明了社会主义初级阶段是我们党和国家长期坚持

---

① 习近平. 习近平谈治国理政[M]. 北京:外文出版社,2014:21.
② 习近平. 习近平谈治国理政[M]. 北京:外文出版社,2014:3.
③ 习近平. 习近平谈治国理政[M]. 北京:外文出版社,2014:47.
④ 习近平. 习近平谈治国理政[M]. 北京:外文出版社,2014:9.
⑤ 习近平. 决胜全面建成小康社会 夺取新时代中国特色社会主义伟大胜利——在中国共产党第十九次全国代表大会上的报告[N]. 人民日报,2017-10-28.
⑥ 习近平. 习近平谈治国理政[M]. 北京:外文出版社,2014:10.

的最大国情。

②准确把握社会主义初级阶段不断变化的特点

步入新时代,我国社会主义初级阶段不断发生变化,呈现出新的阶段性特征。习近平强调要把握社会主义初级阶段这个最大国情,"更准确把握社会主义初级阶段不断变化的特点。"[1]习近平在党的十九大报告中进一步明确指出,我国当前是处于一个有不断变化新特点的社会主义初级阶段;同时对我国各方面工作作出了全面分析:社会生产力水平方面,我国经济发展阶段、发展方式、经济结构、增长动力都正处于转向阶段。[2]在人民生活水平方面,习近平指出:"人民获得感显著增强,贫困发生率从10.2%下降到4%以下,城乡居民收入增速超过经济增速,中等收入群体持续扩大。"[3]综合国力方面,我国国内生产总值稳居世界第二,对世界经济增长贡献率超过30%,"我国正日益走近世界舞台中央,迎来了从站起来、富起来到强起来的伟大飞跃。"[4]习近平指出,我们在推动经济发展、解决我国社会出现的各种问题时,一定要牢牢把握初级阶段的新变化和新特点,只有这样才能更好实现中国特色社会主义各项事业的全面发展。

(3)主要矛盾:我国社会主要矛盾已转化

社会主要矛盾是指在一定社会历史时期占支配地位的矛盾,作为国情的要素之一,也会随着内外部环境的变化而变化。习近平高度重视社会主要矛盾的变化,从深层次上科学判断我国社会主要矛盾的转化。

①科学判断新时代社会主要矛盾

党的十八大以来,习近平高度重视对社会主要矛盾的认识,多次强调认识社会主要矛盾的极端重要性,并重新定义新时代我国社会的主要矛盾。习近平指出:"新形势下,如果利益关系协调不好、各种矛盾处理不

---

[1] 习近平.习近平谈治国理政[M].北京:外文出版社,2014:61.
[2] 习近平.决胜全面建成小康社会 夺取新时代中国特色社会主义伟大胜利——在中国共产党第十九次全国代表大会上的报告[N].人民日报,2017-10-28.
[3] 习近平.决胜全面建成小康社会 夺取新时代中国特色社会主义伟大胜利——在中国共产党第十九次全国代表大会上的报告[N].人民日报,2017-10-28.
[4] 习近平.决胜全面建成小康社会 夺取新时代中国特色社会主义伟大胜利——在中国共产党第十九次全国代表大会上的报告[N].人民日报,2017-10-28.

好，就会导致问题激化，严重的就会影响发展进程。"①明确了解决社会主要矛盾是发展中国的题中之义，准确把握我国社会主要矛盾是成功推进党和国家事业发展的必然要求。步入新时代，随着生产力的不断发展，我国已经稳定解决人民的温饱问题，总体上实现了小康，人民的需要向物质文明、政治文明、精神文明、社会文明、生态文明等方面全面拓展，同时人民需要的层次大大提升，呈现多样化多层次多方面的特点。但面对新的社会需要，我们的供给还有许多差距，发展不平衡不充分的问题在新时代凸显出来，成为满足人民日益增长的美好生活需要的主要制约因素。习近平准确把握我国社会主要矛盾的转变，在党的十九大报告中明确指出：我国社会主要矛盾已经转化为人民日益增长的美好生活需要和不平衡不充分的发展之间的矛盾，并强调在中国社会主义建设的前进道路上，我们必须"围绕解决好人民日益增长的美好生活需要和不平衡不充分的发展之间的矛盾这个社会主要矛盾"。②

②社会主要矛盾的变化是关系全局的历史性变化

步入新时代，我国进入了一个新的发展阶段，发展环境、发展条件、目标任务都发生了新的变化，对社会主要矛盾的准确把握成为我们必须面对的重大时代课题。以习近平同志为核心的党中央正是在正确分析我国国情的基础上，才作出我国社会主要矛盾变化的科学判断。在党的十九大报告中习近平明确指出："我国社会主要矛盾的变化是关系全局的历史性变化。"③这为当前党和国家更加全面分析和把握人民需要，有针对性地制定宏观部署和具体战略提供了科学指导。

社会主要矛盾变化表明了人民需要的多样化与经济发展状况。一方面，准确把握社会主要矛盾的变化，对深刻认识人民日益增长的美好生活需要至关重要，新时代人民需要发生了历史性变化，"人民需要已经从日益增长的物质文化需要转变为日益增长的美好生活需要。"④另一方面，准

---

① 习近平.习近平谈治国理政［M］.北京：外文出版社，2014：81–82.
② 习近平.在庆祝改革开放40周年大会上的讲话［N］.人民日报，2018–12–19.
③ 习近平.决胜全面建成小康社会 夺取新时代中国特色社会主义伟大胜利——在中国共产党第十九次全国代表大会上的报告［N］.人民日报，2017–10–28.
④ 习近平.决胜全面建成小康社会 夺取新时代中国特色社会主义伟大胜利——在中国共产党第十九次全国代表大会上的报告［N］.人民日报，2017–10–28.

确把握社会主要矛盾对深刻认识不平衡不充分的发展状况意义非凡。改革开放四十多年来，我国经济水平显著提升，但发展不平衡不充分的问题日益突出，在经济发展、民生领域、社会文明水平、社会矛盾等方面仍需提高和改善。社会主要矛盾变化对解决矛盾提出了新的要求。习近平在党的十九大报告中明确指出我国社会主要矛盾的变化，同时也提出了解决社会主要矛盾的新路径、新要求。习近平指出："社会主要矛盾的变化是关系全局的历史性变化，对党和国家工作提出了许多新要求。我们要在继续推动发展的基础上，着力解决好发展不平衡不充分问题，大力提升发展质量和效益，更好满足人民在经济、政治、文化、社会、生态等方面日益增长的需要，更好推动人的全面发展、社会全面进步。"①

（4）历史国情：从国情出发不能割断历史

中国历史是生活于中华人民共和国领土上的各民族人民从古至今创造和享用的物质财富和精神财富的总和。习近平高度重视对传统历史文化的继承与发展，其国情观始终秉持历史国情与现实国情相结合的原则，并把历史上升至更高的维度——"以史为鉴可以知兴替"，将其运用于在其治国理政的过程中，为我国社会主义建设提供了扎实的历史渊源以及明确的方向指导。

①历史是最好的老师和教科书

"观察和认识中国，历史和现实都要看。"②中华民族是一个拥有五千年悠久历史文化的文明大国，中国浩如烟海的历史典籍里包含了大量的文化成果、精神活动和理性思想。习近平从两个方面阐述了中华民族的悠久历史：一方面，历史是现实的源头。"只有了解一个国家从哪里来，才能弄懂这个国家今天怎么会是这样而不是那样。"③只有了解历史，才能清楚明晰地了解中华民族的根基和源头，对国情有更深刻的认识和把握，才能对我们的社会主义制度，对我们的社会主义道路充满自信。习近平认为："脱离了中国的历史，脱离了中国的文化，脱离了中国人的精神世界，脱

---

① 习近平.决胜全面建成小康社会　夺取新时代中国特色社会主义伟大胜利——在中国共产党第十九次全国代表大会上的报告[N].人民日报,2017-10-28.
② 习近平.习近平在布鲁日欧洲学院的演讲[N].人民日报,2014-04-02.
③ 习近平.习近平在布鲁日欧洲学院的演讲[N].人民日报,2014-04-02.

离了当代中国的深刻变革，是难以正确认识中国的。"①历史与现实一脉相承，不了解中国的历史国情，就不能正视中国的现实国情，"只有深刻地了解历史，才能够全面地把握现在，更加坚定中国特色社会主义的前进方向和民族自豪感。"②另一方面，历史是我们存在的依据和理由。"不忘历史才能开辟未来，善于继承才能善于创新。"③习近平高度重视对中共党史和中华民族史的研究，强调："要深入学习党史、国史。"④"正确了解党和国家历史上的重大事件和重要人物。这对正确认识党情、国情十分必要。"⑤同时，习近平强调研究历史时要高度重视借鉴历史经验，认为："历史是最好的教科书，也是最好的清醒剂""历史是最好的老师""历史给每一个国家未来的发展提供启示"⑥。

②中国是有着悠久文明、经历深重苦难的国家

2014年习近平在比利时布鲁日欧洲学院发表重要演讲时强调："中国是有着悠久文明的国家""中国是经历了深重苦难的国家"⑦。第一，中国是有着悠久文明的国家。习近平指出："中华文明是没有中断、延续发展至今的文明，已经有5000多年历史了。"⑧同时，"2000多年前诸子百家的许多理念，至今仍然深深影响着中国人的生活。"⑨"百家争鸣"提出的孝悌忠信、礼义廉耻、仁者爱人、与人为善、天人合一、道法自然、自强不息等博大精深的思想，仍然影响着中国人看待世界、看待人生的价值体系，潜移默化地影响着人们的生活。第二，中国是经历了深重苦难的国家。习近平多次强调："中华民族是历经磨难、不屈不挠的伟大民族。"⑩他指出："鸦片战争后，中国陷入内忧外患的黑暗境地，中国人民经历

---

① 习近平. 习近平在布鲁日欧洲学院的演讲[N]. 人民日报, 2014-04-02.
② 习近平. 习近平谈治国理政[M]. 北京：外文出版社, 2014: 426.
③ 习近平. 习近平谈治国理政[M]. 北京：外文出版社, 2014: 313.
④ 习近平. 习近平谈治国理政[M]. 北京：外文出版社, 2014: 266.
⑤ 习近平. 习近平谈治国理政[M]. 北京：外文出版社, 2014: 405.
⑥ 习近平. 习近平谈治国理政[M]. 北京：外文出版社, 2014: 266.
⑦ 习近平. 在布鲁日欧洲学院的演讲[N]. 人民日报, 2014-04-02.
⑧ 习近平. 在布鲁日欧洲学院的演讲[N]. 人民日报, 2014-04-02.
⑨ 习近平. 在布鲁日欧洲学院的演讲[N]. 人民日报, 2014-04-02.
⑩ 习近平. 决胜全面建成小康社会 夺取新时代中国特色社会主义伟大胜利——在中国共产党第十九次全国代表大会上的报告[N]. 人民日报, 2017-10-28.

了战乱频仍、山河破碎、民不聊生的深重苦难。"①从1840年到1949年,"中国社会战火频频、兵燹不断,内部战乱和外敌入侵循环发生,给中国人民带来了不堪回首的苦难。"②在抗日战争中"中国军民伤亡3500多万人",③给中国人民带来了巨大的灾难。回顾中国近代史,中国从一个文明古国沦陷为半殖民地半封建社会,再到中华人民共和国的成立,"中国饱受战乱动荡,历经长达一个多世纪的磨难。"④

（5）国际定位：坚持发展中国家定位

准确的国际定位不仅能够更好地指导我国的对外政策及战略方针,为我国的长远发展起到极为重要的导向作用,而且对我国外交原则和国际立场的确定意义非凡,直接影响着整个国际社会对我国的认可和支持程度。

①中国仍是世界上最大的发展中国家

改革开放四十多年来,我国的综合国力不断增强,中国日益走向国际舞台中心,但中国是世界上最大的发展中国家的国际定位没有改变。习近平认为："中国依然是世界上最大的发展中国家,中国发展仍面临着不少困难和挑战。"⑤并指出："在相当长时期内,中国仍然是世界上最大的发展中国家。"⑥面对世界其他国家对"中国威胁论"的质疑与恐慌,习近平明确指出："我国是世界最大发展中国家的国际地位没有变。"⑦同时,习近平对中国仍是世界上最大的发展中国家的国际地位进行了科学分析：其一,中国还存在大量的贫困地区和贫困人口。中国是一个人口大国,虽然我国经济总量在世界排位靠前,但人均国内生产总值还排在世界80位左右,"中国城乡低保人口有7400多万人,按照世界银行的标准,中国还有

---

① 习近平. 决胜全面建成小康社会 夺取新时代中国特色社会主义伟大胜利——在中国共产党第十九次全国代表大会上的报告[N]. 人民日报, 2017-10-28.
② 习近平. 习近平谈治国理政[M]. 北京：外文出版社, 2014：266.
③ 习近平. 习近平谈治国理政[M]. 北京：外文出版社, 2014：266
④ 习近平. 共倡开放包容 共促和平发展[N]. 人民日报, 2015-10-23.
⑤ 习近平. 习近平谈治国理政[M]. 北京：外文出版社, 2014：332.
⑥ 习近平在德国发表重要演讲[N]. 人民日报, 2014-03-30.
⑦ 习近平. 决胜全面建成小康社会 夺取新时代中国特色社会主义伟大胜利——在中国共产党第十九次全国代表大会上的报告[N]. 人民日报, 2017-10-28.

2亿多贫困人口。"①所以让14亿人都过上好日子,还需要付出长期的艰苦努力。其二,社会生产力水平总体偏低,仍然落后于发达国家。经过改革开放四十多年的发展,虽然我国经济发展有了很大提高,但"发展不平衡不充分"②的问题依旧严重。其三,科技总体水平偏弱。整体上创新能力不强,同世界先进科技水平仍有较大差距,"关键领域核心技术受制于人的格局没有从根本上改变,科技基础仍然薄弱。"③

②我国国际地位实现前所未有的提升

习近平指出:"改革开放以来,我们党团结带领全国各族人民不懈奋斗,推动我国国际地位实现前所未有的提升。"④习近平判断我国国际地位实现前所未有的提升,主要是基于以下几个方面:其一,我国经济建设取得重大成就。改革开放以来,我国所创造的经济奇迹为国际地位的提升奠定了坚实的基础。党的十八大以来,我国经济快速发展,"国内生产总值突破80万亿元,稳居世界第二。"⑤外汇储备、货物贸易、制造业总量以及钢、煤、水泥、棉布等220多种工业品产量均居世界第一位。其二,我国科技实力显著增强,"天宫、蛟龙、天眼、悟空、墨子、大飞机等重大科技成果层出不穷。"⑥很多科技领域已跻身世界前列。其三,我国军事力量不断增强,国防和军队改革取得历史性突破,"武器装备加速发展,军事斗争准备取得重大进展。"⑦其四,中国文化影响力持续增长。在发展过程中,我们始终敞开胸怀,加速与世界其他各国的交流,"国家文化软实力

---

① 习近平. 在布鲁日欧洲学院的演讲[N]. 人民日报,2014-04-02.
② 习近平. 决胜全面建成小康社会 夺取新时代中国特色社会主义伟大胜利——在中国共产党第十九次全国代表大会上的报告[N]. 人民日报,2017-10-28.
③ 习近平. 习近平谈治国理政[M]. 北京:外文出版社,2014:268.
④ 习近平. 决胜全面建成小康社会 夺取新时代中国特色社会主义伟大胜利——在中国共产党第十九次全国代表大会上的报告[N]. 人民日报,2017-10-28.
⑤ 习近平. 决胜全面建成小康社会 夺取新时代中国特色社会主义伟大胜利——在中国共产党第十九次全国代表大会上的报告[N]. 人民日报,2017-10-28.
⑥ 习近平. 决胜全面建成小康社会 夺取新时代中国特色社会主义伟大胜利——在中国共产党第十九次全国代表大会上的报告[N]. 人民日报,2017-10-28.
⑦ 习近平. 决胜全面建成小康社会 夺取新时代中国特色社会主义伟大胜利——在中国共产党第十九次全国代表大会上的报告[N]. 人民日报,2017-10-28.

和中华文化影响力大幅提升。"①其五,"我国国际影响力、感召力、塑造力进一步提升。"②随着中国综合国力的不断增强,我国已经是国际秩序的参与者、建设者甚至引领者,作为联合国安理会常任理事国之一,中国在维护世界和平、促进共同发展等方面发挥着不可或缺的作用。

3.时代特征

习近平国情观是在特定的时代背景下产生的,有着区别于以往共产党人国情思想的崭新特征。首先,习近平国情观立足于对我国实际情况的分析之上,求实性是其国情观的本质特征;其次,国情要素的综合性与复杂性,要求在认识国情时要全面系统地把控和分析,因此系统性是习近平国情观的又一鲜明特征;再次,国情是一个不断变化发展的变量,习近平在认识我国国情时着重把握国情的"变"与"不变",充分体现其国情观的辩证性特点;最后,习近平国情观是在继承和发扬中国共产党优秀领导人国情观的基石上,与时代并进,形成的独具创新性的国情观。

(1)求实性

求实性是习近平国情观最本质的特征。中国特色社会主义事业繁荣发展,其最大特点就是将马克思主义基本原理同中国实践相结合,一切从实际出发,所以实事求是是中国共产党重要领导人国情观的共同特征,但共性中又包含个性,求实性作为习近平国情观的首要特征,在习近平对国情的科学判断中展现得淋漓尽致。

习近平国情观的求实性体现在既不局限于对以往国情的认识,又不超越现实国情。在认识国情时,习近平强调:"要坚持解放思想和实事求是的有机统一,一切从国情出发、从实际出发,既大胆探索又脚踏实地。"③正是本着脚踏实地的求实态度,实事求是的求实精神,习近平才能准确地根据我国实际情况对国情做出科学判断。

习近平国情观的求实性还体现在对国情的科学判断中。在认识国情的

---

① 习近平. 决胜全面建成小康社会 夺取新时代中国特色社会主义伟大胜利——在中国共产党第十九次全国代表大会上的报告[N]. 人民日报, 2017-10-28.
② 习近平. 决胜全面建成小康社会 夺取新时代中国特色社会主义伟大胜利——在中国共产党第十九次全国代表大会上的报告[N]. 人民日报, 2017-10-28.
③ 习近平. 在庆祝海南建省办经济特区30周年大会上的讲话[N]. 人民日报, 2018-04-14.

过程中，习近平一直坚持实事求是的思想原则，其关于国情的众多科学判断和观点都体现了从实际出发，实事求是的原则。在认识国情重要性的问题上，习近平认为"一切从国情出发"是最基本的要求，同时马克思主义基本原理必须同中国实际即中国国情相结合；在对社会性质的认识中，习近平以中国快速发展的实际情况阐明了中国特色社会主义的科学性，并基于党的十八大以来我国的经济、政治、文化、社会等方面的历史性成就，作出"中国特色社会主义进入新时代"的科学论断；在对发展阶段的把握上，习近平既实事求是地指明了社会主义初级阶段不断发生的新变化，又以全局意识指明了我国初级阶段的长期性；在对社会主要矛盾的判断上，习近平认识到步入新时代我国人民需求呈多样化多层次多方面等特点，但发展不平衡不充分的实际问题仍未解决，因此客观地作出我国社会主要矛盾已经转化的科学论断；在对国际地位的定位上，习近平以求真务实的态度，既看到了我国发展所取得成就，认识到我国国际地位已经提升的客观事实，同时又纵观全局，将我国继续定位在最大发展中国家的行列中。

（2）系统性

习近平指出："对待问题，要审视大局，审时度势，统筹兼顾。"①其国情观的系统性，不仅体现在国情思想内涵的全面与丰富，还体现在其对各个子系统之间关系的把握，以及在谋划战略布局时系统处理国情要素之间的关系上。

第一，注重国情内容的整体全面性。国情是在一个综合性概念，这就决定了我们在认识国情的过程中不能仅仅关注于某一个领域或某几个领域，而必须对所有领域所有方面进行系统全面的研究。面对我国社会发展中出现的各种问题和矛盾，习近平始终站在时代和全局的高度，察大局、观大势，既立足当前又放眼未来，对国情有一个全面系统的把握。习近平指出，在认识国情时要"从历史和现实、理论和实践、国内和国际等的结合上进行思考。"②"必须在把情况搞清楚的基础上，统筹兼顾、综合平

---

① 习近平主持召开中央全面深化改革领导小组第一次会议强调：把握大局审时度势统筹兼顾科学实施　坚定不移朝着全面深化改革目标前进[N].人民日报，2014-01-23.
② 习近平.习近平谈治国理政（第2卷）[M].北京：外文出版社，2017：61.

衡。"①这表明了习近平对国情的认识是囊括所有领域的整体化、全方位、系统性的科学把握。

第二，把握国情各领域之间的关联与耦合。国情的系统性就是将国情认作是由一个若干领域组成的复杂系统，并能有效处理各个部分与其他部分的关系。如果国情的全面性是一种宏观的表现，那么国情的系统性则体现的是中观至微观层面，各个领域作为子系统的关联性和耦合性。习近平在认识国情过程中，深入研究国情每一个领域与其他领域的关联性，这种关联性既体现在子系统之间的相互促进之中，也体现在各子系统之间的相互制约之中。在党的十九大报告中习近平提出："中国特色社会主义进入新时代，我国社会主要矛盾已经转化。"②充分说明了社会性质与主要矛盾之间的关联性，同时指出："我国社会主要矛盾的变化是关系全局的历史性变化。"③这也说明了社会主要矛盾与国情其他要素之间的关联性与耦合性。

第三，加强战略布局的互动与共谋。首先，国情中的任何一个领域都与国情其他领域相互交织、相互衔接、相互促进，形成良性互动模式，没有任何一个领域有着独立于国情系统的能力，国情的任何一个领域都需要其他领域的协同配合，因此在谋划战略布局的过程中，必须有效衔接国情的各个领域。习近平在认识国情的基础上，深刻把握国情各个领域之间以及各个领域内部之间的关联性，将经济、政治、文化、社会、生态文明等各个领域紧密联系，相互交融，进行整体格局的谋划。其次，习近平在谋划总体战略布局的过程中，对具体战略任务进行了规划，提出了各个战略布局的基本框架、优先顺序、重点难点、推进方式、工作机制、时间路线等，这些举措和思想充分体现了习近平善于驾驭和总揽事物发展全局趋势和统筹兼顾的战略视野和战略定力。最后，习近平明确指出："更好实现各项事业全面发展，更好发展中国特色社会主义事业，更好推动人的全面

---

① 习近平. 习近平谈治国理政[M]. 北京：外文出版社，2014：102.
② 习近平. 决胜全面建成小康社会　夺取新时代中国特色社会主义伟大胜利——在中国共产党第十九次全国代表大会上的报告[N]. 人民日报，2017-10-28.
③ 习近平. 决胜全面建成小康社会　夺取新时代中国特色社会主义伟大胜利——在中国共产党第十九次全国代表大会上的报告[N]. 人民日报，2017-10-28.

发展、社会全面进步。"①可见，在谋划战略布局的过程中，绝不仅仅是谋求单方面的发展，只有加强各个领域之间的相互协同和配合，才能把国情的各个领域有机结合起来，促进社会主义现代化建设的全面发展，从而实现总体目标的最优化结果。

（3）辩证性

习近平始终将马克思辩证唯物主义和历史唯物主义运用于对中国国情的科学把握之中。在习近平国情观中，处处体现了他运用唯物辩证法观察事物、分析问题和解决问题的思维方式，具有鲜明的辩证性。

在把握国情各个要素时，根据对立统一规律中的"矛盾是推动一切事物发展的根本原因"，习近平得出要重视社会主要矛盾的结论，指出："社会主要矛盾的变化是关系全局的历史性变化"②；依据物质统一性的观点，习近平指出中国的事情必须从中国的实际出发、从中国仍然是社会主义初级阶段这个基本国情、最大实际出发；运用事物普遍联系发展的观点，习近平强调制定国策要有系统思维，要在对我国国情进行全面系统了解的基础上，谋求全局性的协调发展；依据人民群众是历史的创造者的观点，习近平指出在认识国情的过程中，必须充分认识人民群众需要什么，科学把握民情。

运用辩证法来思考和分析现实问题是习近平国情观辩证性的持续深化。在对国情的认知上，习近平强调既要把握中国的历史国情，了解"我们是从哪里来"，又要把握现实国情，清楚"我们要到哪里去"；在把握国情内部关系时，习近平强调一方面要深刻把握新时代我国国情内部各个领域所发生的增量与变量，同时又要清醒地看到我国社会主义初级阶段的最大实际和最大发展中国家的国际定位始终未变，另一方面，要深刻把握国情各个领域内部之间的"变"与"不变"；在处理国情外部关系时，习近平强调要深刻把握与国情相关的因素，在把握国情的过程中要充分结合党情、世情和民情；在对国内国际形势进行分析时，习近平强调要一分为二看问题，"既要看到成绩和机遇，更要看到短板和不足、困难和挑

---

① 习近平. 习近平谈治国理政（第2卷）[M]. 北京：外文出版社，2017：62
② 习近平. 决胜全面建成小康社会　夺取新时代中国特色社会主义伟大胜利——在中国共产党第十九次全国代表大会上的报告[N]. 人民日报，2017-10-28.

战。"① 既要看到国内外环境中有利的一面，也要看到不利的一面。

（4）创新性

任何一个国家的繁荣和昌盛，一个政党的壮大与发展，都离不开创新，创新是它们自强不息的活力和生机勃发的源泉。以习近平同志为核心的党中央针对新时代新阶段的一系列变化，创造性地对中国特色社会主义理论进行科学概括，对前人科学理论的已有成果进行了新的开拓，构建起习近平国情观，为国情理论赋予了新的时代特色。

其一，对中国国情提出新的重大论断。党的十八大以来，以习近平同志为核心的党中央在政治上、理论上、实践上取得了一系列重大成果。在对国情的把握中，习近平的国情观与以往中国共产党的国情思想一脉相承，牢牢把握和平与发展仍然是时代主题，社会主义初级阶段的最大国情没有变，最大发展中国家的国际地位没有变。在继承中国共产党国情思想的基础上，习近平又提出了对我国国情新的论断："中国特色社会主义进入了新时代""我国社会主要矛盾已经转化"。

其二，对中国共产党国情史的创新与发展。对中国国情了解与掌握的全面与否、科学与否，影响甚至直接决定着党和国家事业的发展。随着我国的快速发展，国情因素也在不断发生变化，因此对国情的正确认识不可能一成不变，这就对中国共产党对于国情的科学认识提出更高的要求。步入新时代，作为中国共产党的领导核心，习近平在关注世界社会主义发展和探索当代中国社会主义实践、在植根于中国人民新时期建设中国特色社会主义实践、立足于中国社会主义初级阶段国情基础上，带领中国人民在进一步实践中摸索出新成果。这些思想是中国共产党之前所没有论及的，具有鲜明的创新性和新颖性。

习近平国情观是在特定的时代背景下，继承与发展马克思主义国情思想，植根于其丰富的从政经历的基础上，在实践过程中摸索出的新成果。对习近平国情观基本特征的把握有助于我们深化对中国国情的认识，明晰习近平国情观的总体逻辑结构，加强对中国特色社会主义建设的引导，对大学生国情教育具有重要的理论意义。

---

① 习近平. 习近平谈治国理政（第2卷）[M]. 北京：外文出版社，2017：60

第三章

我国大学生国情教育的历史进程及教育现状分析

> 新时代中国青年要树立远大理想。青年的理想信念关乎国家未来。青年理想远大、信念坚定，是一个国家、一个民族无坚不摧的前进动力。青年志存高远，就能激发奋进潜力，青春岁月就不会像无舵之舟漂泊不定。正所谓"立志而圣则圣矣，立志而贤则贤矣"。青年的人生目标会有不同，职业选择也有差异，但只有把自己的小我融入祖国的大我、人民的大我之中，与时代同步伐、与人民共命运，才能更好实现人生价值、升华人生境界。离开了祖国需要、人民利益，任何孤芳自赏都会陷入越走越窄的狭小天地。
>
> 新时代中国青年要树立对马克思主义的信仰、对中国特色社会主义的信念、对中华民族伟大复兴中国梦的信心，到人民群众中去，到新时代新天地中去，让理想信念在创业奋斗中升华，让青春在创新创造中闪光！
>
> ——节选自习近平2019年4月30日在纪念五四运动100周年大会上的讲话

一、大学生国情教育的历史进程与启示

国情教育是高校思想政治教育的重要内容。新中国成立以来，我国高校大学生国情教育在艰辛探索中取得了较好的成就。回顾这一历史，总结其经验启示，对进一步加强和改进大学生国情教育具有重要意义。

（一）改革开放之前大学生国情教育的历史进程

改革开放前，中国经历了社会主义改造、建设和"文化大革命"，对国内外形势及基本国情的判断出现偏差，导致高校大学生国情教育从内容到形式都出现了一些问题，国情教育经历了曲折和反复。

1.社会主义改造基本完成时期（1949—1956年）

从1949年10月中华人民共和国成立到1956年，在中国共产党的领导下，全国各族人民努力奋斗，有计划地开展社会主义经济建设，迅速恢复了国民经济的同时，在全国大多数地区基本上完成了对生产资料私有制的社会主义改造，建立了社会主义制度，完成了从新民主主义到社会主义的转变。

这一时期，大批的青年学生和知识分子虽然有很高的革命热情，但其理论知识水平和思想觉悟都还没能完全适应形势的需要，对社会主义革命还缺乏必要的基本知识和思想准备。因此，我国高等学校针对学生的实际思想状况，为适应国内外形势变化的需要，及时地开设了国情教育的相关课程，采取课堂教学和参加政治运动的形式，有计划地对学生进行党的路线、方针和政策教育。

一方面，在中央"学习苏联先进经验和中国实际情况相结合"的方针指导下，高校大学生国情教育相关课程逐步建立。1950年12月16日，教育部发出指示，要求各高等学校要系统、深入地进行时事教学，制定了《时事教学计划》。首先，要让学生认清美帝的真面目，激发其爱国主义热情；其次，使学生避免恐惧和急躁心理，提高警惕，为制止侵略战争做好准备。1951年9月10日，教育部《关于华北区各高等学校1951年度上学期进行"辩证唯物论与历史唯物论"等课教学工作的指示》指出："'时事学习委员会'的组织仍予保持并应加强，在教务长领导下，负责计划、组织

实施政策学习，结合社会政治运动，解决学生对时事政策方面的一般思想问题。"①在这一重要思想的指导下，高校高度重视时事教育的开展。例如，自1951年开始，华北区各高等学校为了加强爱国主义思想教育和进一步开展抗美援朝运动，特别成立了时事学习委员会，其成员包括教务长、政治课教师、教职员工代表和学生，主要工作是开展时事学习讲座进行时事学习，形式以每月举办1次时事专题报告为主，各院校也可以根据具体情况组织学生传达1次，并组织讨论1次，来提高时事学习的效果。1954年7月1日，教育部发出通知，要求工、农、医科的二年制专修科停设"马列主义基础"课，改设"社会主义经济建设"课，以使学生深入地了解我国过渡时期总路线总任务，提高学生的社会主义觉悟，加强学习政治理论和时事政策的觉悟。1955年4月25日，国家高教部刘子载副部长在高等工业学校、综合大学校院长座谈会上的发言中指出，要加大力度开展时事教育来提高国情教育效果，内容为国内重大事件、党和国家重大方针政策等；形式可以由每个班组织时事学习小组，定期进行时事座谈和讨论，同时学校也要做好直观的宣传和鼓励工作。

另一方面，参加社会实践活动开展时事教育成为高校大学生国情教育的重要课堂。社会主义改造时期，我国社会处于大变革中，各种社会斗争激烈、极其复杂，这既给高校国情教育提供了锻炼机会，同时也提出了严峻的挑战。比如：高校组织学生参加20世纪50年代的抗美援朝、土地改革、镇压反革命和"三反""五反"等一系列的政治斗争和社会改革运动，提高了学生们的思想认识水平。抗美援朝一开始，中共中央多次发出指示，深入宣传和思想教育，号召广大人民群众积极投身于抗美援朝运动中，保家卫国。其中，大批青年学生争相报名，积极参加志愿军或军事干校。北京青年学生组成了宣传队，走街串巷，到工厂、农村、学校大力宣传，同时创作了大量以抗美援朝背景下的歌颂英雄的文艺作品；上海也有数万名学生在1950年举行"抗美援朝、保家卫国"的大游行；南京金陵大学举办"美帝侵略史料展览"，控诉美帝国主义罪行；还有很多高校举行集会，发表反美爱国通电、宣言等。②在"土改"中，各地组织了大批青

---

① 高等教育办公厅.高等教育文献法令汇编（1949年—1952年）[G].1958:83.
② 张耀灿.中国共产党思想政治教育简史[M].武汉:华中师范大学出版社,2006:143.

年学生下乡参加"土改",对他们的思想有很大触动,许多大学生不了解"土改"真相,不了解农民所受的痛苦和地主的罪恶,通过下乡都不同程度地受到了教育。这场伟大的"土改"运动,改造了广大青年学生的世界观,使他们走上了与工农结合的道路,增强了他们的阶级意识,提高了反对封建主义的自觉性。

总之,高校通过学习时事教育课程和实践党在过渡时期总路线的活动,使学生们划清了劳动与剥削、社会主义与资本主义的界限,加深了对帝国主义和封建主义本质的认识,加深了对人民民主专政的国家制度的认识,加深了对共产党是领导中国人民伟大事业的核心力量的认识,增强了民族的自尊心和自信心,坚定了走社会主义道路的决心。

2.社会主义建设时期(1957—1966年)

社会主义改造基本完成和社会主义制度建立以后,我国开始转入全面的大规模的社会主义建设。为适应社会主义现代化建设的需要,并根据反右派斗争中提出的问题及迅速发展着的新形势,高校国情教育继续以课堂教学为主,同时进行实践环节,在此基础上教学方法有了进一步的提高。

高校大学生国情教育相关课程中新开设了"社会主义教育"课程。1957年12月10日,高教部、教育部根据中共中央宣传部《关于设立社会主义教育课程向中央的报告》与中共中央对该报告的批示,发出了《关于在全国高等学校开设社会主义教育课程的指示》[①],规定在全国高等学校各年级普遍开设"社会主义教育"课程,以毛泽东《关于正确处理人民内部矛盾的问题》为中心教材,学习时间为1学年,每周学习时间为8小时,其中课内时间不能少于4小时。如果感到不足,可以减少最低阅读文件时间,或延长到2学年完成,此时的课程和教学内容很不稳定。根据指示的要求,各高校在社会主义教育课程开设之前,均做了动员和准备工作,这对于引导大学生正确认识社会主义制度和社会主义的优越性,具有重要意义。由于经济上"大跃进"、政治上反右派扩大化的严重失误,导致高校大学生国情教育的相关内容教学受到了干扰,时断时续,处于不正常的状态,教育效果也难以保证。因此,这一时期的国情教育经历了曲折发展的过程。

---

① 中华人民共和国重要教育文献(1949—1975)[M].海口:海南出版社,1998:789-790.

1959年经历了教育大革命以后，高校的政治理论课结束了只设置一门"社会主义教育"课程的局面。1961年4月教育部召开文科教材编选计划会议，制定了《改进高等学校共同政治理论课程教学的意见》，规定各类院校都要开设"中共党史"课。1964年10月11日，中共中央批转下发了《关于改进高等学校、中等学校政治理论课的意见》[1]指出：今后高等学校共同政治理论课中都要继续开设"形势与任务"课，并设置"中共党史"等课程。"形势与任务"课的内容以阅读和讲授当前重大政策文件、报刊的重要社论和文章为主，学校党委负责同志应当经常作报告；"中共党史"课以党的历史为线索，以党内两条路线斗争为中心，学习毛泽东著作，从而加深对中国共产党的认识。此时，对课堂教学方法也做出了进一步的改革，比如，在启发式的教学法中，通过启发报告、讨论和总结或解答等方式培养学生独立思考的能力和习惯。

在这一时期的高校大学生国情教育活动中，普遍通过参加社会实践来进行基本国情教育，坚持理论联系实际，着力培养大学生的全面发展。1958年毛泽东在《工作方法六十条（草案）》中，提出了在一切学校中实行半工半读、学生要参加生产劳动、接受实际锻炼的思想。同年8月，毛泽东指出："高等学校应抓住三个东西：一是党委领导；二是群众路线；三是把教育和生产劳动结合起来。"[2] 1964年9月，根据形势发展，中共中央和国务院专门发出了《关于组织高等学校文科师生参加社会主义教育运动的通知》[3]，指出：我国高等学校文科教育严重脱离实际，普遍存在资产阶级的和修正主义的思想，因此必须使师生在实际的阶级斗争中接受教育和锻炼，提高社会主义觉悟，进行世界观的改造。在党中央、国务院和教育部的领导、部署和组织下，我国高等学校中，包括综合大学、高等师范大学，以及外语、艺术、政法、财经等院校，都积极地组织师生参加了社会主义教育运动，开展基本国情教育。比如在参加农村的社会主义运动中，根据具体专业情况，安排参加运动的时间。马克思主义列宁主义基本理论专业和政法等方面学生，基本上参加了运动的全部过程或主要过程，时间

---

[1] 中华人民共和国重要教育文献（1949—1975）[M]．海口：海南出版社，1998：1321-1323．
[2] 中华人民共和国教育大事记（1949—1982）[M]．北京：教育科学出版社，1984：229．
[3] 中华人民共和国重要教育文献（1949—1975）[M]．海口：海南出版社，1998：1312-1313．

大概为3个月左右；中文、历史、教育等专业学生则参加了运动的主要过程，时间大体在一个半月以上。学生参加社会主义教育的地点，根据条件的许可，一般都在领导力较强，工作较有基础的地区开展，大城市在郊区安排有困难的，就安排在相邻省区，如北京有些高校则安排到延安等革命老区。

以这种社会实践活动渗透国情教育的方式取得了很好的教育效果。师生们到农村后，与广大贫下中农同吃、同住、同劳动，访问贫苦，忆苦思甜，与群众亲切交谈，接受村史家史教育，思想觉悟得到了很大提升，并且更加热爱中国共产党，相信社会主义制度，学到了许多在学校学不到的东西，对理论联系实际的必要性和重要性有了比较深刻的认识。总的来说，高校的文科师生参加实践活动成绩是显著的，但由于是在阶级斗争扩大化等"左"的理论指导下进行的社会主义教育运动，所以在一定程度上冲击了高等学校正常的大学生国情教育实践和课堂教学，造成了消极影响。

3."文化大革命"时期（1967—1977年）

新中国成立后，我国在全面社会主义建设这十年中取得了一定的成就。但由于指导思想上"左"的错误没有得到及时的纠正，终于导致在继续进行社会主义建设的道路上爆发了"文化大革命"。

"文化大革命"开始后，教育的各级管理部门普遍受到冲击和迫害，教育事业无专门主管部门负责，导致高校教育陷于瘫痪半瘫痪的状态。

1970年6月27日，中共中央批准了《北京大学、清华大学关于招生（试点）的请示报告》（以下简称《报告》）。于是，在停止招生四年后，全国高等学校开始招生复课。在学习内容上，《报告》指出：要设置"以毛主席著作为基本教材的政治课；实行教学、科研、生产三结合的业务课；以备战为内容的军事体育课。"[1]根据这个精神，从1970年到1977恢复高考制度以前，整个高校的大学生国情教育主要内容都是以学习毛主席著作为主，基本做法包括：开展"革命大批判"，即批判资产阶级，并深入到各门类学科中，批判哲学、政治经济学等领域内的所谓"反动的资产阶级思想体系"；"开门办学"，把大学办到社会上去，坚持以社会作"课

---

[1] 中华人民共和国教育大事记(1949—1982)[M].北京：教育科学出版社，1984：433.

堂",以阶级斗争为"主课"等。

"文化大革命"给高校大学生国情教育带来了严重的消极影响。无论是课堂教学还是社会实践,中心内容是向学生灌输"无产阶级专政下继续革命"的理论;学习方法简单化、庸俗化,实用主义严重;"革命大批判"是非混淆,颠倒黑白,真假不辨,通常用错误的东西否定正确的东西。

(二)改革开放以来大学生国情教育的历史进程

改革开放以来,我国大学生国情教育的内容、方法和实践途径都得到了改进和完善,国情教育逐渐步入良性发展轨道。这些都得益于党的十一届三中全会以来党中央对我国基本国情的正确认识和科学把握,得益于中国共产党人对国情长期、艰难和曲折的探索发展过程。当前,世界局势不断变革调整,中国的改革建设事业仍然面临着诸多挑战,涌现了各种矛盾问题,在这一特定时期,认真回顾我国大学生国情教育的历史发展进程,深入总结其正反两方面的教训,能够对大学生国情教育的进一步发展完善提供有益借鉴,具有重要的现实意义和时代价值。

1.党的十一届三中全会至1989年的逐步恢复时期

党的十一届三中全会的召开,重新确立了实事求是思想路线,作出把工作重点转移到社会主义现代化建设上来、实行改革开放的战略决策。这次大会完成了思想、政治和组织路线的拨乱反正,为正确认识我国基本国情奠定了重要基础。随着工作重心的转移,党和国家明确了思想政治教育要为经济建设服务的方向,但是当时资产阶级自由化思潮依然还在,针对这种情况,邓小平同志从多个层面对思想政治教育进行了论述,明确指出服从和服务于经济建设这个中心是新时期思想政治教育的总方针,要加强对群众的思想政治教育工作。要以马克思主义基本理论为指导,坚持党的基本路线和方针政策,开展涵盖爱国主义教育、民主与法制教育、"三观"教育、艰苦创业教育等内容的思想政治教育活动,这不仅推动了思想政治教育的发展,而且转变了一些不恰当的宣传方式,使"文化大革命"以来被严重破坏的高校思想政治教育工作逐步步入了正轨,这就为大学生国情教育的恢复与重建创造了条件,奠定了基础。

这一时期大学生国情教育的发展主要表现在以下两个方面。

一是通过高校思想政治理论课,开设多种课程加强马克思主义基本理论教育、形势教育和以中国革命为中心的历史教育以及社会主义建设改革的教育等。1980年7月，教育部根据党中央指示，在全面总结新中国成立30年以来正反面经验和教训的基础上，联系现实国情，作出要加强马克思主义基本理论教育建设、改进和加强高校马列主义课的决定，制定了《改进和加强高等学校马列主义课的试行办法》，强调："要在高等学校开设马列主义课，对学生进行马列主义、毛泽东思想的基本理论教育，在社会主义现代化建设的新时期只能加强，而不能削弱。"①只有这样才能帮助学生准确、深入地理解马列主义、毛泽东思想的科学内涵，提高社会主义信念，逐步形成无产阶级的世界观和科学的方法论。"初步具有运用马克思主义的基本理论来分析问题、解决问题的能力，自觉地为人民服务，开设形势教育课，主要是分析国内外情况，帮助学生正确理解党的路线、方针和政策，抵制资产阶级思想的侵蚀，树立坚定的政治立场。"②教师在授课时必须按照课程的科学体系，与教材内容作有机的联系，同时密切联系我国的历史实际、国内外形势、学生的思想实际和专业实际等各方面的现实情况，把基本理论向学生讲解透彻。

1985年8月，党中央发布《关于改革学校思想品德和政治理论课教学的通知》（以下简称《通知》），对大学生思想品德、政治理论课的主要内容和要求作出了明确指示，加大对马克思主义理论课程的改革和建设力度。《通知》指出：改革的关键是坚决贯彻理论联系实际的方针，从我国的现实国情和根本情况出发，"中央决定成立全国马克思主义思想理论课教材编审委员会，并设置相应的办事机构，统筹规划课程设置、教材编辑及审定、教学参考资料的研究和进行其他组织工作。"③要求各类高校都要进行以中国革命史为中心的历史教育，使学生认识到中国选择社会主义道路的历史必然性；培养学生掌握和运用马克思主义的立场、观点和方法对各种历史现象特别是社会思潮进行鉴别和分析的能力；进行中国社会主义建设和改革的理论、政策和实际知识的教育，使学生了解我国人民正在进

---

① 中国教育年鉴（1949—1981）[M]．北京：中国大百科全书出版社，1984：834-835.
② 中国教育年鉴（1949—1981）[M]．北京：中国大百科全书出版社，1984：835-837.
③ 教育部思想政治工作司组编．加强和改进大学生思想政治教育重要文献选编（1978—2014）[M]．北京：知识产权出版社，2015：39.

行的有世界意义的伟大事业和青年一代的密切关系及崇高责任。同时，还要向学生介绍当今世界各国的基本情况、政治经济格局和外交关系，帮助学生了解世情，拓宽视野，使他们在对外开放的条件下依然有坚定的政治立场和信仰。《通知》下发之后，各高校对政治理论课的内容和结构进行了重大改革，"开设《马克思主义原理》《中国革命史》和《中国社会主义建设》三门课，作为大学本科生的公共必修课，文科专业还开设《世界政治经济和国际关系》，普遍通过思想政治理论课对大学生进行国情知识的普及和教育。"①

1987年10月，中国共产党召开了第十三次代表大会，大会在正确分析中国国情和历史经验的基础上，系统阐述了我国处于社会主义初级阶段的这个基本国情，社会主义初级阶段理论由此形成，同时又制定了社会主义初级阶段的基本路线：一个中心，两个基本点。党中央对中国基本国情特点的准确认识和把握，为新时期思想政治教育的前进指明了方向。各高校开始把社会主义初级阶段的理论教育和党的基本路线教育作为国情教育的重点和主线，指出新时期的大学生国情教育，任务更重，要求更高，应密切联系大学生思想实际，深入开展这两种教育，努力探索和创新各种具体途径和有效形式，不断推进思想政治教育工作。通过社会主义初级阶段理论融入教材，让学生全面准确地认识我国现阶段基本国情的内涵和基本特征，并深刻地理解我国目前正处于社会主义初级阶段的现实情况；通过对党的基本路线的教育，使学生坚定信念，自觉抵制资产阶级思想侵蚀，激发学生为社会主义事业奋斗的责任感和使命感。1987年10月20日，国家教委印发了《关于高等学校思想政治教育课程建设的意见》，对其中"形势与政策"课的实施作了具体规定："《形势与政策》作为大学必修内容，是高校国情教育的重要组成。它有助于学生全面了解国际国内现实情况，正确理解党的路线、方针和政策，引导大学生从国家发展和民族复兴的高度认识自己，立志成为祖国所需要的栋梁之材。"②

二是适时引导大学生参加社会实践以强化国情教育效果。青年学生由于缺乏社会实践而影响了他们对国情内容的深入理解和接纳，造成国情教

---

① 张耀灿.中国共产党思想政治教育史论[M].北京：高等教育出版社，2011：288.
② 张耀灿.中国共产党思想政治教育史论[M].北京：高等教育出版社，2011：289.

育的效果有限。对此，教育部和高校开始重视引导大学生参加以参观和社会调查为这要内容的社会实践活动，目的在于强化大学生对国情、民情和史情的积极关注和深刻认识，并注重强化爱国主义教育来提高国情教育的效果。1983年8月，教育部颁布《关于学习贯彻<关于加强爱国主义宣传教育的意见>的通知》，要求各类高校积极进行爱国主义教育活动，不断进步。1983年12月，为纪念"一二·九"运动，"团中央、全国学联发起在全国大学生汇总开展社会实践周活动，此次活动加深了大学生对中国革命历史的认识，增强了大学生对祖国的感情，从而激发学生强烈的爱国主义精神，树立坚定的社会主义信念。"①1984年3月，中宣部发出了《<关于加强革命传统教育的意见>的通知》，提出进行革命传统教育，在高校学生中开展各种形式的革命传统宣传活动，既深化了爱国主义教育，同时也是对国情教育效果的一个提升。"进行以中国革命史为中心的历史教育，是学生了解具有悠久历史传统的中国，是怎样根据历史的必然走上以共产党为领导力量的社会主义道路的：……要适时地穿插各种切合学生需要的时事教育、文学艺术教育和课外活动，激发学生为社会主义伟大事业而奋斗的献身精神。"②

2.1989年到党的十六大之前的强化时期

1989年的政治风波，在一定范围内产生了不好的影响，这表明资产阶级自由化思潮的影响依然存在，部分大学生对中国的历史和现实了解不够充分，缺乏对社会主义的坚定立场，对改革和稳定的重要性认识不足，容易出现过激言论和行为，凸显了我国大学生国情教育的缺失。政治风波过后，党和国家对高校的思想政治教育工作更加重视，相继颁布了许多文件，要求从中央到地方不断加强和改进高校的思想政治工作，尤其是加强大学生的国情教育。各地高校也认真进行了总结反思，更加深切地认识到思想政治教育的"生命线"地位，认识到大学生基本国情的重要性，在改革开放条件下开展高校思想政治教育工作时，要把国情教育放在更加突出的位置，不断强化。这一时期的大学生国情教育在高校思想政治教育的发

---

① 张耀灿.中国共产党思想政治教育史论[M].北京：高等教育出版社，2011：289.
② 教育部思想政治工作司组编.加强和改进大学生思想政治教育重要文献选编（1978—2014）[M].北京：知识产权出版社，2015：39.

展中得到了强化。经过近十年思想政治理论课的教学实践，国情教育的相关理论课程教学收到了良好效果，积累了不少经验，但是随着改革开放的不断深入，社会形势的深刻变化，高校国情教育也需要改革、发展和变化，调整和完善国情教育活动的具体内容和实践形式势在必行。

1991年3月，江泽民同志在给国家教委的信中指出："要从小学生（甚至幼儿园），中学生直至大学生，由浅入深，坚持不懈地进行中国近代史、现代史及国情的教育。"①在党的十四大报告中江泽民同志又一次强调，要加强对全国各族人民尤其是青少年的近代史、现代史教育和国情教育，增强民族自尊心、自信心和自豪感，预防腐朽思想的侵蚀，树立正确的理想、信念和价值观。

这一时期的大学生基本国情教育在"两课"的改革中继续得到发展和完善。1994年8月，《中共中央关于进一步加强和改进学校德育工作的若干意见》出台，规定："以中国特色社会主义理论作为学校马克思主义理论教育中心内容的指导思想，爱国主义教育要以中国近、现代史和国情教育为依托，高等学校开设时事政策课或讲座，以国内外形势及党和国家重大方针政策为重要内容，对学生进行生动现实的国情教育。"②同时，提出："高校积极开设人文、社会科学类选修课程，与马克思主义理论课和思想品德课统筹规划，分工合作。"③这不仅为高校思想政治教育指明了方向，同时也为大学生国情教育的改革和发展做了指引。1995年，国家教育委员会印发了《<关于高校马克思主义理论课和思想品德课教学改革的若干意见>的通知》，明确指出"两课"教学的根本目标："引导和帮助学生树立马克思主义的世界观、人生观和价值观，确立为建设由中国特色社会主义而奋斗的政治方向，增强抵制错误思潮和拜金主义、享乐主义、极端个人主义等腐朽思想侵蚀的能力"④，主要内容有马列主义基本原理和中国特色社会主义理论教育、思想品德教育、以革命史为中心的中国近现代史教育、

---

① 中国教育年鉴1992[M]．北京：人民教育出版社，1993：1-2．
② 中国教育年鉴1995.[M]北京：人民教育出版社，1996：72-73．
③ 中国教育年鉴1995.[M]北京：人民教育出版社，1996：73-75．
④ 教育部社会科学司组编．普通高校思想政治理论课文献选编（1949—2008）[M]．北京：中国人民大学出版社，2008：158．

革命精神和国情教育、形势政策教育、世界格局与国际关系教育等等。1998年，为贯彻落实党的十五大精神，教育部对"两课"课程设置作出新的调整，决定单独开设"邓小平理论概论"课程，新的"两课"课程体系公布实施。思想品德课程有"思想道德修养"和"法律基础"两门。高校课程的新调整，推动了国情知识的普及和深化，有利于高校国情教育的进一步发展。

改革开放和社会主义市场经济体制的确立，对大学生基本国情教育提出了新的发展要求，既面临着新的机遇，又必须寻求新的对策以应对时代挑战。因此，在这一历史时期，社会实践活动成为高校国情教育的重要途径，党中央和各地高校都非常重视国情教育与社会实践活动的结合，从理论和实践上对其进行发展与完善。1992年6月，中宣部等发布了《关于广泛深入持久地开展高等学校学生社会实践的意见》，强调"各高等学校要切实把社会实践活动列入教育计划，广泛深入持久地开展下去。它对于帮助大学生深刻了解国情，加强与社会的联系，接受思想、政治、实践能力等多方面的实际锻炼，增强改革开放意识，提高思想政治素质，具有重要的意义"[1]，并指出社会实践活动的形式应适合学生特点，不同年级提出不同的要求。通知发出之后，全国各高校的大学生积极开展社会实践活动。1994年的大学生志愿者服务活动吸引了许多青年学生，他们踊跃参与，积极实践，在活动中不仅增强了对中国国情的了解，而且有利于树立历史使命感和社会责任感。1994年，党中央在《关于进一步加强和改进学校德育工作的若干意见》中指出："高等学校和高中阶段要开设时事政策课或讲座，以国内外形势及党和国家重大方针政策为主要内容，对学生进行生动、现实的国情教育。"[2]讲座是社会实践活动的一种有效形式，开展贴近现实的形势政策讲座能使大学生快速地获取国情知识和讯息，解除心中的困惑，从而坚定对社会主义的认同感。1996年12月，《关于深入持久开展大学生社会实践活动的几点意见》发布，为大学生如何更好地进行社会实践活动提出了具体要求。至此，全国各高校的大学生掀起了实践高潮，其

---

[1] 中国教育年鉴1993.[M]北京：人民教育出版社，1994：818-820.
[2] 教育部思想政治工作司组编.加强和改进大学生思想政治教育重要文献选编（1978—2014）[M].北京：知识产权出版社，2015：145.

中以服务型实践活动为主。1997年5月,中宣部各部门下发了《关于开展大中学生志愿者暑期文化科技卫生"三下乡"活动的通知》,"三下乡"服务以学校为主导、学生为主体,通过支教扫盲、科技咨询、文艺演出等几种主要形式进行。通过这些活动,不仅加强了大学生对中国国情的认识,尤其是"农业、农村、农民"问题的认识,而且为服务"三农"做出了积极的贡献,促进了大学生整体素质的提升。2002年,高校一些学生组织了大学生"公民道德"实践服务队,积极向身边的同学和周围群众宣传公民道德建设的重要性。这些活动鼓舞大学生融入社会、了解国情,在理论与实践的结合中,提高自身思想觉悟,树立大学生服务社会意识,增强社会责任感和使命感。

这一时期我国的大学生国情教育得到了较大发展,在利用社会实践活动加强国情教育方面,也取得了不错成绩,然而大学生基本国情教育仍有许多问题,需要进一步发展和完善,例如高校思想政治理论课的教学效果一直以来不尽如人意,学生缺乏足够的兴趣而造成国情教育收效甚微,利用社会实践活动进行国情教育时存在着形式主义的现象,国情教育的内容、方法和途径有些单一等,这些都需要高校加以重视并不断改进,需要国情教育工作者的长期努力。

3.党的十六大至党的十八大以前

党的十六大召开之后,对外开放日益扩大,社会主义市场经济进一步深化,我国的政治、经济、文化、思想等各方面都发生了深刻变化,各种社会矛盾和社会问题层出不穷,统筹国内发展和对外开放的要求更高。面对这些新情况新问题,国情教育的形势更为严峻,任务更加重大。为了推动对外开放事业的深入,消除经济全球化的负面影响,党中央在深刻考虑国情、党情和国内外形势深刻变化的基础上,提出了一系列科学理论,强调要始终坚持"三个代表"重要思想,学习贯彻科学发展观,积极构建和谐社会。党中央提出的科学理论和奋斗目标为新时期大学生基本国情教育提供了指引,树立了方向。在党的正确领导下,这一时期大学生基本国情教育发展趋势良好,不断完善,主要表现在以下几个方面。

(1) 党和国家日益重视大学生国情教育，更加突出形势与政策教育

党的十六大确立了"三个代表"重要思想为党的指导思想。"三个代表"重要思想反映了当今世界和中国的发展变化对党和国家工作的新要求，为新时期党的思想政治教育工作提供了强大的理论武器。为了深入贯彻落实党的十六大精神，提高大学生的思想政治素质，为国家培养德才兼备的合格人才，2004年8月26日，中共中央国务院发出《关于进一步加强和改进大学生思想政治教育的意见》，指出："要加强对大学生进行以理想信念为核心的教育，坚持以人为本，贴近实际、贴近生活、贴近学生。"[①]同时强调："要开展中国革命、建设和改革开放的历史教育，开展基本国情和形式政策教育。"[②]接下来，《关于进一步加强高等学校学生形势与政策教育的通知》发布，明确指出："形势与政策教育是高校思想政治教育的重要内容，要根据新时期面临的新情况新问题，提高形势与政策教育教学的针对性。"[③]加强对形势与政策课堂教学的管理，建设精干专职教师队伍，更好地开展高校国情教育。

(2) 深化课程改革，加强高校教师队伍的建设与管理

在全面建设小康社会的新时期，课堂教学仍然是国情教育的主要途径。这个时期，课堂教学的内容设置和表现形式有了一些新变化，根据社会现实情况和大学生的思想实际作出了适当调整，课程改革进一步深化，使国情教育更具有针对性，更加全面有效。2003年2月，教育部在以往"两课"课改的基础上发布了《关于进一步深化"三个代表"重要思想"三进"工作的通知》，对课堂教学中的"三进"工作提出了明确要求，强调要让"三个代表"重要思想"进教材、进课堂、进学生头脑"。开设"当代世界经济与政治"等选修科目，使大学生对当前世界形势有一个清晰的判断和认识。课程改革的深化，使"两课"教学体系逐步完善，结构更加

---

① 中共中央国务院发出《关于进一步加强和改进大学生思想政治教育的意见》_中华人民共和国教育部政府门户网站[EB/OL]. http://www.moe.gov.cn/s78/A12/szs_lef/moe_1407/moe_1408/tnull_20566.html.

② 中共中央文献研究室. 十六大以来重要文献选编[M]. 北京: 中央文献出版社, 2006: 179.

③ 中共中央宣传部 教育部关于进一步加强高等学校学生形势与政策教育的通知_中华人民共和国教育部政府门户网站[EB/OL]. http://www.moe.gov.cn/srcsite/A13/moe_772/200411/t20041117_80567.html.

合理，并与历史教育、道德教育等相互融合，大大提高了实效性，高校国情教育因此得到了进一步发展与完善。2005年1月，为了更好适应新时期高校思想政治教育的进一步发展，教育部出台了《关于加强高等学校辅导员班主任队伍建设的意见》（以下简称《意见》），强调要在选聘配备、培养培训和政策保障等环节作出努力，建立一支优秀的高校辅导员、班主任队伍，才能使大学生国情教育活动有计划有组织地开展，国情教育才能达到预期效果。《意见》发出后，我国各地高校加强了对思想政治理论课教师的培训和管理，提高了教师的理论素养、科研水平和教学能力。这一时期，教师素质的提高使国情教育课的教学效果显著增强，大学生基本国情教育得到较大发展。

（3）社会实践活动的形式更加多样化，强化了国情教育效果

党中央和高校更加注重利用社会实践活动来开展大学生基本国情教育，在理论联系实际中，增长知识，培养品格，促进全面发展。2005年1月，胡锦涛同志在全国加强和改进大学生思想政治教育工作会议上，强调："要坚持政治理论教育与社会实践相结合，既搞好课堂教育，又注重引导大学生深入社会、了解社会、服务社会。"[1]为了切实贯彻落实《意见》和会议精神，《关于进一步加强和改进大学生社会实践的意见》下发，指出："大学生参加社会实践，对于了解社会、认识国情，增长才干、奉献社会，锻炼毅力、培养品格，深化对基本理论和思想路线的认识，走中国特色社会主义道路，培养中国特色社会主义事业的建设者和接班人具有极其重要的意义。"[2]

在《意见》指导下，全国各大高校掀起了参加社会实践活动的新高潮，国情教育不断发展。社会实践活动的形式日益多样化，例如在清华大学，为纪念中国第一颗原子弹爆炸成功40周年，举行了"核武器事业与清华青年教育活动"，既让学生们了解了中国历史和国情，增长了知识和见闻，又激发了学生们的爱国情怀，培养了高尚品格。一些高校为向学生宣

---

[1] 中共中央文献研究室.十六大以来重要文献选编[M].北京：中央文献出版社，2006：641.
[2] 中宣部 中央文明办 教育部 共青团中央关于进一步加强和改进大学生社会实践的意见_中华人民共和国教育部政府门户网站[EB/OL]. http://www.moe.gov.cn/s78/A12/szs_lef/moe_1407/s6869/moe_1413/tnull_20558.html.

传诚实守信优良传统，提高他们的思想道德素质，举办了"加强思想道德建设、建设诚实守信校园"的主体宣誓活动①，吸引了上千名青年学生参加。这类活动让学生懂得诚实守信是中华民族几千年来的传统美德，是每个人都应该具有的优秀品质，从而自觉注重优秀品格的培养，树立为中华民族伟大复兴奋斗的理想和信念。高校也经常举办一些知识性、趣味性并存的辩论赛，例如中国人民大学举行了以"大学生思想道德建设问题"为主题的辩论赛，通过辩论赛使学生对当前人们的思想道德情况有一个清晰的了解和认识，从而反省自身，认识自己、认识社会，不断提高思想道德素质。这个时期华东师范大学等高校已经开始利用网络平台来开展国情教育，学校在校园网上开设国情教育板块，大力宣传党的方针和政策、当今的国内外形势和热点问题、中国的优秀民族文化等等，推动了国情教育进一步发展。

4. 党的十八大以来的新发展时期

党的十八大以来，我们党在全面深化改革开放、推进中国特色社会主义事业的伟大进程中，不断深化对我国国情的认识，提出了一系列新思想、新观点和新论断，进一步丰富和发展了社会主义初级阶段理论，为实现中华民族伟大复兴的中国梦提供了根本依据。这些新的认识成果，集中体现在习近平总书记系列重要讲话中。深入学习研究中国国情理论的新发展，对于坚定中国特色社会主义道路自信、理论自信和制度自信，更好地坚持和发展中国特色社会主义，具有重大的理论和现实意义。

习近平总书记系列讲话对中国国情的认识，以社会主义初级阶段理论为基础，贯通历史、现实和未来，涵盖物质、制度和精神，充满了深邃的历史感和鲜活的现实感，呈现出一个全面、真实、立体的中国。

（1）提出始终"牢牢把握最大国情、牢牢立足最大实际"的根本要求，深化和拓展了对社会主义初级阶段的认识

党的十八大作出了"建设中国特色社会主义的总依据是社会主义初级阶段"的重要论断。在党的十八届中共中央政治局第一次集体学习时，习近平指出："强调总依据，是因为社会主义初级阶段是当代中国的最大国

---

① 张耀灿. 中国共产党思想政治教育史论[M]. 北京：高等教育出版社，2011：363.

情、最大实际。我们在任何情况下都要牢牢把握这个最大国情，推进任何方面的改革发展都要牢牢立足这个最大实际。"①他特别强调："不仅在经济建设中要始终立足初级阶段，而且在政治建设、文化建设、社会建设、生态文明建设中也要始终牢记初级阶段；不仅在经济总量低时要立足初级阶段，而且在经济总量提高后仍然要牢记初级阶段；不仅在谋划长远发展时要立足初级阶段，而且在日常工作中也要牢记初级阶段。"②

坚持"五位一体"建设要立足初级阶段、牢记初级阶段，就是要从我国经济社会发展实际出发，以满足最广大人民根本利益为目的，坚定不移走自己的路，不动摇、不懈怠、不折腾。经济建设始终立足初级阶段，就是要坚持党在社会主义初级阶段的基本路线不动摇，紧紧抓住经济建设这个中心，坚持社会主义市场经济改革方向，坚持和完善基本经济制度，加快转变经济发展方式，走中国特色新型工业化、信息化、城镇化、农业现代化道路；政治建设始终立足初级阶段，就是坚持党的领导、人民当家作主、依法治国的有机统一，不断扩大社会主义民主，推进法治中国建设，走中国特色社会主义政治发展道路；文化建设始终立足初级阶段，就是坚持社会主义先进文化前进方向，培育和践行社会主义核心价值观，巩固马克思主义在意识形态领域的指导地位，巩固全党全国各族人民团结奋斗的共同思想基础，提高国家文化软实力，建设社会主义文化强国，走中国特色社会主义文化发展道路；社会建设始终立足初级阶段，就是要从维护最广大人民根本利益的高度，保障和改善民生，加快推进社会体制改革，构建中国特色社会主义社会治理体系，推动社会主义和谐社会建设；生态文明建设始终立足初级阶段，就是坚持节约资源和保护环境的基本国策，加快生态文明制度建设，推进绿色发展、循环发展、低碳发展，形成节约资源和保护环境的空间格局、产业结构、生产方式、生活方式，努力建设美丽中国。

谋划长远发展当然要以初级阶段国情为出发点，而长远目标又是靠一

---

① 习近平.紧紧围绕和坚持发展中国特色社会主义 深入学习宣传贯彻党的十八大精神[N]. 2012-11-19.

② 习近平.紧紧围绕和坚持发展中国特色社会主义 深入学习宣传贯彻党的十八大精神[N]. 2012-11-19.

步一步的脚踏实地的具体工作来实现的,因此,在具体工作中也要牢记初级阶段。党的十八大以来,党中央对各方面具体工作的部署都是以社会主义初级阶段为总依据的,同样我们对具体工作的落实也要考虑社会主义初级阶段这个实际。

(2)提出"历史和现实都要看、物质和精神也都要看",深化和拓展了对中国国情的全方位认识

习近平总书记深刻地指出:"脱离了中国的历史,脱离了中国的文化,脱离了中国人的精神世界,脱离了当代中国的深刻变革,是难以正确认识中国的。"[①]他在布鲁日欧洲学院的演讲,从历史和现实、物质和精神等方面,集中概括了中国的五个最显著的特点,即中国是有着悠久文明的国家、经历了深重苦难的国家、实行中国特色社会主义的国家、世界上最大的发展中国家、正在发生深刻变革的国家。

习近平对中国国情的新阐述,从历史深度理解和审视现实,从精神文化的高度认识和把握中国,拓展了认识视野,提升了认识境界,体现了历史唯物主义基本原理和方法论,把对中国国情的认识提升到新的水平。只有洞察历史的轨迹才能把握现实和未来。习近平指出:"历史是现实的根源,任何一个国家的今天都来自昨天。只有了解一个国家从哪里来,才能弄懂这个国家今天怎么会是这样而不是那样,也才能搞清楚这个国家未来会往哪里去和不会往哪里去。"[②]诚然,一个国家、一个民族,其安身立命之本在于解决"我是谁""我从哪里来""我向哪里去"三个紧密联系的哲学问题,而"我是谁""我向哪里去"唯有向"我从哪里来"要答案。

中华民族五千多年的文明史,中国人民近代以来一百多年的斗争史,中国共产党九十多年的奋斗史,中华人民共和国七十多年的发展史,改革开放四十多年的探索史,这些历史一脉相承、不可割裂。只有深入到历史的深处,深刻反思昨天,才能真正读懂今天、科学预见明天,才能以更加主动的姿态面对、迎接和创造属于自己的未来。只有透视文明的传承,才能理解今天的中国。一个国家和民族的文明是一个国家和民族的集体记忆。一个民族最深沉的精神追求,一定要在其薪火相传的民族精神中进行

---

① 习近平. 在布鲁日欧洲学院的演讲[N]. 人民日报, 2014-04-02.
② 习近平. 在布鲁日欧洲学院的演讲[N]. 人民日报, 2014-04-02.

"基因测序"。

看一个国家、一个民族,物质的东西重要,精神更重要。犹太人历经数次劫难而不灭,民族精神文化是其根本性因素。中国是有着悠久文明的国家,祖先们提出的很多理念,如孝悌忠信、礼义廉耻、仁者爱人、与人为善、天人合一、道法自然、自强不息等,至今仍然深深影响着中国人的生活,形成我们看待世界、看待社会、看待人生的独特的价值体系,形成我们独特而悠久的精神世界,形成了伟大的民族自信心和爱国主义精神。只有把握了中国人的精神世界,才算真正理解了中国国情。

(3)提出"让13亿多人都过上好日子,还需要付出长期的艰苦努力"的重要论断,深化和拓展了对社会主义初级阶段基本路线的认识

党在社会主义初级阶段的基本路线是以国家富强、民族振兴、人民幸福为根本价值指向的。"小康不小康,关键看老乡",人民对美好生活的向往就是我们的奋斗目标。"让13亿多人都过上好日子",生动阐释了"中国梦"的本质内涵,阐释了社会主义初级阶段基本路线的根本要义。

实现这样的根本价值目标,还需要付出长期艰苦的努力,所以,习近平强调:"中国经济总量虽大,但除以13亿多人口,人均国内生产总值还排在世界第80位左右。中国城乡低保人口有7400多万人,每年城镇新增劳动力有1000多万人,几亿农村劳动力需要转移就业和落户城镇,还有8500多万残疾人。根据世界银行的标准,中国还有2亿多人口生活在贫困线以下,这差不多相当于法国、德国、英国人口的总和。"[1]正是基于这样的认识,"中国目前的中心任务依然是经济建设,并在经济发展的基础上推动社会全面进步。"[2]

近代以来,中华民族最大的梦想就是实现中华民族伟大复兴。实现中华民族伟大复兴的中国梦,最深刻的依据在于中国国情。只有从历史和现实、物质和精神的辩证统一的角度全面把握中国国情,才能理解中国梦深厚的历史文化根基和广泛的现实基础。

中国国情是走中国道路的依据。"一个国家选择什么样的主义,关键

---

[1] 习近平.携手追寻民族复兴之梦[N].人民日报,2014-09-19.
[2] 习近平.在布鲁日欧洲学院的演讲[N].人民日报,2014-04-02.

看这个主义能否解决这个国家面临的历史性课题。"①"独特的历史文化、独特的历史命运、独特的历史条件,决定了中国人民必须在自己选择的道路上实现自己的梦想。"②历史上,中国的经济、科技、文化等曾长期走在世界前列。近代以后,中国逐步成为半殖民地半封建社会,外国列强入侵不断,中国社会动荡不已,人民生活极度贫困。中国人民经过逾百年、前仆后继的不屈抗争和不懈探索,终于找到了一条适合自己的发展道路,并取得了举世瞩目的成就。因此,走中国特色社会主义道路,是历史的必然、人民的选择,这种历史必然性来自对国情的深入分析和科学判断。中国国情是必须弘扬中国精神的依据。抛弃传统、丢掉根本,就等于割断了自己的精神命脉。博大精深的中华优秀传统文化是我们在世界文化激荡中站稳脚跟的根基。

中国国情是必须凝聚中国力量的依据。中国梦归根到底是人民的梦,必须紧紧依靠人民来实现,必须不断为人民造福。中华民族珍视团结、注重奉献,这是研究中国国情不能忽视的内容,也是实现中国梦的最重要前提。

中国国情是必须走和平发展道路的依据。历史是最好的老师,它忠实记录下每一个国家走过的足迹,也给每一个国家未来的发展提供启示。中华文明始终崇尚和平,和平、和睦、和谐的追求深深植根于中华民族的精神世界之中,深深融化在中国人民的血脉之中。近代以来的悲惨历史,给中国人留下了刻骨铭心的记忆。中国需要和平,就像人需要空气、万物生长需要阳光一样。因而,中国走和平发展道路,不是权宜之计,更不是外交辞令,而是从历史、现实、未来的客观判断中得出的结论,是思想自信和实践自觉的有机统一。③

(三)改革开放以来大学生国情教育的基本遵循与经验启示

改革开放以来,中国共产党在国情观的分析认识上并不是盲从或没有遵循的,而是在领导中国特色社会主义建设的实践中,坚持辩证唯物主义

---

① 习近平在新进中央委员会的委员、候补委员学习贯彻党的十八大精神研讨班开班式上发表重要讲话强调:毫不动摇坚持和发展中国特色社会主义 在实践中不断有所发现有所创新有所前进[N].人民日报,2013-01-06.
② 习近平.在布鲁日欧洲学院的演讲[N].人民日报,2014-04-02.
③ 习近平在德国发表重要演讲[N].人民日报,2014-03-30.

和历史唯物主义的基本原理，坚持理论和实践相结合的基本原则，而逐步形成并发展的。中国共产党在认识国情的实践中，始终坚持实事求是的思想精髓、始终坚持科学能动地认识国情、始终坚持辩证统一的基本方法、始终坚持以实践为检验标准和始终坚持与时俱进的理论品质，这是中国共产党国情认识方面的基本遵循。理解和把握中国共产党在改革开放以来对国情的分析中所坚持的基本遵循，对于准确认识中国共产党在这期间的国情观十分必要。

1. 基本遵循

（1）坚持实事求是的思想精髓

实事求是，就是一切从实际出发，理论联系实际，就是要把马克思主义普遍原理同中国革命具体实践相结合。按照毛泽东的观点，坚持实事求是，就是要坚持探求客观事物的内在联系，发现并遵循其规律性。实事求是地探求或寻找社会发展的规律性，这是认识国情、掌握国情、尊重国情的必然路径和重要方法。因此，对国情的分析和判断，任何固守本本、漠视实践、超越或落后于现实基础的做法都不会得到成功。一段时期，我们曾经犯过错误甚至遇到严重挫折，根本原因就在于当时的指导思想脱离了中国实际、脱离了中国国情；而中国共产党能够依靠自己和人民的力量纠正错误，在挫折中奋起，坚决拨乱反正，根本原因就在于重新恢复和坚持贯彻了实事求是的思想路线，正确分析基本国情，客观判断主要矛盾，并在此基础上确立了中国特色社会主义建设的发展方向，确立了改革开放的基本国策。邓小平作为改革开放的总设计师，他以自己亲身的经历感受到，中国共产党没有搞清楚"什么是社会主义，怎样建设社会主义"的重大问题，最根本的原因还是因为没有坚持解放思想和实事求是。他也正是在实事求是这一马克思主义的正确路线指引下，在对中国国情尤其是改革开放后中国国情正确分析的基础上，才提出了社会主义初级阶段等重大理论和实践命题。

国情是客观的，不以人的意志为转移。国情规定和制约着一个国家的社会性质、主要矛盾和任务、发展道路、发展方式策略等方面，它是一个国家任何时候都不可回避的问题。我国的社会主义现代化建设起点低，生产力发展水平和人民生活水平还比较低，这种具体国情制约着我们的社会发展速度和发展规模,制约着我国社会主义制度优越性的发挥,所以必须根据我们现阶段的客观国情进行经济、社会、政治、文化和生态文明建设,循序渐进,量力而行。

国情也是一个相对稳定的客体。由于历史和现实的诸多原因,以及东西方经济、政治、文化势力的较量与对抗,在短期时间内,一国的基本国情不可能出现大起大落;同时,它也不是一成不变的,在国际竞争和碰撞中,在国内创新和发展中,基本国情在许多方面不仅会有量的变化,而且在量的积累基础上,还会产生部分质变以及根本性质的变化。这就需要我们坚定信念,坚持道路,聚精会神,勇往直前。

中国共产党的兴旺发达靠的就是实事求是。过去靠实事求是取得了革命的胜利,现在我们的社会主义现代化事业依然需要实事求是的精神。实事求是是中国共产党的思想路线,是毛泽东思想的灵魂,也是马克思主义中国化的灵魂,更是中国特色社会主义理论体系的灵魂。回顾中国共产党的历史可以得知,坚持实事求是,党的路线方针政策就能够尊重客观规律、顺应民心,党的事业也能够取得胜利;如果背离了实事求是,党的事业则要遇到挫折。

(2)坚持科学能动地认识国情

对于中国国情的认识,不是一蹴而就的,而会经历反复的过程。马克思主义认识论认为,认识来源于实践,并在实践的基础上不断深化。人的认识分为感性认识和理性认识,感性认识和理性认识辩证统一。由感性认识上升到理性认识,每一次认识都不会是前一次认识的重复,而是在前一次认识基础上的提高。这种实践、认识、再实践、再认识的循环发展,才能逐步得到规律性的认识。因此,在探索中国具体国情的进程中,党在不同阶段的认识过程,也必然是一个能动的过程。符合客观实际的能动认识,并在实践中得到反复验证,得到不断发展,才经得起实践的检验,也才是科学的国情观。

中国共产党对中国国情的探索经历了复杂曲折的过程。从以苏联为鉴到走自己的道路,从选择科学社会主义到坚持中国特色社会主义,这都是在清醒分析国情、客观认识现状,并在经历正反两方面经验教训的基础上提出和坚持下来的。正是在能动地认清国情和现状中,中国共产党的执政理念更加科学、治国方略更加稳健；也正是这种科学能动的认识观，才使得中国共产党在把握国情、理解国情、尊重国情中更加自觉、更加自信，也才能在此基础上创立和发展中国特色社会主义的理论，坚定不移地走一条适合中国基本国情的社会主义建设的道路。

（3）坚持辩证统一的基本方法

矛盾分析法是马克思主义唯物辩证法的根本方法，也是对事物认识的根本看法。它是分析和研究国情的最重要的基本方法之一，也是理解、把握中国共产党国情观的基本方法之一。矛盾分析法要求"一分为二"地看问题、具体问题具体分析、抓住重点和主流、坚持"两点论"和"重点论"的统一等；要求在想问题办事情时要全面客观地看问题，多角度、多层次地去认识和把握问题，在认识和把握社会矛盾中，既要看到矛盾的主要方面，又要看到矛盾的次要方面，既要认识矛盾的普遍性，又要认识矛盾的特殊性，同时还要坚持内外因相结合的分析法等。

中国有独特的基本国情，既不同于其他国家，又不同于历史上的中国。在分析当代中国现实状况与基本国情时，中国共产党早就提出要防止主观性、片面性和表面性，对国情基本问题应做客观、全面和历史的分析研究。正是在正确总结历史经验和积极吸取历史教训中，党的十一届三中全会以来，以邓小平为代表的中国共产党人，坚持解放思想、实事求是，开辟了适合中国发展的改革开放之路，制定了一系列推进现代化建设的方针政策，并在这场伟大的革命中不断地解决新的矛盾，对改革、稳定和发展，正确认识和处理社会主义和资本主义，中国和世界的关系等一系列问题作出了新的重大决策。党的十三届四中全会以来，以江泽民为代表的中国共产党人，进一步加深对中国社会主义现代化建设的认识，提出了中国共产党立党之本、执政之基、力量之源的"三个代表"重要思想；党的十六大以来，以胡锦涛为总书记的党中央根据新的发展要求，提出了以人为本，全面协调可持续发展的科学发展观；党的十八大以来，以习近平同志为核心的党中央，审时度势，继往开来，在认真分析和全面把握我国现阶段的基本特征的基础上，提出了一系列新的发展理念和执政思路。这些都是根据中国现实状况和基本国情而提出的更加全面、科学、实际的战略任务，指导着中国特色社会主义不断迈向新征程。

从改革开放以来历届党代会的报告中，我们清楚地看到其中蕴含着十分丰富的辩证法思想。如要求我们不断学习马克思主义的世界观、方法论，坚持用全面的、发展的思维看问题，尊重客观实际和发挥人的主观能动性，将矛盾的对立性和同一性结合起来；要将中央和地方的关系统筹起来，个人利益和集体利益的关系统筹起来，局部利益和整体利益的关系统筹起来，当前利益和长远利益的关系统筹起来，国内和国际的大局关系统筹起来；要更好地发挥市场在资源配置中的决定性作用和更好地发挥国家宏观调控的作用等。坚持和运用马克思主义的辩证法思想，去分析国情、尊重国情，就能制定出符合客观实际的路线、方针和政策，更加增强道路自信、理论自信、制度自信，推动中国特色社会主义建设不断向前。

（4）坚持以实践为检验标准

实践出真知，正确的认识是从主观见之于客观的实践中获得的。正是在改革开放和现代化建设实践中，中国共产党在基本国情问题上获得了正确的认识，在实践中发展、检验了这种认识，并用不断发展的、符合中国实情的正确国情观指导中国的实践，从而取得了一个又一个的伟大胜利。

马克思主义是根植于实践并在实践中不断发展的科学理论体系，这种实践是以人民群众为主体的实践，离开了人民群众的实践活动，则将一事无成。在马克思主义的指导下，中国共产党从不同时期的社会现实出发，客观分析现状，确定社会性质，抓住主要矛盾，并以人民的利益为最高利益，为人民大众谋取利益和幸福，获得了人民群众的真心拥护和支持。这是中国共产党在以人民群众为主体的实践活动中取得胜利的最雄厚基础。

以人民群众为主体的实践活动，是中国特色社会主义建设事业的基本活动。实践是检验认识的标准，也是检验路线、方针、政策的标准，而用实践去检验其正确与否，最终要看实践的结果如何，要看是否有利于发展了社会主义社会的生产力、有利于增强了社会主义国家的综合国力、有利于提高了人民的生活水平，最根本的是看人民群众满意不满意、拥护不拥护、赞成不赞成。正是循着这条马克思主义认识论的路线，中国共产党在改革开放和现代化建设的历史进程中，紧紧地依靠人民群众，坚持从人民的利益和愿望出发制定和实施政策，始终代表人民群众的根本利益，才经受住了各种考验，不断破浪前行。

当今社会，中国共产党仍然面临着一个重要的课题，这就是如何清楚认识和不断解决我们在发展过程中遇到一个又一个新问题。现在我们遇到的问题，有的是过去的老问题，有些是我们还正在解决的问题，有些是新出现的问题，但是最多的还是新出现的问题。世界不断发展，新的问题不断出现，而有些问题可能是我们不熟悉的。这些问题的出现，基本上都是因为世情、国情和党情的变化而引起的。因此，不断认识新问题，及时解决新矛盾，持续开创新局面，就必须始终把握基本国情，坚持党的基本路线，牢牢掌握兴国要务，不断完善提高自我，这也是破解难题、立于不败之地的重要基本点。

我们现在处于并将长期处于社会主义初级阶段的科学定位，说明我们对这一阶段的矛盾、状况、发展以及其规律等还有很多知之不多、不深的方面。我们的诸多方针、政策还有待于进一步完善，应该随着实践的不断发展，在实践中经受检验，然后不断修正、补充。我们不能让教条主义束缚了自己的手脚停滞不前，也不能将实践中取得良好效果的理论、政策当作完美的东西而沾沾自喜。因此必须在理论探讨方面坚持百家争鸣，在社会发展的实践中不断鼓励开拓与探索。也正是在最广大人民群众实践过程中检验并发展了党对中国国情的基本判断，检验并发展了党对社会现状和主要任务的分析，才使得我们党无往而不胜，这也是我们党在改革开放以来四十多年的考验中总结出来的最重要的一条。

（5）坚持与时俱进的理论品质

马克思主义哲学认为，整个世界都处在普遍联系当中，没有孤立存在的事物，而且一切事物都处于永不停息的运动、变化和发展当中，整个世界都处在永恒变化和无限发展当中。这就要求我们认真把握事物的客观联系，坚持用联系的和发展的观点想问题、办事情，在认识和把握国情的问题上，就是要用与时俱进的思维去分析和认识。因为具体国情是在运动着的实践活动中发展变化的，坚持与时俱进地深化对国情的认识，并用联系的发展的思维去制定路线、方针和政策，就能跟上发展变化的实践基础和外部环境。

国情好比是植物赖以生长的土壤，只有扎根国情的植物才能生根发芽，并开花结果。同时，国情也要随着经济社会的发展而呈现出不同的阶段性特征，而这种阶段性特征也正是与时俱进的国情观发展的前提条件。时代的发展，社会的进步，要求中国共产党对中国国情的分析必须坚持与时俱进。改革开放以来，中国社会主义建设事业取得举世瞩目的伟大成就，我们的生产力发展水平、综合国力和人民生活状况都发生着巨大的变化，这些新的巨大变化，必然不断丰富和发展着中国基本国情，党的国情思想也必须将这些变化吸收进来。

与时俱进是马克思主义最重要的理论品质，中国特色社会主义理论在实践中不断丰富和发展，就充分显示了这一理论品格。党的十二大提出"建设有中国特色社会主义"这一概念和一系列科学观点，在党的十三大上归纳出12条理论观点，党的十三届七中全会将"建设有中国特色社会主义"理论概括为12条基本原则。江泽民在庆祝中国共产党成立七十周年大会上的讲话中阐述了建设有中国特色社会主义的经济、政治和文化方面的主要内容。党的十四大报告对建设有中国特色社会主义作了9个方面的科学概括和总结。"建设中国特色社会主义"理论的不断发展，显示了这一符合中国基本国情的理论具有强大的生命力，也显示了党和国家的事业的蓬勃生机。

对中国国情了解和掌握多少，尤其是对变化发展着的中国国情了解和掌握多少，影响甚至决定着党领导的中国特色社会主义事业的发展。对中国国情的了解越多，对中国国情的掌握越全面，我们在前进中出现的失误就越少。中国社会现在正处于瞬息万变和飞快速发展的阶段，对中国共产党提出了新的更高的要求。如果不能与时俱进地把握中国国情，就会导致宏观决策出现失误，导致中国特色社会主义事业出现曲折。我们曾有过这方面的挫折，必须避免重蹈覆辙。

中国共产党人在社会主义道路上，对国情的正确认识不可能一劳永逸，也不可能穷其究竟。从基本国情出发推进中国社会主义建设，与时俱进地促进马克思主义中国化发展，这是中国共产党人的历久弥新的重大课题。虽然中国还将面临各种复杂的困境，但是百川东流终到海，中国共产党人正在不可逆转的党的伟大事业的征程中更加成熟、更加稳健地阔步向前。

2. 经验启示

改革开放以来，中国共产党在继续探索中国社会主义建设道路新的历史进程中，坚持以马克思主义为指导，坚持对国情认识的基本遵循，筑牢马克思主义中国化的基石，发展中国社会主义建设事业的关键环节，制定路线方针政策的基本依据，实现中华民族伟大复兴的重要前提，都是中国共产党在国情观方面创造和积累的十分宝贵的经验和启示。

（1）筑牢马克思主义中国化的基石

一部中国共产党革命、建设、改革开放的历史就是一部把马克思主义普遍原理和中国的具体实际相结合，即马克思主义中国化的历史。中国共产党从无到有，从年幼走向成熟，从小到大，经历失败、成功、再失败、再成功的曲折探索，最大的一个命题就是探索马克思主义中国化的正确道路。

马克思主义在与中国相结合的过程中，首先必须注意的就是正确认清和把握基本国情，尤其必须十分注意中国的特殊国情。中国社会的性质是半殖民地半封建社会，而革命的方法是无法在马克思的著作当中找到直接答案的，这就要求中国共产党人根据中国的特殊国情，熟练掌握马克思列宁主义的基本原理来解决中国的具体实践问题。新民主主义理论就是毛泽东等共产党人创造的、非常具有中国特色的革命理论。这一理论全面回答了中国社会的革命性质、革命前途、革命力量、革命道路、革命对象、革命步骤等中国特殊的情况，成功实现了马克思主义的中国化，也成功地实现了中国革命的胜利。

客观而全面地分析国情，是中国共产党找到中国革命、建设、改革开放道路的基本依据，忽略或者错判国情则是导致中国共产党事业受挫的必然因素。中国共产党人在探索适合中国不同时期的道路时，注重将中国的特殊国情作为制定各项路线、方针、政策和方法的出发点和依据，也正是因为认清了中国特殊的国情，把握了中国在各个发展阶段上的主要矛盾，才能够较为顺利地在实现党在不同阶段的奋斗目标和主要任务。

对如何推进"马克思主义中国化"的问题上，毛泽东特别强调，实现马克思主义中国化，就是要使马克思主义具有中国作风和中国气派，最主要就是为了解决中国的具体问题。

马克思主义中国化在中国产生了两次历史性飞跃，第一次是在党的七大上将毛泽东思想确立为全党的重要指导思想。中国如何实现革命的胜利，并对社会主义建设事业作了初步的探索，它回答了什么是马克思主义、怎样对待马克思主义的问题。马克思主义中国化的第二次历史性飞跃是中国特色社会主义理论体系的形成。它在新的时代条件下回答了重大问题。其精髓就是解放思想，实事求是，与时俱进，求真务实。这两次马克思主义中国化的历史性飞跃所产生的两大理论成果，是党和人民集体智慧的结晶，它们既一脉相承又与时俱进。第一次历史性飞跃是第二次历史性飞跃的前提和基础，而第二次历史性飞跃则是第一次历史性飞跃的继承和创新，两次历史性飞跃共同推进了中国各项事业的进步和发展。

从国情出发，走自己的路，这是中国革命、建设、改革开放事业的立足点和出发点。国情是根，国情是源，中国共产党成立九十多年的历史揭示了一条规律：从中国共产党的成立到新民主主义革命的胜利，从社会主义建设的起步到改革开放顺利进行，中国共产党领导中国各族人民进行着的伟大事业，都必须要学会正确认识中国国情，都必须从中国的实际出发，坚持走自己的道路。实践已经证明，坚持这条规律，走适合中国国情的道路，党的事业就能够发展壮大，就能够胜利前行；违背这条规律，离开中国国情的道路，党的事业则会受到挫折，就会则遭遇失败。

（2）发展中国特色社会主义的关键环节

任何一种国情观，都是在一定价值判断和思维方式基础之上得出的认识。只有科学的理论作为指导，才有可能成为正确的国情观。改革开放以来，中国共产党人形成的国情观之所以是科学的，是因为它既坚持了马克思列宁主义的基本原理，又非常重视中国的具体实际，并依据基本国情，坚定走中国特色社会主义道路。这条道路既坚持了科学社会主义的基本原则，又具有十分鲜明的中国特色。"中国特色"体现的正是中国特殊的具体情况。改革开放以来的发展历史证明，坚持走中国特色社会主义道路，完善中国特色社会主义理论，坚定中国特色社会主义制度，这是对中国国情的科学分析和深刻把握基础上作出的正确抉择。正如胡锦涛在纪念党的十一届三中全会召开30周年大会上指出的那样：走自己的路，建设有中国特色社会主义，也成为中国共产党在社会主义初级阶段一以贯之坚持的内核。

作出"我国正处于并将长期处于社会主义初级阶段"的科学判断，是改革开放以来的四十多年间，中国共产党在国情观问题上取得的最重要的理论成果，并贯穿于这一历史过程的始终。这是对中国国情科学内涵概括的两个基本方面。深刻把握这两个方面的科学内涵，就可能避免在路线、方针、政策问题出现片面性，以至于犯"左"和右的错误。正是根据这一基本国情，才制定出了党在社会主义初级阶段"一个中心，两个基本点"的基本路线；也正是根据这一基本国情，才提出了建设有中国特色社会主义理论的主要内容。科学认识、准确把握社会主义初级阶段的基本国情，是中国面对纷繁复杂的国际国内环境和任务的重要前提，也是不断推进中国特色社会主义事业发展的现实基础，离开这个前提和基础，就将偏离方向。

方向决定道路，道路决定命运。我们自己的路，就是中国特色社会主义道路。这条道路，是中国共产党带领中国人民历经千辛万苦、付出巨大代价开辟出来的，是被实践证明了的符合中国的特殊国情、顺应时代发展的正确道路。坚持和发展中国特色社会主义是一项长期的艰巨任务，必须坚定理想信念，与时俱进的发展中国特色社会主义，努力实现全面建成小康社会的目标，为实现中华民族伟大复兴而奋斗。

（3）制定路线、方针和政策的基本依据

中国共产党领导的中国特色社会主义事业能否取得成功，关键在于党的指导思想是否正确。而党的指导思想，党的理论、路线、方针、政策是否正确，最根本的在于是否能够坚持把马克思主义基本原理与中国实际情况结合起来，是否能够坚持正确的国情观，并以此作为制定路线、方针和政策的基本依据。

毛泽东曾经对中国国情与正确路线、方针和政策的关系作过概括，从中我们可以得知：从中国的国情出发，是中国共产党制定路线、方针和政策的客观基础。中国共产党从成立之初起就十分注重国情因素在制定路线、方针和政策方面的重要作用。

我国具有非常特殊的国情，面临的问题也较为复杂，制定的政策措施必须符合我国的国情才可以有效地付诸实施，才可能取得良好的效果。中国共产党制定的路线、方针和政策不仅要考虑经济发展，还应考虑社会效益，不仅要统筹国内情形，而且要统筹国外局势，不仅要立足当前，而且要面向未来。同时，中国又是一个人口众多、人均收入水平较低的发展中国家。所以在对国情的把握上更要全面思考，统筹兼顾。实践证明，制定和实施党的路线、方针和政策，必须着眼于社会主义初级阶段的基本国情，一切超越初级阶段的政策措施都无法落地，一切停滞落后于初级阶段的政策措施也会因为不符合国情无法取得预期效果。

社会主义初级阶段的基本国情是党和国家全部工作的出发点，它是制定一切路线、方针、政策的客观依据。从党的十三大到十八大的历届党代会，社会主义初级阶段这一基本国情就成为中国共产党的坚决遵循。认清社会主义初级阶段的基本国情，就能使我们懂得既不能妄自菲薄，也不要妄自尊大，使我们一方面对所处的历史阶段愈加清楚，奋斗目标愈加具体，另一方面对中国特色社会主义的方向愈加明确，信念愈加坚定；既要看到了我国发展环境面临诸多矛盾叠加和风险隐患增多等严峻挑战，同时更看到了我国发展仍处于可以大有可为的重要战略机遇期。这就要求我们必须深刻把握重要战略机遇期内涵的深刻变化，更加有效应对风险和挑战，集中力量办好自己的事，开辟发展的新境界；而且也只有科学把握中国的具体国情，才能坚定中国特色社会主义的道路自信、理论自信和制度自信。

（4）实现中华民族伟大复兴中国梦的重要前提

站在新的历史起点上，中国共产党提出了全面建成小康社会，实现中华民族伟大复兴中国梦的战略部署。中国梦是中国人民为之不懈奋斗的坚定理想信念，实现中华民族伟大复兴，意味着中华民族古代曾经有过辉煌的盛世，意味着中华民族也曾经遭遇过屈辱和蹂躏，有过没落和衰退，意味着中华民族今天的落后局面还没有得到彻底改善，还体现了中国共产党紧密团结和依靠全国各族人民为实现这一伟大梦想的坚定决心和巨大勇气。实现伟大复兴的中国梦，必须立足我们仍处于并将长期处于社会主义初级阶段的基本国情不动摇。

理解社会主义初级阶段的基本国情，最为重要的一点即我们已经是社会主义，但是我们的社会主义还是不发达的、不够格的社会主义。改革开放以来，人民生活达到总体的小康还是低水平的、不全面、不平衡的。中国梦的实现必须以初级阶段的国情为依据，避免出现盲目乐观的情形。

党的十八大报告将我国的国情概括为"三个没有变",这一定位是实事求是的,是从实际出发的,也表明实现中华民族伟大复兴的中国梦任重而道远,需要全国一代又一代人为此不懈奋斗。实现中国梦不是空中楼阁,不是虚假的表象,是真情实景,也是可感可触可知的。实际上,实现中华民族的伟大复兴正是体现在老百姓所关心的每一件具体的事情上,体现在中国共产党为此目标而奋斗的实际行动上。我们现在正在进行的实现中国梦的伟大实践,不是轻而易举之事,而是需要经过数代人的艰苦奋斗。要清醒认识我们国家虽然经济总量已位居世界第二,但人均收入还处于低水平,还存在人口基数大、底子薄、生产力落后、生态恶化、周边环境紧张等诸多因素的制约,这就更需要我们更加客观地认识国情、更加主动地立足国情,聚精会神搞建设,一心一意谋发展,脚踏实地推进进行社会主义建设,为实现中华民族的伟大中国梦积蓄力量、提供支持、创造条件、打好基础。空谈误国,实干兴邦,梦想需要实干才能实现。2013年3月,习近平在莫斯科国际关系学院演讲时指出:"'鞋子合不合脚,自己穿了才知道'。一个国家的道路合不合适,只有这个国家的人民才最有发言权。"①坚持实事求是、求真务实,基础是清醒认识和准确把握我国社会主义初级阶段的新情况、新变化,努力做到既尽力而为又量力而行,推动我国经济社会又好又快发展;关键在于不断探索并掌握事物发展规律,办事情、抓工作、作决策、谋发展,都要努力认清规律、遵循事物发展规律,才能真正使我们掌握工作的主动权,保证改革发展取得新的胜利;根本是树立正确的事业观、工作观和政绩观,引导人们为生产力进步和社会发展奉献智慧和力量,推动人类社会不断进步。当代中国人正确的事业观、工作观和政绩观,从根本上说就是建设中国特色社会主义,就是为实现中华民族伟大复兴而奋斗;具体来说,就是勇于开拓创新,在自己的本职工作中取得更大成绩。

在新的历史起点上,党和国家面临着新的机遇和挑战,中国共产党必须肩负起新的历史使命。习近平提出的实现中华民族伟大复兴的中国梦,是一项极其光荣而艰巨的任务,是一项全方位、立体性和动态性的系统工

---

① 习近平.顺应时代前进潮流 促进世界和平发展——在莫斯科国际关系学院的演讲[N].人民日报,2013-03-24.

程。在实现这一伟大梦想的征程上，坚定不移地坚持走中国特色社会主义道路，认清中国的基本国情和具体国情，正视中国的主要矛盾和具体矛盾，坚持党在社会主义初级阶段的基本路线，不断增强中国特色社会主义的道路自信、理论自信和制度自信。要坚持走中国道路，即中国特色社会主义道路；要坚持弘扬中国精神，即以爱国主义为核心的民族精神和以改革创新为核心的时代精神；要凝聚中国力量，即中国各族人民大团结的力量，人民期盼的强国之梦、复兴之梦和幸福之梦一定能够早日实现。

二、当前大学生国情教育现状分析

党的十一届三中全会召开之后，我国的社会主义建设事业逐步走上了健康发展之路，大学生国情教育也恢复了正常发展。随着改革开放的进一步深化，在党和国家的政策支持，各大高校、师生的共同努力下，我国的大学生国情教育得到进一步发展，取得了不错成绩。但是在取得成绩的同时，我们也不能忽视大学生国情教育中存在的问题和不足，这些问题既限制了国情教育的深入开展和大学生的健康成长，又在一定程度上制约了社会主义事业的蓬勃发展。因此，必须正视大学生国情教育中存在的问题，分析产生问题的深层次原因，最终找到解决对策。

（一）大学生国情教育现状

国情教育的实质就是通过各种教育途径、方法和手段，使受教育者在充分认识和了解国家历史和现实的具体情况基础上，分析国情并总结经验，来具体指导自己的实际行动，做到与中国国情相结合，更好地为社会主义和谐社会的建设作出贡献。2004年中共中央、国务院下发的《关于进一步加强和改进大学生思想政治教育的意见》指出，要积极开展基本国情和形势政策教育。在这种思想的指引下，全国各高校加大了开展基本国情教育的力度，取得了不错的成绩。可以说，当前，我国大学生国情教育从总体上来说是好的，但是大学生的国情观现状不容乐观，国情教育中也存在一些不容忽视且亟待解决的突出问题。

1.高校普遍重视国情教育，但没有达到预期效果

从高校开展国情教育的历史进程中的经验来看，国情教育一直都是高

校思想政治教育工作的重要内容。党中央也都一直重视国情教育的开展。尤其在党的十一届三中全会之后，邓小平就重申我国底子薄、人口多、生产力落后，这是中国的现实国情，并在思想理论教育问题上，指出十年最大的失误是教育。在随后的教育改革中逐步加强了思想政治教育，比如"85方案""98方案""05方案"等教育改革方案的相继实施；《爱国主义教育实施纲要》《关于进一步加强和改进大学生思想政治教育的意见》等文件的相继颁布、印发，都为大学生国情教育指明了方向。特别是近几年来，国情教育的良好校园氛围正在营造和优化。我国高校对国情教育的重视程度日益提高。不少学校经过积极探索，已经初步形成了一套规范制度，建立了一批爱国主义教育基地，比如甘肃爱国主义教育基地的建设，并不断探索颇具时代特色的崭新的国情教育模式。因此，高校国情教育已经取得了较大进步。

然而，高校国情教育并没有达到预期效果，尤其是课堂教学效果一直不够理想。我国高校国情教育的主要方式是相关内容的课堂教育，包括马克思主义基本原理和思想品德课（即"两课"教育）、"中国近现代史纲要"以及"形势与政策"等，这些课程通过教学活动来组织实施并有计划地从各个角度和方面贯穿国情教育。思想政治理论课对学生进行建设中国特色社会主义理论的教育，要求学生通过学习和思考，把对国情的认识上升为爱国热情，塑造出高尚的道德品质和正确的政治观念，激发大学生积极参与国家大事的政治热情，增强其忧患意识和社会责任感，坚定其建设中国特色社会主义的信心和决心。但是，这些课程理论体系庞大，内容广博、深奥，不仅涉及哲学，还涉及政治、经济、文化等多领域。目前，这种通过国情教育的相关课程的课堂教学效果并不理想。部分大学生认为思想政治理论课不是主干课程，学习成绩对于未来找工作的价值、意义不大，因此学生的学习兴趣不高。

另外，高校国情教育的内容随着时代的发展和社会的进步而不断更新和完善。改革开放以来，在我国特色社会主义现代化进程中，学术界和社会中不断涌现出新理论、新观点，但是学校教材仍然是马克思主义等理论知识，教材与现实之间存在着一定差异。并且有些授课教师不能紧跟时代发展，不断补充自己的理论知识和实践观点，及时向学生阐述基本国情的新问题、新情况，更不能贴近大学生生活，贴近学生的思想和实际，也就导致大学生不能全面、科学地了解我国基本国情。

2.国情教育形式多样，但有些过于形式化

高校开展国情教育的形式多样。首先是课堂教育。马克思主义基本原理和思想品德课、"形势与政策"和"中国近现代史纲要"是高校开展国情教育的主渠道。在课程中，涉及很多方面的国情知识，比如历史、政治、经济、社会、文化等诸多领域。教师通过一定的教育方法和手段不仅可以向学生传递国情知识，还可以培养大学生依据国情来提高分析、判断能力等。其次是利用课外活动的形式来渗透国情教育。比如学校党、团组织、学生社团开办讲座、报告或组织学生们观看相关内容的纪录片、影片或是参观展览等方式开展国情教育。再次，高校经常通过报刊、展板、广播、宣传栏等方式来开展国情教育。例如结合"十一"等重要节日的庆祝活动，对大学生进行革命传统、"两史一情"、爱国主义和改革开放巨大成就等教育。另外，高校也通过社会实践开展国情教育。大多数大学生积极参加社团活动，走出校园，参加课外、校外的实践活动，深入到工矿、农村等基层第一线，在与基层民众的直接交往、接触中，掌握我国国情最直观的资料，有利于大学生认识社会，思考国情。

在开展各种形式的教育教学活动时，有些高校只为完成教育教学任务、形式化现象严重。比如，在"形势与政策"课中，由于有些专题备课量很大，加之需要相应的跨学科专业来辅助和支撑，导致任课教师难以把握，所以，在一次课程中很容易变成单纯国情材料的堆积，难以使大学生对问题作深入的理解和剖析，致使课程形式化。再比如，某高校组织大学生深入农村开展国情教育的社会实践活动中，一些学生通过调查问卷或与农民交流，来了解农村基层需求和实际情况。但是，仍有很多学生把社会实践当成游玩，将社会实践的目的扔在一边。因为他们认为学校对寒暑假实践活动要求不太严格，而且网络中有很多现成的资料和信息，可以很容易地完成学校布置的社会实践作业。笔者了解到，应付对待社会实践活动的学生有很多，而且大多数学校也没有制定详细的社会实践考评制度。有些高校也没有对国情教育给予足够的重视，比如既没有相应的宣传和动员，又乐观地、过高地估计了学生们的自觉性和行动力。另外，也有的高校不是通过社会实践来进行国情教育,而只是把社会实践当成是一种参考标准,如当成是评优、保研等工作的重要参考指标,这样就使很多学生为了获得一个荣誉而参加社会实践,也根本没有起到在社会实践中深入了解国情、磨炼意志、增强社会实践能力的作用。

3.国情教育内容多,但缺乏系统性

目前,国情教育没有教学大纲要求,没有固定的教材,国情教育的内容也处在材料堆积的状态,比如一说到国情教育内容,就会马上想到各种数据的统计和调查资料,一些国情的概括性特点及其描述等,使得国情教育内容的层次特征不鲜明。

纵观我国不同阶段的教育,不难发现,我国国情教育的内容没有相应地拉开差距。中小学国情教育的内容主要体现在各学科的教育教学中,包括地理、历史、政治等,内容多是一般国情知识的普及和感性材料的铺陈,而且往往十几年不变。直至在大学的"两课"教学中也不难看出,在国情教育内容的思想内涵上没能及时地向深层次发展,基本上也在重复中学阶段的教育内容,只是在形式上进行了新的包装。在高校各专业课程中渗透国情教育时,几乎是靠相关任课教师自行决定,这就会导致有的教师讲得多,有的教师讲得少;有些内容讲得多,有的内容讲得少;同一问题不同教师的观点不一样等。另外,对于高校大学生来说,他们需要对国情进行全面、科学、系统和综合的了解,需要掌握对国情的分析和判断能力的培养,而不单纯是国情知识的背诵和简单了解。

因此,国情教育的内容层次性不强导致大学生对国情知识的把握比较片面或混乱,同时失去了学习的主动性。这样也就很容易使大学生认为国情教育已经形式化了,更是很难把国情知识通过内化上升为自己的思想觉悟,更是难以外化到实际行动中去。

4.国情教育目标明确,但现实性不强

高校国情教育目标是将国情知识、国家观念内化为个人的价值观念、政治和思想觉悟,并使之通过社会实践活动和具体工作外化为自觉的、有利于社会需要和国家发展的行为和表现,从而达到爱国情感、国家意识和爱国行为的统一。也就是说,在高校国情教育过程中,受教育者要完成内化的过程,并能够最大限度地外化。但通常情况下,大学生自我教育、渗透教育和灌输教育等方法，使国情教育做到部分内化，或者说不能够完全外化，即国情教育目标的现实性不强。

高校国情教育往往忽视情感的培养、意志的磨炼和行为的养成。我国以思想政治理论课为主渠道的高校国情教育十分注重学术理论的学习，仍然偏重知识性内容的掌握，目标评估中也以试卷考查的结果为准。这就使学生的国情认知、社会意识、国家情感和爱国行为在方向和水平上的发展极不平衡、不协调，甚至出现不一致、思想矛盾的问题。比如在大学生就业指导课中，辅导员、教师们通常在给学生们讲解当前的就业形势、就业背景时，都会谈到近10年来我国大学毕业生逐年增加、初次就业率逐年下降等现实情况，但通过几节课、几个背景知识想转变大学生的就业方向，改变对工作地点、薪水等的选择标准则收效甚微。由此可见，虽然他们对这些国情问题表示理解，但是还做不到治学和修身的统一、知与行的统一。大学生们还是按照自己的标准和爱好去做选择，不会考虑和顾及他们所学到的任何理论知识，即大学生的知行不能统一、有热情而无常性、表里不一等，从而极大地影响高校基本国情教育的实效性。

（二）大学生国情教育存在的问题

1.大学生的国情观存在问题

当前大学生在国情认识上存在一些突出问题，他们的国情观不真实、不科学，不能正确地、全面系统地、辩证发展地看待我国的国情，认识水平还停留在几年前的书本上。归结起来，当前大学生的国情观主要存在以下问题。

一是关注度低，国情意识淡漠。事不关己高高挂起，对国事时事漠不关心。青年大学生考虑问题往往是以自我为中心的，过分强调个体价值与注重物质利益，不能按照民族和国家发展要求作出牺牲和奉献。忘记了有国才有家，个人的发展也离不开国家的大环境。

二是缺乏正确认知，国情观错误。错误的国情观主要有以下几种。第一，国情观虚假、扭曲，主观认识脱离客观实际。大学生受所学知识和获取信息途径的限制，得到的国情认识不够全面甚至有些虚假信息，这就造成了对国情认识不清，不能正确地看待社会矛盾和问题。有些学生秉持教条主义、本本主义，不睁开眼睛看看现实情况，不从实际出发，道听途说，犯了主观主义的错误。第二，国情观静止、僵化，拿老眼光去看待现在的新问题。例如，我国现在的综合国力已经跃居世界第二位，成为世界第二大经济体，在国际舞台上扮演着越来越重要的角色，不再是过去所说的人口多底子薄、生产力发展低层次、不发达的那种情况了。时过境迁，国家早已发生了翻天覆地的变化，可有些同学还停留在几十年前的认识水平上。第三，国情观片面、单一，只看某一方面，不能全面地、系统地、整体性地看问题。要么只看到当前国家社会存在的问题和矛盾，却对改革开放以来取得的伟大成绩视而不见，看不到希望和未来，感觉前途无望，对国家过于悲观；要么只看成绩，盲目乐观。第四，国情观浮于表面，不能透过现象看本质，抓不住问题的本质。我国当前处于社会转型时期，大学生往往对我国在能源、资源、环境等方面存在的问题，诸如粗放型经济发展模式、供给侧结构改革问题、资源紧张、环境污染问题，当前房地产泡沫、医疗、教育不公平、贫富差距大等民生问题，不能全面、正确地认识，更缺乏深入的思考和分析。不理解国家的大政方针政策，看不清形势，看不到对国家发展面临的深层次问题和任务，对自己应当承担的历史使命认识不足。这就导致部分大学生空有满腔爱国热情，却被一些别有用心的人利用，做出了伤害国家、集体利益的事情。

三是认知和行为分离。在认识上，大学生能够意识到自己所肩负的历史重任，自觉地树立起远大的理想信念，并愿意为此付出艰辛的努力。但在具体实践中，他们在价值观念和价值选择上却有了明显的功利主义倾向。据有关调查数据显示，当代大学生对报效祖国、服务人民、奉献青春等价值观念上都给予了高度的认可，但在涉及就业、升学等个人切身利益时候往往就会又更多地去考虑个人利益的得与失。

2.国情教育保障机制缺乏

首先，高校用于开展国情教育的师资缺乏。一些高校由于经费短缺或专业课程负担重等原因，不能从人力（指高校国情教育工作队伍）、财力（指高校开展国情教育必需的经费）和物力（指高校国情教育实施必需的物质条件）等方面保证国情教育的开展，比如专业教师、辅导员队伍建设不健全，图书音像资料的配备不足，开展活动的设施建设不能落实，开展社会实践的资金有限等等，使得国情教育的开展困难重重。

其次，高校基本国情教育没有形成科学的管理体制。高校对国情教育相关课程管理形式多样，参与管理的部门多，分工不明确，责任分散于公共课教学、学生处工作和团、党委宣传等部门。随着教育体制改革的深入，全国高校学生的数量在不断增加，而主抓学生思想政治工作的领导干部，尤其是位于最基层的政工干部和教师人数很少，甚至有减无增，使得相当一部分人感到力不从心，达不到教学、管理的效果，从而容易造成重视不够、管理不到位、对国情教育缺乏保障的局面，影响国情教育的开展。例如：虽然中宣部、教育部要求高校开设"形势与政策"必修课，也要求"学校党政领导、学生辅导员和班主任、思想政治理论课教师、哲学社会科学相关学科的教师"参与教育教学，甚至要求"要把形势与政策课作为重点课程加强建设。"①但事实上，我们很少见到监督部门或组织机构对各个高校的实施、开展情况进行有效的督导。

再次，大学生国情教育的环境有待改善。影响大学生国情教育的环境主要包括校园环境、社会环境、家庭环境。在现代化进程中，全球化、市场化、信息化条件下，新媒体的兴起，使得大学生科学国情观培育的环境越来越复杂。例如，实用主义和功利主义泛滥，教师、家长和学生普遍更看重就业、前程，更重视学习专业技能知识，忽视了培育大学生科学的国情观。互联网和移动4G技术的广泛使用，拓宽了信息传播渠道，传递的国情信息鱼龙混杂、真假难辨。

最后，高校国情教育教学的评价考核机制不健全。考评是检查、监督，也是导向。开展高校国情教育考评工作，既可以对高校国情教育工作进行总结，也可以为高校国情教育工作的改进和加强提供建设性意见。但是，目前高校国情教育的考核工作多以考试的分数或是一次社会实践报告的优劣来给予评定，这具有很大的片面性，使得国情教育的内化和外化过程都没有得到有效的保障和考评。要进行全面考核也需要一个长期的跟踪过程，这也国情教育的考核工作带来不小的困难。总之，高校国情教育考核机制的不健全，对高校国情教育的实施效果如何，是否达到了预期的教育目的和效果，最终是否通过大学生的思想政治素质状况体现出来都不能

---

① 中共中央宣传部 教育部关于进一步加强高等学校学生形势与政策教育的通知_中华人民共和国教育部政府门户网站[EB/OL]．http://www.moe.gov.cn/srcsite/A13/moe_772/200411/t20041117_80567.html.

加以正确的评定。

3.国情内容变化快，国情教育内容更新较慢

国情是指一个国家的客观实际情况和特点。它是一个动态概念，在不同历史发展时期，国情是有变化的；它也是一个综合概念，包含着丰富的内容，比如：自然地理环境、文化历史传统、经济发展状况、政治状况和社会状况等的基本情况和特点。研究国情的学科，主要是国情学。国情教育不同于国情学，它不研究国情的一般规律，而是针对某个国家的具体情况，引导人们正确理解国家现实的思想政治教育活动。因此，国情教育的内容不是国情的一般理论，而是具体国情的现实分析。所以，国情教育的内容是极为丰富的，包括自然国情教育和人文国情教育，其中自然国情包括自然资源、地理环境和人口状况等方面教育；人文国情涉及国家历史、政治、经济、文化等诸多领域的教育。

在高校国情教育中，自然国情教育内容较少，主要以人文国情教育为主。自然国情内容主要集中在中小学的地理历史课程中，并且自然国情相对比较稳定，所以大学生已经能把其作为常识牢牢掌握。但从历史演进的角度来看，人文国情教育内容是不断发展变化的。比如，国家统计局发布的2019年国民经济和社会发展统计公报初步核算，全年国内生产总值990865亿元，比上年增长6.1%。其中，第一产业增加值70467亿元，增长3.1%；第二产业增加值386165亿元，增长5.7%；第三产业增加值534233亿元，增长6.9%。第一产业增加值占国内生产总值比重为7.1%，第二产业增加值比重为39.0%，第三产业增加值比重为53.9%。全年最终消费支出对国内生产总值增长的贡献率为57.8%，资本形成总额的贡献率为31.2%，货物和服务净出口的贡献率为11.0%。人均国内生产总值70892元，比上年增长5.7%。国民总收入988458亿元，比上年增长6.2%。全国万元国内生产总值能耗比上年下降2.6%。全员劳动生产率为115009元/人，比上年提高6.2%。[①]类似如此经常变化的内容在相关教材的中不能得到及时的更新、补充和说明。另外，有的教师习惯使用原有的教材而不愿意更换新的教材，这些因素的影响都导致高校国情教育的内容层次性和时代感不强，学生们

---

① 国家统计局发布2019年国民经济和社会发展统计公报[EB/OL]. https://www.360kuai.com/pc/90d295cf3ed4aae2d?cota=4&kuai_so=1&sign=360_7bc3b157&refer_scene=so_55.

对此颇有微词,有学生甚至说"还不如自己上网学习,得到的信息是最新的、直接的",使得高校国情教育更显得形式化。

(三)影响大学生国情教育的原因分析

目前,全员育人的思想还未深入人们的内心,社会上普遍认为国情教育只仅仅是少数人的事。学校、家庭与社会的教育沟通机制还未建立,各个教育主体之间的分工尚不明确,权责不明晰,不能很好地配合着学校的教育,使得各方面的教育力量显得松散,不能形成有效的合力。归结起来,造成大学生国情教育实效性差的原因主要在于,高校在大学生国情教育中的主体作用没有充分发挥,家庭教育忽视了对大学生国情观的培育,不良的社会环境及大众传媒的负面影响,大学生自身的特点在一定程度上也弱化了国情教育。

1.高校在国情教育中的作用不明显

国情教育是培育大学生科学国情观的最主要途径。高校在大学生国情教育中发挥着主阵地作用,但是由于人力、物力、财力等条件的限制,显得心有余而力不足,严重影响了国情观培育的实效性。

首先,对大学生的国情观培育普遍重视不够。高校的国情教育主要以学科教学为主,缺乏具体的国情教育指导纲要。高校没有开设专门的国情课程,目前,只有清华大学国情研究所的胡鞍钢教授面对本科生开设了国情课。更多高校采取的是把国情教育融合到思想政治理论课程里,开展形势与政策教育,而思想政治理论课的教学效果不佳,实效性不强。同时,也没有建立起一支专门的国情教育师资队伍。

其次,教学内容相对滞后。大学生国情教育主要侧重于历史国情、现实国情和人文国情、比较国情等几个方面,而除了历史国情相对稳定,现实国情和人文国情、比较国情都经常处在不断发展变化之中,尤其当前面临日新月异的发展趋势,这种变化更为显著。国情内容变化快,而国情观培育的内容却没有随着社会的发展和学生的思想实际及时更新,适合学生生理心理特点、满足学生个体成长发展需求而又具有针对性的内容相对较少,更多的是进行了内容的理想化设计。没有做到与现实社会的紧密结合,没有及时地补充更新大学生国情观形成中的实际热点问题,造成了理论与学生的实际情况不符,与时俱进的理论不能及时武装学生头脑,从而削弱了国情观培育的针对性和实效性。

高校国情教育内容陈旧落后是导致高校国情教育有效性降低的原因之一。社会存在决定社会意识,不断变化发展着的国情也决定着国情教育的内容要进行不断的、及时的更新,以适应教育大学生的需求。加强对高校大学生国情教育,就必须要结合时代发展背景,注重对教育内容的及时更新与调整,这是进行国情教育的内在必然要求。

最后,教学方法过于机械、途径单一。法国近代著名哲学家笛卡尔(R. Descartes)说过:最有价值的知识是关于方法的学问。马克思曾指出:人是主体,客体是自然,人始终是主体。因此,人并不是机械被动地接受思想政治教育的客体,而应是思想政治教育活动的主体与创造者。每位大学生都是具有能动意识的个体,有着十分丰富的内心世界,因此,要做好当前大学生的国情教育工作,就需要在尊重大学生的主体性的前提下,结合大学生群体的特殊性,采取灵活的教育方式与方法,确保国情教育能收到良好效果。但是,当前的高校国情教育中普遍存在着培育方法机械、途径单一的问题,对新兴的教育媒介利用不充分,忽视了大学生的主体性与积极性,弱化了实际的教育效果。

2.家庭教育忽视国情教育

家庭教育是开展其他一切教育活动的基础,在大学生国情教育中具有基础性的地位。家庭教育与学校教育相比,具有潜移默化、影响深远的优势与特点。但如今,多数家庭忽视对学生进行国情教育。一方面,市场经济条件下,家长受功利主义和实用主义的影响,一切向钱看,经济利益至上,更热衷于让孩子出国、升官发财,比谁的孩子挣钱多,位高权重。现在的家长更注重培养孩子赚钱干事业的能力,忽视了孩子家国情怀的培育,忽视对孩子进行乡土乡情的培养。主要表现在,在孩子的教育方面,存在着严重的偏差与失误,过分看重学生的成绩,忽视了对人品的培养。在生活上,家长又过度地溺爱子女,舍不得让孩子吃苦、劳动,加之这一代多为独生子女,自小集万千宠爱于一身,物质生活条件充裕,导致这一代人缺乏艰苦奋斗精神,自私自利、缺乏感恩意识,缺乏为国家无私奉献牺牲的精神。例如,父母对孩子的成长成才给予厚望,希望孩子选择热门专业,进大城市,找好工作,父母以此为傲。这就造成了即使农村出身的大学生毕业了也不愿意回农村，一心向往大城市，不愿意回去建设自己的家乡。

另一方面，家长受自身文化素质、眼界思维的限制，本身漠视国情教育。加之在城市化过程中，原有的大家族被分解为一个个小家庭，家族的影响力越来越小。传统的祭祖等礼节和仪式也逐渐弱化，家长也不再注重培养孩子们浓厚的家族荣誉感、使命感。家长自身没有做好表率，忽视了对孩子进行国情教育和言传身教，忽视了潜移默化中对孩子的影响。例如，有些家长文化素质不高，不喜欢读书，不关注国家大事，不注重培育孩子科学的国情观，就对孩子的国情观养成带来了消极影响。

3.社会环境及大众传媒的不良影响

在经济全球化、市场经济条件下，价值思想多元化，拜金主义、利己主义、实用主义等观念在社会上盛行，西方资本主义国家的一些社会思潮大大冲击了我国社会主义意识形态，大众文化趋向庸俗化、低俗化、娱乐化，公民道德弱化和主流意识沦落，以及不良的文化环境和新闻舆论环境，都弱化了大学生国情教育的效果。

近年来信息技术迅速发展，网络为大众提供了广泛获取信息、汲取知识、提高素质的平台。一方面，大大拓宽了信息传播渠道，使得国情信息的传播更为方便、快捷。网络由于其交互性、迅捷性、共享性、平等性、隐蔽性等特点，已成为大学生群体获取国情信息的重要渠道。另一方面，由于网络媒体自身的局限性，加上监管不严，不加过滤，造成了国情信息庞杂、一些错误思潮和观点渗透其中、真假难辨。还有西方一些国家进行腐朽的文化、思想、价值观的渗透，别有用心地故意曲解事实，在网络、媒体上大肆散播虚假信息，隐匿事实真相。这严重污染了大学生科学国情观培育的环境，不利于大学生树立科学的国情观。而大学生信息鉴别能力有限、是非判断能力有限，不能够辨别真伪，很容易受到虚假信息的干扰、蛊惑，做出错误的价值判断和行为选择。

随着微博、QQ、微信等智能软件的推广应用，大学生成为大量信息的受众，大学生大都在拿着手机不断地刷微博、刷头条、刷朋友圈，由原来的主动看书、看报获取信息，变成被动地接收信息，由深度阅读变成浅阅读，对获取的信息不加甄别，难有深入的思考，难有自己的见地。此外，市场经济条件下，大众传播媒体为了追求经济利益，有关国情教育的读本、影视纪录片、报刊也较少。大学生由原来的埋头看书，变成现在的"低头族"，不占有丰富的感性材料，再缺乏分析鉴别加工的能力，对国情一知半解，难以形成科学的国情观。

4.大学生自身特点弱化教育效果

大学生的国情观，不仅受社会大环境的不良影响，高校和家庭教育中国情教育作用不明显，大学生的自身特点也弱化了教育效果。总的来讲，大学生自身存在的影响因素主要体现在如下三个方面。

第一，对国情缺乏认知主动性，对国情认识不全面。虽然现在传播国情信息的载体越来越丰富，渠道越来越宽，但是大学生更注重学习专业知识，漠视国情，较少关注国内外形势。大学生普遍觉得关注国情短期内得不到物质回报，不如学习专业课、英语、计算机更实用，也不如多考个证书更有用。

第二，心理素质不成熟，认知水平有限。大学生人均20岁左右，处于少年向成年过渡的阶段，心理从不成熟走向成熟，认知水平有限。大学生正处于世界观、人生观、价值观养成的关键时期，认知发展还不成熟，认识事物还不全面、不深刻。想问题、办事情还不成熟，不能全面、辩证地看待。当代大学生的知识面更宽，接受新事物快，学习能力也很强，思维活跃，但是心理素质不成熟，分析鉴别能力有限，也容易受到外界的诱导。

第三，政治思维臆想化。大学生政治经验和社会经验较少，不懂得从我国的现实国情出发，往往脱离现实条件，用一些过时的或者别国的政治观念、原理或自己臆想化的那套模式去看待中国的现实问题，评价改革，评价中国的社会问题，不能正视我国现阶段所取得的成绩和面临的问题，要么过于悲观，要么过于乐观，国情观表现出来较强的主观性和理想主义。

第四章

构建和完善大学生国情教育内容体系

> 思政课教师要有知识视野，除了具有马克思主义理论功底之外，还要广泛涉猎其他哲学社会科学以及自然科学的知识。要有宽广的国际视野。学生经常会把国外的事情同国内的情况联系起来，这个过程就会产生一些疑惑。学生的疑惑就是思政课要讲清楚的重点。要善于利用国内外的事实、案例、素材，在比较中回答学生的疑惑，既不封闭保守，也不崇洋媚外，引导学生全面客观认识当代中国、看待外部世界，善于在批判鉴别中明辨是非。还要有历史视野。历史是最好的老师。思政课教师的历史视野中，要有5000多年中华文明史，要有500多年世界社会主义史，要有中国人民近代以来170多年斗争史，要有中国共产党近100年的奋斗史，要有中华人民共和国70年的发展史，要有改革开放40多年的实践史，要有新时代中国特色社会主义取得的历史性成就、发生的历史性变革，通过生动、深入、具体的纵横比较，把一些道理讲明白、讲清楚。
>
> ——节选自习近平2019年3月18日在学校思想政治理论课教师座谈会上的讲话

一、加强基本国情教育内容

(一) 自然国情是国情教育的基础

自然国情即自然条件，包括人口状况、地理环境和自然资源。自然国情相对变化速度较慢，但它涉及历史国情、现实国情和比较国情的教育，所以自然国情教育是国情教育的基础。作为高校大学生应该对自然国情有较全面的了解。比如，人口国情教育应以人口问题为核心，涉及我国人口的数量、人口的素质和人口的结构以及人口与经济、社会、资源、环境的关系等方面。2019年人口普查结果显示，我国仍然是世界上人口最多的国家，人口多、底子薄，教育科技文化发展水平低，人均资源相对紧缺，经济社会发展不平衡，人均国民生产总值仍居世界后列是我国的基本国情。通过人口状况教育，能够帮助学生正确认识到我国在社会主义初级阶段中人口与发展的矛盾，既要看到新中国成立以来我国社会主义建设取得巨大成就、人民生活水平有了极大提高的一面，又要看到由于我国人口太多，人均国民生产总值仍居世界后列的一面，同时，让学生了解到我国文盲、半文盲人口多，人口平均文化程度低，受过高等教育的人口与总人口比例小的现实，积极培养学生的爱国主义情操，鼓励他们努力学习，将来为提高全民族的素质和祖国的建设作出自己的贡献。因此，树立正确人口观念和意识，能够正确认识我国自然国情。通过自然国情教育，为高校国情教育打下良好基础。

(二) 历史国情是国情教育的重点

历史国情即历史发展，包括社会发展的特殊规律和革命道路的历史选择。今天的国情是昨天国情发展和演变的结果，所以，历史是国情形成的前提，国情状况又是随着历史的发展而不断变化的过程。要进行国情教育，首先要进行历史教育，也就是要对我国国情形成的历史原因和过程进行教育，在此基础上，通过多种途径开展基本国情教育，使大学生去科学地认识和把握当今国情，这样才能去适应国情，并利用所学的专业知识有效地改造国情。邓小平一向很重视历史教育，指出："我们要用历史教育青年，教育人民。"①因此，国家历史教育是高校加强国情教育的重点。

在进行国家历史教育中，尤其要进行中国现代史教育和党史教育。通过对历史的深刻了解和认识，让大学生明白为什么我们要选择社会主义制度，而不是资本主义制度；为什么和怎样走中国特色社会主义道路，同时也要明白，我们还会经常遇见挫折和困难，受到各种情况的诱惑和干扰。此时我们要在认清历史脉络的基础上，借鉴和吸取他国的经验，坚持走适合自己的道路。

例如，在历史国情教育中可以使大学生深刻认识中国共产党的领导地位、革命评价问题和中国政党政治创制问题等。历史告诉我们，只有中国共产党才能担负起领导中国革命的历史重任。在寻找救国救民的真理和道路中，先后出现过许多政治实体，但最终大都退出了历史舞台。而在中国共产党的领导下，经过艰苦卓绝的斗争，终于推翻了"三座大山"，实现了中华民族的独立和人民的解放，把一个贫困交加、四分五裂的旧中国，变成了一个团结统一、前途光明的新中国。新中国成立以后，中国共产党领导人民建立起社会主义基本制度，开始了大规模的社会主义建设。党的十一届三中全会以来，党中央作出改革开放的战略决策，带领人民走出了一条中国特色社会主义的崭新道路，取得了举世瞩目的伟大成就。在长期领导中国革命、建设和改革的过程中，中国共产党确立和巩固了自己的领导地位，成为中国特色社会主义事业的领导核心。通过历史国情教育，大学生更应该看到，我们这样一个拥有14亿人口、国情十分复杂的大国，如果没有一个核心力量把全国人民组织、发动起来，实现现代化只能是一句空话，而只有中国共产党才能动员和组织全国人民为实现现代化的目标而共同奋斗。从国际上看，各国综合国力竞争日趋激烈，西方敌对势力加紧对我国实施西化、分化战略。从国内来看，改革进入攻坚阶段，长期积累的许多深层次矛盾日益凸显。面对各种各样的困难和挑战，我们必须坚定党的领导，加强党的建设，提高党的执政能力，巩固党的执政地位。

在国情教育中以历史教育为重点，也就是以历史教育牵动国情教育，寓国情教育于历史教育之中，最终提高大学生的思想政治觉悟，使其认识

---

① 邓小平文选（第3卷）[M]．北京：人民出版社，1993：206．

到中国走社会主义道路是历史的必然。

1.加强近现代史和党史教育

加强近现代史和党史教育能够帮助大学生认清中华民族选择社会主义道路、选择中国共产党领导的历史必然和社会主义建设的来之不易，有助于大学生继承和发扬党的历史上形成的红色精神，坚定中国特色社会主义共同理想，积极投入到建设社会主义中国中去，有效地提高国情教育的实效性。

（1）加强近现代史教育

近代中国因为封建、落后而遭受外敌长期入侵，饱经沧桑，在中国共产党的领导下，建立了新中国，才使中华民族重新站立起来，四十多年的改革开放使得中华民族走上了复兴道路。我们国家每一步发展和进步都经过了长期而艰苦的奋斗，只有认知历史才能不断增强凝聚力和战斗力，才能稳定发展。

随着全球化的日益深入，多元的思想文化相互激荡，各种社会思潮的传播，西方意识形态的渗透，对大学生的近现代史教育提出了新的更高的要求。在教育内容上，根据新时代大学生更加相信历史事实、对直接的主观的结论有一定抵触心理的认知特点，将丰富完善的、最新的近现代史资料和史实补充到大学生教材中来，用史实说话，将历史学研究中近现代部分的最新进展，包括解密的档案资料都及时补充到大学生的课堂，不给不良舆论或敌对势力提供可乘之机。在教育方式上，要与新时代大学生思想特点、生活方式和接收信息的模式接轨，创新教育的方式方法。利用好社会资源，进行全方位教育，如组织大学生参观历史博物馆；组织大学生中对历史感兴趣的同学成立相关社团，共同探索和研究历史，在同学中宣讲历史知识，将媒体制作的历史教育作品下载播放；建立相关微信公众号或引导大学生关注社会反响好的微信公众号；丰富各种出版物，除教材之外，像人物传记、某阶段历史、某事件历史等图书、音像资料都能使大学生从中学习和感知历史。

（2）加强党史特别是红色精神教育

加强党史教育有助于大学生深入理解中国特色社会主义道路是历史和人民的选择，加强党史中的红色精神教育，有助于大学生养成坚忍不拔的意志品质。

　　加强党史教育，有助于大学生了解党的奋斗历程，认清中国共产党的领导是历史的选择和社会发展的必然，引导和教育大学生深刻理解党在现阶段的路线、方针和政策，树立正确的社会主义政治理想。通过党史教育，让大学生认识到，中国共产党领导中国革命和建设的历史是马克思主义理论不断与中国实际情况相结合的历史，从而坚定走中国特色社会主义道路的信心。大学生要实现自己的远大抱负和人生价值，就必须投身党的事业。只有了解党的历史，才能懂得党的奋斗历程，才能体会到如今美好生活的来之不易，才能更好地融入党的事业，也才能更好地为党和人民的事业作出更大的贡献。

　　红色精神是中国共产党在带领中国人民探索社会主义道路的实践中所积累的宝贵精神财富，中国人民探索社会主义道路的实践形成了三种精神：即革命精神、建设精神和改革精神，这三种精神一脉相承，不断丰富、升华，既有共性，也有个性，统称为红色精神。红色精神与加强新时代大学生理想信念教育具有内在一致性，是加强新时代大学生理想信念教育的宝贵资源。红色精神教育是增强新时代大学生对不良社会影响的抵抗能力的必然要求。随着改革开放的深入和市场经济快速发展，人们的物质生活水平日益提高，贪污腐败、道德滑坡、追求享乐、拜金主义、极端个人主义等不良社会风气也随之出现，社会上不同程度地存在信仰缺失、精神懈怠等问题。同时，在经济全球化背景下，西方文化思潮和价值观影响新时代大学生的价值取向，使大学生对红色精神的认同形成一定的冲击。新时代大学生思想政治教育工作将红色精神教育拓展为创新内容，是符合时代特点的。红色精神教育工作能够鼓舞人心，帮助大学生树立艰苦奋斗的精神，培养坚忍不拔的意志品质，筑牢思想长城，提高对西方意识形态渗透、不良思潮侵蚀的抵抗力。新时代大学生是未来中国特色社会主义事业的中坚力量，肩负着中华民族伟大复兴的历史使命，按照红色精神的方向指引，大学生要努力钻研和掌握现代科学技术，并积极投身于社会实践，深入了解国情民意，培养勇于奉献的高尚情操和不畏艰难的坚强意志，响应党和国家的号召，到人民最需要的地方去建功立业，自觉地推动社会主义现代化建设事业不断前进。

2.旗帜鲜明地反对历史虚无主义

龚自珍曾说:"欲知大道,必先为史""灭人之国,必先去其史"。①对国家和民族自身历史的认可是形成对国家和民族认同感的重要基础。作为一种社会思潮,历史虚无主义对一个国家和民族的危害极其严重,对青年人特别是大学生的毒害至深,加强大学生国情教育必须反对历史虚无主义。

当前,历史虚无主义思潮主要表现为歪曲中国共产党的历史,歪曲中华人民共和国历史,否定中国共产党的领袖人物,否定中华民族选择社会主义道路的历史必然性,贬低人民群众在近现代史中的作用。高校在加强历史知识正面教育的同时,在思想政治教育过程中,要积极关注历史虚无主义思潮的动态,主动反击历史虚无主义思潮提出的具体观点,对其歪曲历史事实的行为,要及时据实反击。新时代大学生好奇心强,求知欲旺盛,思想开放,容易接受各种新鲜的社会思潮,也容易受不良社会思潮的影响,但是他们是爱国的,是拥护中国共产党的领导的,因此,国内思想理论界,特别是高校的思想政治理论课教师要揭露历史虚无主义的真实用心。历史虚无主义思潮通过否定中国共产党的历史而达到否定中国共产党的领导,否定马克思主义指导,否定社会主义道路以及人民民主专政的目的。要针对历史虚无主义所提出的具体观点,在通过史实反驳其虚伪性的同时,指出其歪曲历史事实、否定党的领导人的真实用意和目的,要让大学生认清,中华民族选择了社会主义道路、选择了中国共产党的领导不仅是历史的必然,而且是适合中国国情的,直接带来了中国的高速发展,从而使大学生增强民族认同感,国家归属感,坚定社会主义理想信念。

习近平强调:"加强爱国主义、集体主义、社会主义教育,引导人们树立正确的历史观、民族观、国家观、文化观。"②邓小平也曾说,要与错误思想作斗争就要积极宣传社会主义的政治理论。③因此,我们只有理直气壮地抵御历史虚无主义冲击,才是积极主动地进行大学生国情教育的对策

---

① 龚自珍全集(上册)[M].北京:中华书局,1959::22.
② 习近平在中共中央政治局第二十九次集体学习时强调:大力弘扬伟大爱国主义精神 为实现中国梦提供精神支柱[N].人民日报,2015-12-31.
③ 邓小平文选(第2卷)[M].北京:人民出版社,1994:364.

要达到的效果和提出对策的出发点。

（三）现实国情是国情教育的核心

现实国情即现实制度，包括经济基础和上层建筑的性质和状况，也就是政治、经济、文化和思想等方面的主要情形。高校通过现实国情教育即时事教育，能帮助大学生正确看待社会矛盾，较好地思考和处理自己遇到的社会问题，增强构建和谐社会的信心。

现实国情教育的内容是我国初级阶段的基本国情，重点为我国经济社会的发展状况。在经济发展方面，自改革开放以来我国取得了辉煌成绩，经济持续健康发展，综合国力显著增强，目前经济总量跃居世界大国之列。但是，由于原来的经济实力落后较多，经济发展起点较低，人口多等因素影响，所以当前我国仍处于社会主义初级阶段，经济发展水平不高，仍然是一个人均低收入的发展中国家。例如，目前我国GDP已经上升至仅次于美国的第二位，但人均GDP居于世界百位以后；我国贫困线上的人口众多，温饱问题还没有彻底解决；老百姓仍然面临住房贵、看病贵、上学贵等问题，特别是我国的"三农"问题。以上这些现实国情都在潜移默化地影响着高校大学生对社会生活的关注程度，影响着青年学生的政治热情和政治方向，同时也在他们的思想上产生并留有许多困惑。

在现实国情教育中，要把我们面临的现实问题的优势讲够，把劣势将透，提高大学生的辨别是非能力和分析判断能力，在取得的成绩面前不骄不躁，在困难和挑战面前也不能妄自菲薄、患得患失。面对新世纪新阶段的社会现实，我们要通过高校国情教育来帮助大学生正确看待社会矛盾，增强构建和谐社会的信心。

（四）比较国情是国情教育的补充

比较国情教育可以运用横向比较和纵向比较的方法。《爱国主义教育实施纲要》指出："国情教育要放在整个世界环境的大背景下进行。要帮助人们系统地了解我国经济、政治、军事、外交以及社会、文化、人口、资源等方面的历史与现状，了解我国现代化建设的目标、步骤和宏伟前景，并从中国和世界其他不同类型国家的对比中，看到我国的优势和差距、有利条件和不利因素，增强使命感和社会责任感，更好地发扬艰苦奋斗、勤俭建国的创业精神。"①

在比较国情教育中，采用横向比较的方法，就是把我们国家既与西方发达国家比较，又与发展中国家比较，让学生既看到我们与西方发达国家的差距、从而增强发展的紧迫感，又让他们在对中国所取得巨大成就的认识中，体会到社会主义制度的优越性、发展的重要性和改革开放的正确性。纵向比较就是将不同历史时期作比较，如将改革开放前与改革开放后作比较，以帮助学生认识我国取得的巨大进步和改革开放的正确性，同时使大学生更加充分地认识党的基本路线的正确性，从而提高他们坚持党的基本路线的自觉性和坚定性、增强对党的领导的认同感。

无论是纵看历史，还是横看世界，进行比较国情教育，我们所得到的结论是：社会主义制度具有无比的优越性。作为知识分子这一特殊群体的高校大学生，要充分认识我国的基本国情，充满构建社会主义和谐社会的信心，坚定不移地走中国特色社会主义发展道路。

总之，自然国情教育、历史国情教育、现实国情教育和比较国情教育是相互联系不可分割的整体，相互补充，相互制约，共同构成了大学生基本国情教育的内容。

二、拓展大学生国情教育内容

新中国成立以来，党中央高度重视高校思想政治教育工作，其中国情教育是高校思想政治教育的重要内容。开展国情教育是高校培养大学生形成正确的世界观、人生观、价值观与科学的思想行为的一条重要途径。在自然国情教育、历史国情教育、现实国情教育和比较国情教育等基本国情教育的基础上，拓展教育内容，加强爱国主义教育、制度自信教育、社会主义核心价值观认同教育、民族精神和时代精神教育、中华优秀传统文化教育、艰苦奋斗精神教育等，构建和完善大学生国情教育内容体系，是提高大学生国情教育实效性的有力保障。

---

① 李德芳等.中国共产党思想政治教育史料选编[M].武汉：武汉大学出版社，2009：506.

（一）加强爱国主义教育

国情教育与爱国主义教育紧密相关，国情教育是爱国主义教育的基础，爱国主义教育是国情教育的保障。在国情教育中拓展爱国主义教育内容，增强大学生对祖国的深刻感情，激发爱国情怀，弘扬中华民族精神，从而树立报效祖国的理想抱负。

1.爱国主义教育的内涵

教育是人类特有的社会实践活动，古今中外教育家对它的解释不尽相同。在我国，一般认为"教育"的概念最早见于《孟子·尽心上》中"得天下英才而教育之"。现代教育学中，教育有狭义和广义之分。狭义的教育专指学校教育，而广义的教育指的是一切有意识地增进人们的知识和技能，影响人们思想品德和意识活动，涉及社会、学校、家庭等各方面的教育。

爱国主义教育中的"教育"指的是广义上的教育。一方面，尽管人们把祖国比作"母亲"，对祖国有着天然的依赖和热爱之情，但是这种感情的长期保持，仅仅依靠人们自发形成的爱国情感是不够的，也是不牢固的，这就需要通过系统的、有目的和有组织的教育来巩固和完善这样的爱国之情。另一方面，爱国主义教育的对象具有全体性的特点，爱国主义教育的根本目的，就是要振奋民族精神，增强民族的凝聚力和向心力，树立民族自信心、自尊心和自豪感，激发全体社会公民的爱国热情，并且把这股爱国热情转化为自觉理性的爱国行动，积极投身到祖国统一、国家富强、人民幸福的中国特色社会主义事业上来，争做有理想、有道德、有文化、有纪律的社会主义公民，为实现中华民族的伟大复兴而共同奋斗。这就需要发挥社会、学校、家庭的合力作用，而不是仅仅依赖学校教育。

"爱国主义教育，就是指一定社会的教育者，通过一定的教育内容、方法和手段，对受教育者施加有目的的爱国主义思想影响，培养人们的爱国情感，增强人们的爱国意识，引导人们开展爱国行动的一种实践活动。"[①]爱国主义教育从思想、情感、意志和行为上给人以引领，让人们的爱国主义真正地达到知、情、意、行的结合和统一。

---

① 郑志发，黎辉.爱国主义教育结构探析[J].南昌大学学报（人文社会科学版），2005（05）：137.

2.中国共产党领导人赋予爱国主义教育的时代性内涵

中华民族拥有悠久的爱国主义教育史，无论是战争岁月还是和平年代，中国共产党都非常重视对全党和全国人民进行爱国主义教育。因为，在中国革命和建设时期爱国主义精神发挥了巨大的作用，是人们甘愿牺牲、无私奉献的灵魂支撑和不变的信念，所以，爱国主义作为民族精神的核心和党的思想政治教育的基础性内容，一直被历届领导人所重视。以毛泽东、邓小平、江泽民、胡锦涛、习近平为代表的优秀中国共产党人带领全国上下在马克思主义的指导下，与中国实际相结合，继承和发展中国优秀传统文化，持续地探索，与时俱进，不断地赋予爱国主义时代性和科学性的内涵。

（1）毛泽东赋予爱国主义教育的重要思想内容

毛泽东是中华人民共和国的缔造者之一，毕生为中华民族而奋斗。毛泽东关于爱国主义的思想是毛泽东思想中的重要部分，在中国共产党领导中国人民进行爱国主义事业的进程中诞生、完善和发展，是运用马克思主义对我们民族的爱国主义精神，对自古以来中国人民的爱国运动和党领导中国人民进行的爱国事业的科学分析和总结，有力地指导和推动了中华民族事业的历史进程，是中华民族的宝贵财富，必须世世代代地继承、发展和践行。这是一个博大精深的体系，从"无产阶级领导的，人民大众的，反对帝国主义、封建主义和官僚资本主义的革命，这就是中国的新民主主义革命，这就是中国共产党在当前历史阶段的总路线和总政策"①和"建设社会主义，原来要求是工业现代化，农业现代化，科学文化现代化，现在要加上国防现代化"②等著名论断中可以知道，毛泽东关于爱国主义的思想贯穿于新民主主义革命时期和社会主义建设时期，对祖国的建设事业有伟大的意义。从"中国共产党人必须将爱国主义和共产主义结合起来，我们是国际主义者，我们又是爱国主义者，我们的口号是为保卫祖国反对侵略者而战"③中可以知道，毛泽东认为应该将爱国主义、共产主义和国际主义相结合。同时，毛泽东关于爱国主义的思想还包含捍卫祖国的独立和尊

---

① 毛泽东选集（第4卷）[M].北京：人民出版社，1991：1316–1317.
② 毛泽东文集（第8卷）[M].北京：人民出版社，1999：116.
③ 毛泽东选集（第2卷）[M].北京：人民出版社，1991：520.

严，增强民族自尊心、自信心和自豪感，建立广泛的爱国统一战线，坚持独立自主和自力更生等光辉内容。

（2）邓小平赋予爱国主义教育的重要思想内容

邓小平的一生，是爱国的一生，他毕生为所热爱的祖国而奋斗。"我是中国人民的儿子，我深情地爱着我的祖国和人民。"① 这句朴素的话语是一代伟人爱国之情的真实写照。邓小平关于爱国主义的思想是在其一生为国奋斗的过程中形成和发展的，是对中国爱国主义传统和毛泽东爱国主义思想的继承和发展，是邓小平理论的重要内容，具有强烈的时代特征，与时俱进，动员和鼓舞了全国人民团结一心为祖国的大业而奋斗，推动了中国的发展进程。邓小平把国家的主权和领土完整，看作是最重要的国格，他认为："人们支持人权，但不要忘记还有一个国权，谈到人格，但不要忘记还有一个国格。"② 实现祖国的和平统一是中华儿女的共同心愿，在处理香港、澳门、台湾问题上，邓小平高瞻远瞩地提出了具有重要意义的"一国两制"，通过和平的方式实现祖国的统一。邓小平还非常重视人们民族自尊心、自信心和自豪感的培育。邓小平指出："中国人民有自己的民族自尊心和自豪感，以热爱祖国、贡献全部力量建设社会主义祖国为最大光荣，以损害社会主义祖国利益、尊严和荣誉为最大耻辱。"③ 邓小平鼓励青年人要学习历史，在学习历史的过程中提高对祖国的认识。他指出："了解自己的历史很重要。青年人不了解这些历史，我们要用历史教育青年，教育人民。"④

（3）江泽民赋予爱国主义教育的重要思想内容

江泽民关于爱国主义的思想是对毛泽东和邓小平这两位伟人的爱国主义思想的继承、丰富和发展。这一博大精深的思想在形成和发展的过程中，汲取了古往今来的爱国主义思想精华，科学地分析了国内外的形势，紧紧把握中华民族发展的走向。江泽民关于爱国主义教育的重要思想主要是强调爱国与爱社会主义，爱国与爱中国共产党具有一致性，他号召人民

---

① 邓小平思想年谱（1975—1997）[M]．北京：中央文献出版社，1998：182．
② 邓小平文选（第3卷）[M]．北京：人民出版社，1993．331．
③ 邓小平文选（第3卷）[M]．北京：人民出版社，1993．3．
④ 邓小平文选（第3卷）[M]．北京：人民出版社，1993．206．

群众要拥护党领导下的社会主义新中国。江泽民对爱国主义及其时代特征作出了科学阐述："爱国主义，是一个国家、一个民族凝聚人民的重要思想基础和不断追求进步的强大精神动力。中国人民具有悠久的爱国主义光荣传统。爱国主义有着鲜明的时代特点，它总是随着时代的前进和历史的进步而不断丰富内容，向人民提出新的要求。我们今天讲爱国主义，就是要热爱我们伟大的社会主义祖国，在党的领导下为祖国的繁荣富强贡献自己的智慧和力量。"①江泽民还指出："在我国，爱国主义、集体主义、社会主义教育，是三位一体、相互促进的。对全民族和全体人民来说，首先要抓好爱国主义教育。世界上任何国家任何制度下，都很重视对人民进行爱国主义的教育，在我们这样人口众多的社会主义国家里，更应如此。"②江泽民在深刻认识和分析国内外爱国主义教育现状的基础之上，把爱国主义教育推向了一个新的高度。

（4）胡锦涛赋予爱国主义教育的重要思想内容

胡锦涛继承和发展了中华民族传统民族精神，马恩列斯等革命导师关于民族精神的思想和以毛泽东、邓小平、江泽民为代表的中国共产党人的民族精神思想，结合时代进步的要求，与时俱进，"把崇尚正义、勇于创新、以人为本、与时俱进、社会和谐、和平发展、艰苦奋斗等内容纳入了中华民族精神的范畴，从而极大地丰富了中华民族精神的内涵，使我们对之有了更加全面和深刻的理解。"③他提出了抗击非典精神、载人航天精神、青藏铁路精神等一系列新的精神，丰富了中华民族精神的内容。胡锦涛非常注重爱国主义精神在改革开放和社会主义现代化建设进程中的巨大作用，并引导广大领导干部和群众尤其是青少年树立以"八荣八耻"为主要内容的社会主义荣辱观。胡锦涛在庆祝中国共产党成立90周年大会上的讲话中强调："青年是祖国的未来、民族的希望，也是我们党的未来和希望"④，阐述了党、国家和青年的关系，并对青年寄予厚望。胡锦涛指出："全国广大青年一定要深刻了解近代以来中国人民和中华民族不懈奋斗的

---

① 江泽民.江泽民论社会主义精神文明建设[M].北京：中央文献出版社，1999：137-138.
② 江泽民.江泽民论社会主义精神文明建设[M].北京：中央文献出版社，1999：133.
③ 罗庆宏.胡锦涛对弘扬和培育中华民族精神的论述及其意义[J].胜利油田党校学报，2011（01）：98.
④ 庆祝中国共产党成立90周年大会在京隆重举行[N].人民日报，2011-07-02.

光荣历史和伟大历程，永远热爱我们伟大的祖国，永远热爱我们伟大的人民，永远热爱我们伟大的中华民族，坚定理想信念，增长知识本领，锤炼品德意志，矢志奋斗拼搏，在人生的广阔舞台上充分发挥聪明才智、尽情展现人生价值，让青春在为党和人民建功立业中焕发出绚丽光彩。"①青年人是实现中华民族伟大复兴的重要力量，坚持对青年人进行爱国主义教育，一直是我们党的优良传统。

（5）习近平赋予爱国主义教育的重要思想内容

党的十八大以来，以习近平同志为核心的党中央领导全党和全国各族人民继续为社会主义祖国的大业而奋斗，为实现中华民族伟大复兴的"中国梦"而奋斗，谱写了中华民族新时期的爱国主义篇章。习近平关于爱国主义的思想是在新时期领导中国人民为国奋斗的进程中形成的，并在不断地发展，赋予了爱国主义深刻的时代内涵，丰富和发展了爱国主义精神，对于推动当代党和人民的爱国主义事业有巨大意义。2017年10月，党的十九大胜利召开，"大会一致同意，在党章中把习近平新时代中国特色社会主义思想同马克思列宁主义、毛泽东思想、邓小平理论、'三个代表'重要思想、科学发展观一道确立为党的行动指南。"②这是指导全党和全国各族人民为实现中华民族伟大复兴而奋斗的行动指南，习近平关于爱国主义的思想贯穿于习近平新时代中国特色社会主义思想当中。针对现阶段国际国内新形势，习近平总书记远见卓识地提出了关于爱国主义的全新认识。

第一，爱国主义是一种民族精神。习近平在中共中央政治局第二十九次集体学习时指出："爱国主义是中华民族精神的核心，爱国主义精神深深根植于中华民族心中，是中华民族的精神基因，维系着华夏大地上各个民族的团结统一，激励着一代又一代中华儿女为祖国发展繁荣而不懈奋斗。"③习近平的这个阐述说明了爱国主义就是一种民族精神，不仅是一个民族团结一心的核心和精神纽带，更是一个民族克难攻坚、生生不息的发展动力。

---

① 庆祝中国共产党成立90周年大会在京隆重举行［N］.人民日报，2011-07-02.
② 中国共产党第十九次全国代表大会在京闭幕［N］.人民日报，2017-10-25.
③ 习近平在中共中央政治局第二十九次集体学习时强调：大力弘扬伟大爱国主义精神 为实现中国梦提供精神支柱［N］.人民日报，2015-12-31.

第二，中国梦是当代中国爱国主义的鲜明主题。习近平指出："实现中华民族伟大复兴的中国梦，是当代中国爱国主义的鲜明主题。要大力弘扬伟大爱国主义精神，大力弘扬以改革创新为核心的时代精神，为实现中华民族伟大复兴的中国梦提供共同精神支柱和强大精神动力。""中国梦"的概念是习近平于2012年11月29日在参观《复兴之路》展览时，首次提出并进行阐述的。他指出，"中国梦"的本质就是指国家富强、民族振兴、人民幸福。这个梦想，把国家的发展追求、民族的未来向往和人民的生活期盼三者融为一体，充分表达了每一个中华儿女的共同愿景。因此，实现这一伟大梦想，就成为新时代中国人最庄严、最光荣的使命，成为当代中国爱国主义最鲜明的主题。

第三，爱国就要扎根人民，奉献国家。2018年5月2日，习近平在北京大学师生座谈会上提出，每一个中华儿女"要时时想到国家，处处想到人民，做到'利于国者爱之，害于国者恶之'。爱国，不能停留在口号上，而是要把自己的理想同祖国的前途、把自己的人生同民族的命运紧密联系在一起，扎根人民，奉献国家。"①这说明新时代的中华儿女要爱国，就不能只停留在认识层面上，也不能只停留在感情层面上，必须转化为自己报国的行动意志和为之奉献的实践行为上，即"把爱国之情、报国之志融入祖国改革发展的伟大事业之中、融入人民创造历史的伟大奋斗之中，从自己做起，从本职岗位做起，为实现'两个一百年'奋斗目标、实现中华民族伟大复兴的中国梦贡献智慧和力量。"②

第四，加强爱国主义教育，增强做中国人的骨气和底气。现阶段建设文化强国，需要着力提高国家文化软实力，以爱国主义为核心的民族精神更加重要。习近平提出："加强爱国主义、集体主义、社会主义教育，引导我国人民树立和坚持正确的历史观、民族观、国家观、文化观，增强做中国人的骨气和底气。"③

---

① 习近平在北京大学考察时强调:抓住培养社会主义建设者和接班人根本任务　努力建设中国特色世界一流大学[N].人民日报,2018-05-03.
② 习近平在北京大学考察时强调:抓住培养社会主义建设者和接班人根本任务　努力建设中国特色世界一流大学[N].人民日报,2018-05-03.
③ 习近平在中共中央政治局第十二次集体学习时强调:着力提高国家文化软实力　建设社会主义文化强国[N].人民日报,2014-01-01.

第五，新时代爱国主义的本质是坚持爱国和爱党、爱社会主义相统一。习近平提出："弘扬爱国主义精神，必须坚持爱国主义和社会主义相统一。我国爱国主义始终围绕着实现民族富强、人民幸福而发展，最终汇流于中国特色社会主义。祖国的命运和党的命运、社会主义的命运是密不可分的。只有坚持爱国和爱党、爱社会主义相统一，爱国主义才是鲜活的、真实的，这是当代中国爱国主义精神最重要的体现。今天我们讲爱国主义，这个道理要经常讲、反复讲。"[1]习近平的这一论断，说明在新时代中国，爱国与爱党和爱社会主义是具有不可分割的统一性，是联系在一起的。爱国与爱党和爱社会主义不可分割、是相统一的，这是中国共产党成立后团结带领广大人民群众救亡图存、奋发图强的历史过程中形成的。在这个历史过程中，党、国家和社会主义是紧密结合在一起从来没有分开过，最终形成一个中国命运的共同体，并在我国的特色社会主义事业中得到了集中体现。

第六，新时代爱国主义的突出特征是坚持爱国情怀、创新精神、世界眼光相结合。改革开放是当今中国最突出的特征，这个特征使得新时代中国的爱国主义具有鲜明的时代感。习近平在庆祝中国共产党成立95周年大会上强调："在5000多年文明发展中孕育的中华优秀传统文化，在党和人民伟大斗争中孕育的革命文化和社会主义先进文化，积淀着中华民族最深层的精神追求，代表着中华民族独特的精神标识。我们要弘扬社会主义核心价值观，弘扬以爱国主义为核心的民族精神和以改革创新为核心的时代精神，不断增强全党全国各族人民的精神力量。"[2]改革体现的是一种创新的观念和意识，在当今全球化时代，如果缺乏改革创新的观念和意识，中国梦将难以实现，爱国就会成为一句空话。当今的世界是一个开放的世界，当今的中国也必须是一个开放的中国。因此，新时代爱国主义必须具有世界眼光和博大胸怀。习近平指出："弘扬爱国主义精神，必须坚持立足民族又面向世界。中国的命运与世界的命运紧密相关。我们要把弘扬爱国主义精神与扩大对外开放结合进来，尊重各国的历史特点、文化传统，尊重各国人民选择的发展道路，善于从不同文明中寻求智慧、汲取营养，

---

① 习近平对黄大年同志先进事迹作出重要指示[N].人民日报,2017-05-25.
② 习近平.在庆祝中国共产党成立95周年大会上的讲话[N].人民日报,2016-07-02.

增强中华文明生机活力。"①"中国人是讲爱国主义的,同时我们也是具有国际视野和国际胸怀的。"②"弘扬爱国主义精神,必须坚持立足民族又面向世界。"③习近平分析了中国与世界的关系,认为中国的发展离不开世界,中国的命运与世界的命运紧密相连,既要尊重世界各国的历史特点、文化传统,又要积极主动的学习世界各国的文明成果,汲取营养,充分表达了中国所倡导的开放包容的爱国主义。

青年大学生是一个国家和民族未来发展的希望。"青年兴则国家兴,青年强则国家强。青年一代有理想、有本领、有担当,国家就有前途,民族就有希望。中国梦是历史的、现实的,也是未来的;是我们这一代的,更是青年一代的。"④要想实现"两个一百年"奋斗目标,要想实现中华民族在世界之林中屹立不倒,要想实现中华民族伟大复兴,都离不开对人才的培养。人才不仅仅是高智商还必须是一名合格的社会主义接班人,拥有坚定的社会主义信念。"爱国"是大学生最基本的道德规范与价值追求。因此,在大学生国情教育中拓展爱国主义教育内容,帮助其树立正确的爱国意识和情感,通过合情、合理和合法的方式来进行爱国实践,在科学的思想价值观念的指导下,将所学到的文化知识技能真正地运用于国家的事业当中,实实在在地为国家作出贡献,成为国之栋梁。

(二)加强制度自信教育

习近平指出:"中国特色社会主义制度是当代中国发展进步的根本制度保障,是具有鲜明中国特色、明显制度优势、强大自我完善能力的先进制度。"⑤中国特色社会主义制度,是在新中国七十多年发展的基础上,中国共产党把马克思主义基本原理同中国的具体实际相结合,领导广大人民群众艰苦奋斗获得的优秀成果,是已被中国特色社会主义实践证明了

---

① 习近平在中共中央政治局第二十九次集体学习时强调:大力弘扬伟大爱国主义精神 为实现中国梦提供精神支柱[N].人民日报,2015-12-31.
② 习近平在出席金砖国家领导人第五次会晤前夕接受媒体采访[N].人民日报,2013-03-20.
③ 习近平在中共中央政治局第二十九次集体学习时强调:大力弘扬伟大爱国主义精神 为实现中国梦提供精神支柱[N].人民日报,2015-12-31.
④ 习近平.决胜全面建成小康社会夺取新时代中国特色社会主义伟大胜利——在中国共产党第十九次全国代表大会上的报告[N].人民日报,2017-10-28.
⑤ 习近平.在庆祝中国共产党成立95周年大会上的讲话[N].人民日报,2016-07-02

的、符合国情和实际的科学的制度。这一制度的独特优势造就了"中国奇迹"。改革开放四十多年来，中国国力迅猛发展，国际地位显著提高，在世界舞台上有着重要的影响力，成为推动世界和平与发展、推进全球治理的重要力量。当前，中国特色社会主义制度的优势逐渐被世界认可，越来越引起国际社会的关注。但是，各种错误思潮和西方价值观的涌入，冲击着广大人民群众对中国特色社会主义制度的信心。当代大学生是祖国新一代的建设者和接班人，高校教育又是青年人成长成才道路上必经的一个阶段，因此在大学生国情教育中融入制度自信教育，使大学生建立社会主义制度自信，树立科学的国情观和远大理想信念，是完善高校思想政治教育目标，提高国情教育的实效性，从而促进大学生全面发展的重要途径。

1.中国特色社会主义制度自信的内涵

马克思基于唯物史观的立场"将制度的形成归结为一定生产关系以及与这种生产关系相适应并维护这种生产关系的社会机构和规则的确立过程。"[①]在一般意义上，人们将制度定义为约束和调整人们行为和关系的规范。这种规范有正式和非正式之分，属于实践范畴。自信属于社会心理范畴，它并非与生俱来，是社会主体实践活动的结果。列宁指出："世界不会自动满足人。"[②]人们在实践改造社会生活的过程中，始终存在对自己和对世界的现实与非现实确信。实践活动是联系制度与自信的桥梁，制度和自信两者通过社会实践统一起来。

制度自信是社会的产物，就其本质内涵而言，它是制度主体，包括制度供给者和制度消费者，在社会制度实践活动中，获取对制度的积极认知和评价。制度自信是党和人民群众对中国特色社会主义制度的积极心理状态和坚定政治信念，以及在这种自信状态下的积极实践。人的实践活动受认识支配，制度自信能够为人们提供奋发进取的强大动力，能够激发人们的主体担当意识，能够凝聚力量进而达成共识。处在新的历史方位上，我们坚定制度自信，有利于提高对社会主义制度和中国特色社会主义制度的认同，有利于提升国际吸引力和影响力，有力推进全面深化改革，有利于凝聚全国各族人民的精神力量共同建设中国特色社会主义伟大事业。鉴于

---

① 马克思恩格斯选集(第2卷)[M].北京：人民出版社，2012：287.
② 列宁.哲学笔记[M].北京：人民出版社，1974：229.

此，我们必须深刻把握"制度自信"的当代内涵，以内容的科学思考和层次阐释补足精神之钙。

历史和实践证明，改革开放四十多年来，我国在伟大实践中取得的良好制度绩效，极大地激发了广大人民群众的制度自信。习近平在党的十九大报告中明确指出，全党要更加自觉地增强"四个自信"。这为广大理论研究工作者在新的历史方位深刻把握制度自信的当代内涵提供了动力和方向。对制度自信内涵的深刻把握，我们可以从历史发展、现实贡献、国际比较、面向未来这四个维度来展开。

（1）对社会主义制度充满信心

坚定制度自信，首先要对社会主义制度充满信心。从历史发展角度和历史事实来看，社会主义不仅没有在历史中终结，反而在党的领导下，以马克思主义为指导，形成了独具一格的"中国模式"，使得社会主义制度在发展中国家焕发出新的生机和活力，使得社会主义事业在中国取得了举世瞩目的巨大成就。为什么科学社会主义和社会主义制度在历史发展过程中，能够经受住严峻考验并且具有旺盛的生命力。特别是在当今"新自由主义""普世价值""历史虚无主义"等价值观的冲击下，社会主义制度依然具有吸引力，能够让我们内心对其充满信心。

第一，社会主义制度是世界历史的必然产物。其产生、存在和发展是客观必然性和内在合理性的统一，是资本主义基本矛盾发展的必然性结果，它实现了劳动者与生产资料的统一。在思想武器方面，马克思恩格斯从唯物主义的社会实践观出发全面分析和把握人类社会发展的一般规律，得出"资产阶级的灭亡和无产阶级的胜利是同样不可避免的"[1]以及"无论哪一个社会形态，在它所能容纳的全部生产力发挥出来以前，是决不会灭亡的；而新的更高的生产关系，在它的物质存在条件在旧社会的胎胞里成熟以前，是决不会出现的"[2]的科学论断。马克思认为未来的社会主义社会与资本主义社会的根本区别，就是"在实行全部生产资料公有制（先是国家的）基础上组织生产。"[3]具体到分配原则上，马克思恩格斯强调在

---

[1] 马克思恩格斯选集（第1卷）[M]. 北京：人民出版社，1995：413.
[2] 马克思恩格斯选集（第2卷）[M]. 北京：人民出版社，2012：3.
[3] 马克思恩格斯文集（第10卷）[M]. 北京：人民出版社，2009：588.

共产主义的第一阶段，每一个生产者从社会领取的，正好等同于他给予社会的。"他给予社会的，就是他个人的劳动量。"①而到了共产主义社会，阶级被消灭，国家消亡，"每个人的自由发展是一切人的自由发展的条件。"②在历史实践方面，社会主义革命率先发生在落后国家并且取得历史性胜利，归根到底是资本主义内部矛盾激化的必然结果，也是世界历史发展的必然产物。资本主义国家将这种矛盾以资本扩张和掠夺的形式转嫁给落后国家，从而使其具备了发生社会主义革命的客观条件。特别是在垄断资本主义阶段，无产阶级和资产阶级的矛盾彻底激化，无产阶级除了社会主义革命别无选择。与此同时，无产阶级在理论上之所以会选择马克思主义作为其解放的科学理论，更是历史和实践的选择。在中国共产党的领导下，无产阶级和劳动群众选择马克思主义作为思想武器，使得革命走向胜利，使得社会主义制度在当代中国不断完善。

第二，社会主义制度具有自我完善和革新的能力。社会主义制度具备旺盛生命力，还体现在它不断自我完善、自我革新的能力上。在资本主义制度下，生产力和生产关系的矛盾是对抗性质的，而在社会主义制度下，生产力和生产关系的矛盾是非对抗性质的。对抗性不可调和，想要解决，就只能推翻整个资本主义制度；非对抗性可以调和，想要解决，可以通过自身的不断改革、不断完善来缓解和解决。

因此，社会主义制度想要进步发展，就必须以改革作为不竭的动力。社会主义制度坚持公有制为主体，体现广大人民群众的根本利益，中国共产党在制度改革过程中始终围绕人民，坚持人民主体地位和以人民为中心的发展理念，不断推进国家治理体系和治理能力的现代化。在经济体制方面，从计划经济到市场经济，这是社会主义经济制度在我国的一次历史性变革，也是中国在面向现代化发展过程中一次历史性跨越。改革开放以来，我们实现了经济社会的全面发展，不仅抵御了世界经济危机和亚洲金融风暴的冲击，而且为发展中国家经济社会的稳定和世界经济的稳定和发展作出了重大贡献。这本身就是中国制度自我完善、自我革新的充分体现。

第三，社会主义制度与资本主义国家比较具有制度优越性。它是协调

---

① 马克思恩格斯文集(第3卷)[M].北京：人民出版社,2009：434.
② 马克思恩格斯文集(第2卷)[M].北京：人民出版社,2009：53.

生产力和生产关系矛盾运动中的强大作用力，它适应了社会先进生产力的发展要求。以公有制为主体的社会主义经济制度消除了劳动者和生产资料的分离，实现了两者的和谐统一，调控了国民经济中宏观经济和微观经济之间的关系，有效平衡政府和市场。社会主义民主政治制度改变了劳动者长期受压迫受剥削的政治命运，实现了人民当家作主。社会主义法律制度保障了人民的权利和自由。社会主义文化制度以马克思主义为指导，发展社会主义先进文化，推行和平与发展的世界主题，反对霸权主义和强权政治，反对民族压迫和剥削，提倡不断提高社会思想道德水平，为中国特色社会主义提供强大的精神动力和智力支持。

另外，我们对社会主义制度充满信心，当前有两个问题在意识形态上需要搞清楚：一是东欧剧变的根本原因不是社会主义制度本身有问题。东欧剧变原因是多方面的，不仅有西方资本主义国家的和平演变，还有国内政治经济体制的僵化导致生产力水平低下，以及苏共一些领导人教条主义地理解马克思恩格斯关于社会主义的思想。苏联高度集中的僵化政治经济体制是其失败的一个重要内因，我们不能因为东欧剧变就否定社会主义制度，这不代表社会主义本身有问题。二是当今资本主义国家的新变化并未改变资本主义的根本矛盾。进入21世纪以来，资本主义国家经过新科技革命和自我调节等方式促进了生产力发展，缓解了资本主义根本矛盾。例如：政府加强宏观调控，加大在经济运行中的作用，一定程度上克服了生产的无序性和经济运行的混乱状态；高级经理人的出现，客观上扩大了中产阶级数量，不同程度地掩盖了资本家的剥削特征。虽然资本主义国家的短暂繁荣是无可厚非的事实，但是我们要明白资本主义国家的目的仍然是为了维护私有制，完善资本主义制度本身，资本主义根本矛盾并未发生改变。"资本来到世间，从头到脚，每个毛孔都滴着血和肮脏的东西"[①]，只要资本主义社会制度不改变，资本增值的内在逻辑就不会改变。

（2）高度认同中国特色社会主义制度

制度自信体现出对国家制度的情感认同。从现实来看，就是要高度认同中国特色社会主义制度。中国特色社会主义制度是我们国家取得重大成

---

① 马克思恩格斯全集（第23卷）[M]．北京：人民出版社，1972：829．

就的根本性制度保障，是具备先进性、科学性、实效性、自我完善能力的制度。

第一，高度认同根本政治制度。人民代表大会制度是我国的根本政治制度。历史和实践证明，该制度自建立至今，始终发挥着重要作用。它的优势体现在：一方面反映了全国各族人民的共同利益和共同愿望，另一方面能够集中力量办大事。全国人民代表大会是最高权力机关，地方各级人民代表大会是地方各级国家权力机关。这样的制度设计，既体现出人民代表大会制度的权威性和人民性，也在国家大事的实践中体现出全国上下通力合作的协作精神。再有一方面就是该制度有利于民族团结。"全国各少数民族不论人口多少，都至少有一人参加全国人民代表大会的工作，地方各级人民代表大会都应有少数民族参加。"[①]这使得各少数民族人民在履行义务的同时能够保障自身权利，增强他们的政治参与感和获得感。正是在这一根本政治制度框架内，中国各方面资源和要素得到稳定、有序地整合和调配，聚合物质力量，促进经济发展。

第二，高度认同基本制度。在基本政治制度方面，多党合作和政治协商制度创造了"一党执政、多党参政"的执政新模式，两者之间不是在朝党和在野党的关系，而是长期共存、互相监督、肝胆相照、荣辱与共的关系。民族区域自治制度把民族因素和地域因素相结合，各少数民族聚居的地方实行区域自治，保障了各少数民族人民当家作主的权利。基层群众自治制度直接行使民主选举、民主决策、民主管理、民主监督等各项权利，从而实现对基层公共事务的管理。在基本经济制度方面，公有制与非公有制经济并存发展，既成功摆脱了传统经济模式的束缚，同时又满足了人们多样化的需求，激发了全国人民创业就业的热情和活力，提升了我国经济的整体实力。

第三，高度认同各项具体制度和法律体系。各项具体制度，既受中国特色社会主义根本政治制度和基本制度的制约，又是在不同领域的具体体现。中国特色社会主义法律体系，以法治化方式，实现了国家各项制度的定型化。法治建设从革命战争年代走到今天，成果显著。目前，涵盖各领

---

① 田晓玉. 推进社会主义民主政治建设的若干思考[M]. 北京：知识产权出版社，2010：86.

域、各方面的法律体系基本完善，为制度自信提供了众多合法性依据。

（3）肯定中国特色社会主义制度优势

新时代，这是我国新的历史方位。新时代中国特色社会主义的发展，具有世界意义。中国完成了人类历史上最大规模的快速工业化，在很短的时间里使人的发展指标，从一个最低收入国家的水平达到接近 OECD 国家的标准，"这样的增长速度也是过去50年世界经济增长最为持续快速的经济转型案例之一。"①近些年中国的众多变化引起了西方学者的高度关注，"中国模式""中国故事"已成为西方发达国家和国际社会广泛热议的名词，"中国研究"已牵动着世界相关领域专家的问题意识。美国著名中国经济问题研究专家巴瑞·诺顿（B. Naughton）指出："中国发展经验的显著特点是非凡的制度创新，中国独特的制度模式具有高度的灵活性与适用性。"②美国刘易斯和克拉克学院经济学教授马丁·哈特兰兹伯格（M. Hart-Landsberg）认为，中国"经济的增长则证明了一种新的社会主义的成功案例，即市场社会主义的成功。"③

从国际比较的维度，肯定中国特色社会主义制度优势是我们理解制度自信当代内涵的一个重要方面。相比西方国家而言，一方面制度优势在世界范围内，通过伟大成就彰显出来。中国特色社会主义制度终结了"历史终结论"。另一方面，中国特色社会主义制度较之其他国家的制度也不是尽善尽美的，发展过程中也存在一系列问题不容忽视，如社会矛盾突出、收入分配差距仍然较大、经济结构不太合理、发展的可持续性较弱等。因此，从国际比较视角来看，中国特色社会主义制度自信能够让我们将制度自信理论建立在自觉反思之上，能够放眼全局地、更加理性、全面、深刻地理解制度自信的当代内涵，能够让我们的制度自信更具有底气，更符合时代特征。

第一，国际比较的经济制度优势。近些年，我国经济上继续深化供给

---

① OECD (Organization For Economic Cooperation and Development). OECD Economic Surveys: China [G]. OECD Economic Surveys, 2005 (13)：16.

② Barry Naughton. Singularity and Replicability in China's Developmental Experience [J]. China Analysis, 2009 (01)：3.

③ Martin Hart-Landsberg. The Chinese Reform Experience: A Critical Assessment, Review of Radical [J]. Political Economics, 2008 (11)：28.

侧改革，继续加快创新型国家建设，不断完善社会主义市场经济体制。中国作为世界第二大经济体，已经成为世界经济格局中的重要力量，为人类脱贫作出了巨大贡献。据权威数据显示：中国经济增长速度大于6%，高于全球2%至3%。世界8.53亿人脱离贫困，其中社会主义国家的脱贫人数为78%，高于资本主义国家2.5亿人的脱贫指数。与此同时，经济的快速发展为中国的科技创新提供了强有力的物质储备，人工智能、航空航天技术等技术成就凸显。在世界范围内，"中国崛起成为量子及相关新兴技术领域的领导者，将标志着创新中心向东方转移。"①

第二，国际比较的政治民主优势。中国特色社会主义政治制度不断健全社会主义民主政治，坚持"以人为本"，提出"共享"发展理念，不断深化依法治国和行政机构改革，反腐败成效显著，政府公信力明显提升。而西方资本主义国家，政治乱象层出不穷，西式"劣质民主"传播正在给全球带来普遍性灾难。英国"脱欧"、美国两党恶斗丑闻不断、北非中东"颜色革命"后动乱不息、恐怖主义持续蔓延、欧洲难民潮不堪重负、特朗普的贸易保护主义、逆全球化和民粹主义愈演愈烈等，这些事件反映出当今世界正面临着严重的制度性危机。而中国的社会主义政治民主在这场危机中展现出特有的人民当家作主的制度性优势，越来越引起国际社会的广泛关注，特别是对非西方发展中国家也越来越具有吸引力，中国政府成为世界上信任度最高的政府。

第三，国际比较的文化制度优势。中国特色社会主义文化制度在物质文化和精神文化双向协调的情况下，强调重视中国传统文化。同时，在继承传统文化、革命文化、弘扬中国特色社会主义先进文化的过程中，对文化进行创造性转化和创新性发展，积极培育和践行社会主义核心价值观。而在西方资本主义条件下，工具理性、个人主义仍然是其崇尚的意识形态，人成为单向度的人。也正是在这样的"物化意识"和"普世价值观"指引下，资本主义国家发动了数次侵略战争，给世界人民带来了巨大灾难。相比西方国家的"强势文化"，中国的传统文化以及社会主义核心价值观都强调"和而不同""为人民服务""共同富裕"的主体意蕴和人文

---

① Louise Lucas and Emily Feng. Technology China reboots its superpower ambitions [J]. Financial Times, 2017(03): 22.

关怀精神，符合世界发展大势和人类社会发展规律，是合目的性规律性的两者统一。

当然，在国际比较中能够根据我们自身劣势，对制度的不足进行理性反思和清醒研判也是制度自信的重要一环。制度自我变革和自我完善的前提是我们必须正视问题，有强烈的问题意识，不能盲目自大，否则很有可能会被"糖衣炮弹"迷惑，逐渐丧失制度的优势，从而失去制度自信。习近平一再强调，我们的制度还不是尽善尽美，需要不断完善。当今世界中美贸易战加剧，美国总统特朗普对中国发起更大攻势，对大约2000亿美元进口自中国的商品加征关税，美国商务部将华为纳入"实体名单"，这使我们更加清醒地看到：我们需要以更大的勇气、智慧、力量来捍卫国家的战略利益。同时，虽然中国在科技创新方面大有作为，但中国在某些领域仍然同美国存在技术差距。以往在部分领域，我们以市场换技术、以资金买技术的方式，以后较难畅通。唯有自主创新才是我们经济发展的核心动力。不言而喻，贸易战反映出的是大国博弈的国力之战，我们必须提高警惕并从中吸取教训。而自主创新中起关键作用的，恰恰是各项制度的不断完善，因为经济全球化时代国家竞争的本质就是制度竞争。因此，我们需要聚合强大的制度自信并转化成先进的物质推动力，去改革那些阻碍创新的制度安排，创建更加包容、更加健全的现代市场经济体系。

（4）对中国特色社会主义制度的未来充满信心

从人类历史看，实践活动为自信机制的形成提供了基础。同时，以往的成功实践是我们对制度未来发展态势保持积极乐观的现实依据。面向未来，对中国特色社会主义制度的未来发展充满信心，这是坚定制度自信的重要因素。如今中国特色社会主义进入新时代，我国取得了众多历史性成就，这是党中央坚强领导和全党全国各族人民共同奋斗的结果，也是中国特色社会主义制度本身的功能性成就，它为我们提供了自信的基础，激发了我们对制度未来发展态势的期待感，这不仅是对社会主义制度树立坚定信念的历史延伸，也是中国对当今世界和平发展作贡献的一份责任担当。面向未来，我们有理由充满自信。

第一，社会主义制度的发展方向代表了未来人类社会的发展方向。国家富强、民族独立、人民幸福是人类社会文明进步向前发展的方向，是不可抗拒的历史发展潮流。但是由于数千年来资本主义私有制的产生和存在，使得阶级剥削和阶级压迫成为人类社会文明进步发展的阻碍。特别是帝国主义国家对落后国家进行殖民统治，不断制造民族矛盾和民族分裂，给人类带来了巨大灾难。在20世纪中期，亚洲、非洲和拉丁美洲的民族解放运动是国际社会主义运动的产物，是20世纪人类文明的重大成果。随后，曾经有许多社会主义国家诞生和发展，让所有爱好和平与发展的国家和人民看到了希望。解放生产力，发展生产力，消灭剥削，消除两极分化，最终达到共同富裕既是本质，也是社会主义制度的发展方向和根本任务；既是人心所向大势所趋，也是人类社会摆脱困境、进步发展的唯一路径。社会主义国家反对霸权主义和强权政治，充分尊重各国人民自主选择社会制度和发展道路。我们选择走社会主义道路，就是选择走人类社会发展的进步之路。

第二，中国特色社会主义制度为当今世界和平发展注入重要力量。和平和发展依然是当今世界的主题。在这个过程中，中国作为后发现代化国家，作为一个负责任、敢担当的社会主义大国，为世界的和平与发展注入了重要力量，拓展了发展中国家走向现代化的途径，为发展中国家提供了全新选择，为人类脱贫做出了巨大贡献，为世界提供了中国方案和中国智慧，让世界人民共享中国改革发展的重要成果。这也是我们能够对未来制度发展充满信任并满心期待的重要原因。特别是"人类命运共同体"理念的提出，使得我们更加重视人类社会的共同利益，成为国际社会的"利益攸关者"；使得我们以更加积极、主动的姿态参与到国际事务当中去，发挥负责任大国的作用，与世界各国人民共同应对全球性危机和挑战。改革开放四十多年来，我国减贫人数，占全球减贫人数大于70%，是第一个提前实现联合国千年发展目标——减贫比例减半的国家。2018年初国家统计局公布的《中华人民共和国2017年国民经济和社会发展统计公报》指出，我国城乡居民收入持续增加，2017年全年全国城镇居民人均可支配收入36396元，全年农村居民人均可支配收入13432元。①这不仅体现出马克思主义的价值追求，充分展示出制度优势和旺盛生命力；还体现出中国特色社会主

---

① 中华人民共和国国家统计局：中华人民共和国2017年国民经济和社会发展统计公报[N].人民日报，2018-02-28.

义制度能够为广大发展中国家摆脱贫困、走向富裕提供有益借鉴。

总之，在新的历史方位上从历史发展、现实贡献、国际比较、面向未来等四个维度深刻把握制度自信的当代内涵，这对于我们不断坚定中国特色社会主义制度自信至关重要。社会主义不是一成不变的，社会主义制度改革与创新是制度时刻保持旺盛生命力的不竭源泉。坚定中国特色社会主义制度自信，能够为社会主义制度自身完善和革新聚合能量，对于不断推进国家治理体系现代化，意义重大。

2.增强大学生"制度自信"的重要意义

习近平指出，当代大学生是可爱、可信、可贵、可为的。而这"可爱""可信""可贵""可为"，只有当大学生将个人的成长成才紧密结合时代的发展和国家的需要才能充分彰显，只有在大学生在实现中国梦的伟大实践中努力奋斗才能充分体现。增强大学生"制度自信"的重要意义在于帮助大学生成为合格可靠的建设者，化解政治认同危机，凝聚共识与力量等方面。

（1）帮助大学生成为合格可靠的建设者

现在的在校大学生基本上将全程参与实现"两个一百年"奋斗目标的过程。大学生如何在这追梦的过程中建功立业，大展身手实现价值呢？习近平曾说："有信念、有梦想、有奋斗、有奉献的人生，才是有意义的人生。"①在此，习近平把"有信念"放在首位。有信念指的是大学生具有坚定的共产主义信念，实际上要求大学生具有正确的政治立场，树立起正确的价值观。"有信念"指明了当代大学生成长成才和实现人生价值的方向。如果没有"信念"的指引和规约，追逐梦想和努力奋斗的结果对他人与社会可能是毫无意义的，甚至有百害而无一利的。信息时代，大学生的成长环境变得复杂，各种思想激荡交锋；各种舆论鱼龙混杂，泥沙俱下。大学生很可能在各种错误信息的包围中迷失方向。对此，增强大学生"制度自信"可以帮助大学生提升在纷繁复杂的环境中明辨是非的能力，端正其政治立场，明确目标，树立正确的"三观"，成为合格可靠的社会主义建设者和接班人。

---

① 习近平在北京大学考察时强调：青年要自觉践行社会主义核心价值观 与祖国和人民同行努力创造精彩人生[N]. 人民日报，2014-05-05.

（2）化解政治认同危机，维护政治稳定

政治稳定一般主要包括政权体系的稳定，政策稳定和政治生活的稳定。邓小平曾在1987年将其概括为两个方面，一个是政局稳定，一个是政策稳定。政治认同有助于政治的稳定。对中国特色社会主义制度的自信有助于提高其合法性以及运行的稳定性。大学生群体作为社会各阶层各群体中知识储备丰富、文化水平高、社会评价好、创新能力强的群体，在社会主义建设的过程中所起的作用至关重要。他们对中国特色社会主义的认同与自信对政治稳定而言意义重大。一定程度上来讲，大学生越有"制度自信"，政局就越稳定，改革的国内环境就越安全。当前，西方敌对势力的意识形态攻击并未消停。他们通过多种途径消解我国主流价值观，弱化人们的政治认同，瓦解人们的政治共识。这些手段势必削弱大学生的"制度自信"，进而造成政治生活的混乱。增强大学生"制度自信"的重要意义在于能够帮助大学生正确对比、评价中西方不同的制度，获得正确评价制度的能力，增强对国家和中华民族的认同感，化解政治认同的危机，维护大学生政治生活的稳定秩序。

（3）凝聚共识，为改革事业提供精神动力

新时代，全面深化改革如火如荼推进中。各项具体制度的改革蹄疾步稳，有效推进。从2018年全国两会通过的各项决议看，改革力度之大，范围之广历史罕见，例如，国务院机构改革，监察体制改革等。对制度的改革让一些人产生误解，认为中国特色社会主义制度不行，需要推倒重建。尤其在一些西方学者的推波助澜下，这些言论甚嚣尘上，弥漫网络空间。其结果是诱发人们对制度的不自信，对改革的不支持。早在2013年，就有一些学者指出，"制度自信"是推进改革的现实需要。因为"制度自信"可以为改革带来精神动力。没有坚定的"制度自信"就不可能有全面深化改革的勇气，同样，离开不断改革，"制度自信"也不可能彻底、不可能久远。除此之外，增强"制度自信"还可以凝聚共识，汇聚力量。大学生作为重要的社会群体，他们的"制度自信"对社会其他群体具有巨大的引领和示范作用。增强大学生"制度自信"可以提高大学生群体对制度改革的理解、支持、信心。随着在校大学生步入社会，这种提高作用仍在继续，并且随着大学生的影响力增大而扩大范围。这无疑为改革事业凝聚了共识，提供了精神动力。

总之，在大学生国情教育中拓展制度自信教育，立足当前中国的现实问题，坚持问题导向，积极回应学生的思想困惑和思想问题，帮助思想政治教育工作更好地做到实事求是，更好地贴近时代要求、贴近学生的思想实际，帮助大学生增强问题意识和社会责任感，从而带来更好的教育效果。

（三）加强社会主义核心价值观认同教育

党的十八大明确提出了社会主义核心价值观，从国家、社会、公民三个层面概括了社会主义核心价值观的价值目标、价值取向和价值准则。社会主义核心价值观是社会主义价值体系中最基础、最核心的价值观念，是党中央从坚持和发展中国特色社会主义、实现中华民族伟大复兴中国梦出发提出的重大战略思想，是对以爱国主义为核心的民族精神、以改革创新为核心的时代精神和社会主义荣辱观的价值升华和高度概括。社会主义核心价值观是我国公民应树立和践行的核心价值观，对大学生的思想和行为起到确定方向、规范引导的作用。处于人生关键期的大学生能否拥有正确的价值观，不但关乎学生个人的健康成长，同时也关乎国家和民族的未来。在大学生国情教育中融入社会主义核心价值观认同教育，使大学生正确认识国情，深刻领会党的路线、方针和政策，牢牢把握主流意识形态，正确看待社会矛盾和问题，培养脚踏实地、艰苦奋斗的勤勉作风，从而为高校的思想政治教育工作奠定牢固基础，为大学生的健康成长提供有力保障，促进社会主义建设事业的顺利进行。

大学生社会主义核心价值观认同，就是大学生发自内心地自觉接受社会主义核心价值观，将其深入到自己的头脑，内化为自己的价值取向，在思想上和行为上真正认同其价值倡导，在内化的基础上，自觉践行其价值要求，做到外化于行，进而成为大学生群体普遍遵循的价值观，成为引导、规范大学生群体思想行为的主导价值观，使其在大学生的价值观念中成为"核心"。大学生群体对社会主义核心价值观的认同效果决定社会主义核心价值观教育的成效。高校是培育德智体美劳全面发展的社会主义建设者和接班人的沃土，教育引导大学生认同与践行社会主义核心价值观，是高校思想政治教育工作当前所面临的主要任务和历史使命。

1.社会主义核心价值观的内涵

社会主义核心价值观的具体内涵是对我国优秀传统文化的继承和其他国家的文明成果借鉴，是符合中国特色社会主义道路发展要求的全民价值观的共识。"三个倡导"在内容上相互补充、相互衔接和贯通，是国家发展目标、社会价值取向和个人行为处事的统一体，为大学生主动实践意识的培养提供了指导。

（1）国家层面

"富强、民主、文明、和谐"在社会和个人层面上支配着价值观。一个国家的繁荣昌盛、一个民族的复兴，不仅关系到中国在世界上的话语权，而且在很大程度上决定着人民奋发向上的雄心。因此，国家层面的核心价值观是最高层次的价值观，是统领社会层面和个人层面的价值观。

"主之所以为功者，富强也。故国富兵强，则诸侯服其政，邻敌畏其威。"① 富强关系到国家的稳定和繁荣，具体来说，富强是指国家经济建设的目标，经济发展是社会进步的物质基础，它包括两个目标：使人民过上小康生活和实现国家富强。"物质生活的生产方式制约着整个社会生活、政治生活和精神生活的过程"，② 马克思主义认为，人类的终极目标是实现自由全面发展，这需要强大的经济实力和综合国力作为后盾。因此，把富强作为社会主义核心价值观的重要组成部分，是制度上的一个保证，它始终提醒全党全国人民集中力量建设发展。

民主是全世界人民追求的价值理想，它既是一种价值理想，又是一种政治理想。自古以来，"民主"就受到统治者的关注。中国古代有"民为本""水能载舟亦能覆舟""民重君轻"等思想，这些思想虽然是在封建制度下君主为维护统治而提出的，但在一定程度上制约了君权，反映了人民群众的影响力。现代"民主"概念起源于西方，意思是"平民治理"，直到20世纪才成为西方普遍的民主制度。与之不同的是，社会主义是以生产资料公有制为基础的，人民可以参与国家管理。我国是社会主义国家，人民民主是民主政治的核心这实则是在政治上对人民美好生活的保障。中国特色社会主义民主在实践中创新，民主政治的进程在创新中加快。通过

---

① 管仲，贾太宏. 管子[M]. 哈尔滨：北方文艺出版社，2016：06.
② 马克思恩格斯选集（第2卷）[M]. 北京：人民出版社，1995：32.

民主制度的完善，增强全民的民主意识，提高民主素质，更好地参与民主生活，实现社会主义民主的目标。

文明是社会进步的标志，是个人文化修养的表现。文明是我国文化建设的价值追求，包括人与人、人与社会、人与自然的关系。几千年来，中华文化积淀了许多优秀的精神品质，塑造了中华民族的灵魂。社会主义文明需要具有较高文化素质和思想道德素质的公民，高素质的公民有利于促进国家文明的发展，同时，国家文明对社会文明也具有重要意义。

唯物辩证法认为，和谐是一种合作、互利、共发展的关系。儒家强调"礼用，和为贵"。共产主义社会是一种真正解决人与自然、人与人之间的矛盾，真正解决存在与本质、客体化与自我确证、自由与必然、个人与阶级之间的斗争的和谐社会，有助于解决社会矛盾和凝聚社会力量。

"富强、民主、文明、和谐"符合国家现代化建设"五位一体"总体布局的要求，体现了国家和人民建设强国的美好愿景，也是激励民族不断奋斗的动力。

（2）社会层面

"自由、平等、公正、法治"反映了我国社会的基本属性。人的全面自由发展是中国社会发展的最高价值追求，是马克思主义的核心理念。中国特色社会主义建设需要自由全面发展的人。同时，政治、经济、文化等领域也需要保证人的自我发展和自我实现的自由，这在社会生活中是相辅相成的，每个人的生存和发展都拥有同等的机会。社会主义所提倡的平等不是绝对的平均主义。社会上没有绝对的平等，但我们可以不断缩小差距。提倡平等价值观，有利于调动人民群众的创造力和积极性。比如，法律保障公民的权利、公民有平等的竞争机会、社会保障制度调整公平。

公正就是公平和正义。公正是社会文明进步的重要标尺。一个社会制度的首要价值应该是公正，只有社会公正，每一个人才都有同样的发展机会，并且得到和付出平等的回报。因此，公正是社会稳定发展的重要保证。

法治就是依法治国，任何人都不能凌驾于法律之上。法律是社会规范的一种形式，是强制性的。一个国家的治理离不开法律的支持和保障。"坚持依法治理，加强法治保障，运用法治思维和法治方式化解社会矛盾。"①法治不仅可以维护国家的稳定和社会的有序发展，而且可以保障其他核心价值观的践行。

自由是社会主义的终极目标，但自由的实现需要以法治为边界，不存在脱离法治的绝对自由。社会主义制度的基础是平等，没有平等，就不可能实现公正。公正是中国特色社会主义的内在要求。只有享有同样的权利和平等的机会，我们才能发挥自己的才能，充分发展自己。法治作为治国的基本方式，能够有效地创造良好的社会环境，实现其他价值目标。

（3）个人层面

"爱国、敬业、诚信、友善"是每个公民的具体行为准则，类似于社会主义核心价值这个建筑的砖瓦。离开了公民个体，再完整的价值观也只是一句空口号。一个德行完备的人，需要不断激发真善美的道德意志、道德情感，提高辨别是非的能力，最终养成自觉践行的良好习惯。个人层面的价值观在家庭、社会、工作他人等方面画出一道线，促进每个公民提高自身道德修养。

爱国主义是一种对国家的真挚情感，时刻把自己的成长和国家的命运联系在一起，主动为国家负责。国家的繁荣和稳定可以给每个公民一种自豪感和安全感。同时，人们对国家的热爱可以形成巨大的力量，成为国家战胜困难的坚强后盾。爱国主义的认识不能只停留在传统美德上。当下爱国更要爱热爱社会主义，青年大学生要把对社会主义的热爱转化为实际行动，投身于国家建设，贡献力量。

敬业是各行各业的人在工作中应具备的基本态度，是职业行为的价值标准。每个人只有在岗位上尽责，才能得到应有的报酬，才能更好地发展个人生活，才能保证社会经济。社会需要认真对待工作的公民，公民的自我价值也需要体现在具体的劳动中。

诚信是所有人际关系所需要的优秀品质，也是一个人的基本道德品质。一个没有诚信的社会将无法正常运转。自古以来，中华民族就十分重视诚信。孔子的"人而不信，不可知也"、墨子的"言不信者，行不果"等都体现了诚信对人的重要性。在新时期，随着市场经济的发展，诚信不

---

① 中共中央关于全面深化改革若干重大问题的决定[N].人民日报，2013-11-16.

仅是一种道德，更是一种经济性质。在交往圈子不断扩大的社会中，诚信已成为连接彼此的一项重要参考标准。

友善是一种与人沟通和交往的品质，它能创造一种和谐的人际关系，这也是个人对自己的严格要求。友善作为人的基本素质，不仅可以完善人格，而且可以优化社会秩序，密切人与人之间的关系，营造良好的社会氛围。

"爱国、敬业、诚信、友善"的内涵是相互影响的。爱国是个人价值观的基本遵循，能激发民族自豪感。普通民众的爱国精神体现在他们每天的辛勤劳动中，通过对工作的投入来表达他们的爱国情怀。诚信和友善是人们交往的基本品质，良好的人际关系有助于树立国家的威信。在核心价值观的具体培育过程中，要特别注重个人层面价值观的确立，用个人价值观滋养社会价值观和国家价值观的诞生和发展。

（4）三者之间的逻辑关系

三个层次的核心价值观是一个有机的整体，任何一都不可能缺失，它们在社会主义实践中是统一的，都集中体现在国家价值目标、社会价值取向和公民道德规范上。每一层面的价值观都与前后层面的价值观有着密切的联系。国家层面的价值目标是最高指挥。一个国家只有强大，才能有充足的物质资料、民主的政治生活、丰富的文化生活和和谐的社会氛围等。这样一个国家对公民良好政治素养和良好人格的形成也会产生直接的积极影响。社会层面的价值取向是公民理想的社会状态，也是社会秩序良好的基本条件。正因为如此，社会层面的价值观才能指引社会主义建设的方向，只有走上追求自由、平等、公正和法治的道路，才能缓解国家和个人利益的矛盾，才能实现国家和个人层面的价值观。于国于社会，最终"人"才是落脚点，什么样的价值目标和价值取向是基于人而定的。公民不仅是价值观实践的主体，也是社会实践的主体。思想道德良好的公民，可以净化社会风气，引领社会风尚，凝聚建设国家的一切力量。

三者的关系就像盖房子：国家层面的价值目标最终是建筑的外观；社会层面的价值取向是建房的方法，不依据建筑的规律，房子就无法成型；个人层面的价值标准是建房的材料，没有它，房子就只停留在设计图纸上。总之，社会主义核心价值观就是依据价值准则的公民在正确价值取向的引领下，实现国家价值目标，每个部分相互依存，相互贯通。

2.加强社会主义核心价值观认同教育的意义

（1）抵制西方价值观渗透

改革开放以来，中国社会发生了翻天覆地的变化，人们进入了思想活跃、文化交融的时代，在社会思潮和多元文化的影响下，人们的思想观念发生了不同程度的变化。在经济全球化和信息化背景下，西方国家利用自身的经济影响力，通过网络不断输出带有其价值观色彩的文化产品。特别是第二次世界大战以后，一些西方敌对势力并没有放弃实施意识形态渗透，他们不断地改变意识形态渗透的方式和方法，其说词越来越具有欺骗性，比如近年来盛行的"意识形态终结论""中国威胁论""人权高于主权"等，这些都对我国的意识形态造成了一定程度的威胁。然而，西方价值观与资本主义私有制密切相关，资本主义私有制较为推崇"个人主义"，并通过经济竞争的形式体现出来，在这个过程中，如果发生经济纠纷，就必须诉诸法律来解决，这不仅体现了西方价值观所倡导的自我本位、物质利益、平等竞争、法律法规等，而且也表明了西方价值观中存在着极端的利己主义和拜金主义。以大学生为主体的青年是各国在意识形态竞争中关注的重点。在多元文化交织激荡的过程中，大学生如果轻信一些错误的价值观，在与人打交道时就会作出错误的判断和选择，从长远来看，对大学生的自身发展存在消极影响。从国家文化安全发展的角度看，社会主义核心价值观具有强大的精神凝聚力，对引导大学生自觉抵制西方腐朽价值观的侵蚀，保障社会主义社会的稳定发展具有重要作用。

中国特色社会主义的发展道路具有历史的特殊性。在不同的发展阶段，都有与之相适应的价值观，不同时代背景下的价值观会有不同的含义，也有一些价值观与西方某些价值观同名，但其内涵却不同。因此，社会主义核心价值观作为社会主义先进文化的重要实质，其培育有利于大学生区别中国传统价值观与西方价值观。

（2）巩固社会主义意识形态主导地位

在"地球村"的背景下，各国之间各种价值观的冲突和融合更加频繁。在思想文化领域，也出现了日益激烈的扩张与渗透、反扩张与反渗透。网络时代的到来为文化多样性的发展提供了更多的可能性，但同时也加大了反对文化入侵的难度。文化交流最初是指不同国家之间纯粹的价值观、思想文化的交流，但现在有了不同的含义。一些国家以文化交流的名义，在思想、政治、经济等方面悄悄地侵略别国。他们运用各种合理和不合理的方式，将自己国家的思想观念渗透和影响到其他国家，使他们认同这种文化所蕴含的价值观，崇拜直至最终吸收。这种文化侵略最基本的特点是，它通过输出文化和价值观来影响别国人民，然后以渗透的方式入侵和扩张。这种"温水煮青蛙"的方式，会慢慢摧毁人们对本国主流价值观和文化思想的信心。对于一个国家来说，意识形态在决定国家方向上起着关键作用，但它却很容易被忽视，因为价值观对人的影响是看不见摸不着的，它逐渐起作用，然后引起变化，日积月累，可能会因此而改变一个人、甚至一个民族的发展方向。

按照文明发展的规律，不同的文明会相互影响，甚至一方会渗透、同化、挤压另一方。由于社会性质的不同，一些国家基于某些利益就会借势对其他民族发起文化攻击与思想侵略，而这种时候，每一个被侵略的民族都要保持清醒的头脑，坚定本民族文化，因为一旦没有坚守住自己的阵地和坚持自己的思想价值，那么，它的民族文化、民族精神和民族凝聚力就会面临被欺辱和消亡的危险。虽然我国一直通过不断的努力加强自身建设，但每一个有忧患意识的国家和民族都应该提高警惕，自觉加强国民思想观念的教育，巩固社会主义意识形态主导地位。

因此，加强我国大学生社会主义核心价值观认同教育的任务相当紧迫，这既是对自身国家价值观和文化自信的反映，也是对妄图进行文化侵略的反动势力的无声对抗。同时，通过对大学生进行合理有效的社会主义核心价值观教育，可以使大学生始终保持民族文化自信，坚定本民族主流意识形态信仰，具有高效的教育作用。只有这样，大学生才能发自内心地认同和接受我国社会主义主流意识形态，从而在不知不觉中践行和弘扬；只有这样，才能在日益复杂的国际环境中保持清醒的头脑，时刻警惕外来不良文化的入侵，牢固社会主义意识形态在我国的主流指导地位。

（3）有利于国家富强，实现"中国梦"

建设"富强、民主、文明、和谐"的社会主义现代化国家，富强是国家的富强，是指国家的综合国力强大，人民生活水平富裕。民主是人民的民主，文明是物质的、精神的、政治的、社会的和生态的文明，体现了我们国家的价值目标。实现共同富裕，早日建成小康社会，体现了我们国家的价值追求。当然，大学生核心价值观的社会认同需要与社会主义文化强国建设和国家意识形态建设相结合，让社会整体共享改革发展成果，让广大人民能够从根本上认同社会主义国家富强、人民民主、社会和谐的核心价值观。中国梦是中华民族历史与未来的结合，在尊重历史的基础上，引领全民族向前进。社会主义核心价值观培育是实现中国梦过程中的重要环节，它是中国梦的具体表现，两者有着内在的一致性，统一于中国特色社会主义事业的建设中，因而培育大学生社会主义核心价值观对于中国梦的实现具有重大的意义。

中华民族伟大复兴的中国梦，不仅体现在强大的经济、军事、科技等硬实力上，更体现在强大的文化软实力上。价值观是文化软实力的重要组成部分，甚至是关键部分，它不仅对一个国家人民的凝聚力起着重要作用，而且具有很强的国际影响力和辐射力。因此，在世界综合国力的竞争中，文化的竞争主要是价值观的竞争。社会主义核心价值观是中国特色社会主义文化的标志，价值目标、价值取向和价值标准三个层次是中国梦的内在价值核心。比如，国家层面富强、民主、文明、和谐的价值目标，就是"国家富强、民族振兴"在中国梦内涵中的价值体现。一方面，加强社会主义核心价值观的培育，确实有利于中国梦的实现，因为中国梦的理想目标和社会主义核心价值观是一致的，都强调实现国家富强和人民幸福的愿望和追求。另一方面，中国梦和社会主义核心价值观的实现路径也具有相似性，需要中国人民自觉践行。在实际的培养过程中，引导大学生自觉践行、知行合一，就是为实现中国梦而不断努力。当代大学生的思维方式活跃，接受新事物的能力强，学习和模仿的能力都比较强。如果大学生能够有正确的价值观，就会促使他们自觉地把社会主义核心价值观的根本要求转变为自己的行为准则，向社会普及，从而带动广大人民群众共同实现伟大的中国梦。中国特色社会主义是一项前所未有的事业，实现中国梦的伟大梦想是一个漫长而艰巨的过程，需要克服一切困难，迎接挑战。正如习近平指出，必须坚持中国道路，弘扬中国精神，凝聚中国力量。实现中国梦，必须有坚强的思想保证和精神支撑，整合各方力量，形成强大合力。培育和践行社会主义核心价值观的过程，是获得全国人民思想"最大公约数"的过程，是激发民族精神与时代精神相结合的中国精神的过程，是整合和凝聚中国力量的过程。培育和践行社会主义核心价值观，是中国梦从理想走向现实的重要精神桥梁。

习近平在党的十九大报告中总结了五年来我国取得的成就，指出：中国进入了新时代，社会主要矛盾发生了新变化，即"人民日益增长的美好生活需要和不平衡不充分的发展之间的矛盾。"[①]新时代和新矛盾的提出标志着中国进入了新的历史起点。每个中国人都要坚持实现中华民族伟大复兴的共同梦想，伟大的梦想需要伟大的工程和伟大的事业。在中国特色社会主义发展道路上，大学生被寄予厚望。大学生是社会中最有活力的群体，他们对未来有憧憬和热情。多年来，他们在学习生涯中积累了扎实的文化基础，只要大学生能够心怀祖国的命运，积极关注社会发展动态，中国梦的实现就指日可待。中华民族的过去有过辉煌，也有过屈辱，我们党在历史经验教训中，经过一路艰苦卓绝的探索，找到了一条适合中国国情的发展道路——中国特色社会主义道路，再次踏上了复兴的伟大征程，各方面都取得了一定成绩。中国人民正在一步一步走向中国梦。中国梦与每一个中国人，特别是有理想信念的青年大学生息息相关。只有国家富强，社会和谐，每个有理想的青年大学生都有施展才华的舞台；只有每个青年大学生都有梦想，中国梦才有实现的现实基础。我们党反复强调，大学生作为一个继承历史、创造未来的群体，他们的价值取向与中国梦的实现密不可分。社会主义核心价值观是结合中国实际发展提出的，其内涵既是时代的要求，也是坚定不移走中国特色社会主义道路的要求。因此，大学生社会主义核心价值观的培育有利于个人前途与国家命运的结合。以核心价值观培育为突破口，可以增强大学生对中国特色社会主义理论体系的理解和认同，加深对中华民族发展道路的认识。同时，核心价值观的培育也是理想社会蓝图的构建过程。因此，一个德智体美、又红又专、全面发展的大学生，能够自觉地肩负起历史的责任，以优秀的个人品格在实践中为实现中国特色社会主义发展蓝图作出贡献。

---

① 习近平. 决胜全面建成小康社会夺取新时代中国特色社会主义伟大胜利——在中国共产党第十九次全国代表大会上的报告[N]. 人民日报, 2017-10-28.

青年兴则国家兴，青年强则国家强。习近平在2013年殷切寄语广大青年："中国梦是我们的，更是你们青年一代的，中华民族伟大复兴终将在广大青年的接力奋斗中变为现实。""为实现中华民族伟大复兴的中国梦而奋斗，是中国青年运动的时代主题。"①实现中国梦是大学生的历史使命，要把中国梦理想化为脚踏实地的行动，不能空谈，自觉践行和弘扬社会主义核心价值观，使理想和行动紧密结合、互促互进。

（4）有利于加强大学生自我教育，促进大学生全面发展

加强社会主义核心价值观认同教育，主要目标是使大学生从心底里认可这种价值标准，真正把社会主义核心价值观作为自身的道德标准与价值追求并进一步指导自身实践，达到内化于心外化于行的效果。随着时代的不断进步，改革开放和社会主义市场经济也在不断发展和完善，在这一过程中，人们的文化思想和意识观念也发生了深刻的变化，特别是大学生在思想观念和价值观上的多元表现。大学生是祖国现代化建设的人力资源，是祖国的未来和希望。谁能把握大学生的思想意识，谁就能把握未来的主导权。习近平指出："青年处在价值观形成和确立的时期，抓好这一时期的价值观养成十分重要，这就像穿衣服扣扣子一样，人生的扣子从一开始就要扣好，要努力把核心价值观的要求变成日常的行为准则，进而形成自觉奉行的信念理念。"②如果大学生只有较高的知识水平，还不足以被社会所接受，他们还需要有良好的道德品质和正确的价值观。值得一提的是，新代大学生在行为表现、思维活动和自我价值实现等方面仍处于不断探索的阶段，正确引导价值观在这一时期尤为重要。否则，大学生就极易受到国内外多元文化思想中一些负面因素的影响，比如，一些大学生在被西化、分化思想侵蚀后，盲目崇拜西方资本主义国家的价值观，动摇理想信念，抛弃对祖国的热爱。而现在，各国文化软实力的竞争更加激烈，教育的发展和科学技术的进步是提高国家竞争力必须关注的部分，因此，全方位发展的高素质人才早已作为社会发展的重点被不断提出。要保证大学生

---

① 习近平在同各界优秀青年代表座谈时强调：在实现中国梦的生动实践中放飞青春梦想 在为人民利益的不懈奋斗中书写人生华章[N]．人民日报，2013-05-05．

② 习近平．青年要自觉践行社会主义核心价值观——在北京大学师生座谈会上的讲话[N]．人民日报，2014-05-05．

顺利成长，就要不断加强培养力度，引导大学生树立正确的价值观。

思想政治教育发挥着构建精神家园的基本功能，在精神家园建设过程中，社会主义核心价值观对引领价值取向具有重要作用。价值取向是精神家园的价值支撑，社会主义核心价值观的培育，有利于建设大学生的精神家园，丰富大学生的精神生活，引导大学生树立正确的价值观。大学生作为时代发展的主体，其价值观影响着社会的未来发展。新时代，价值观念多元化，价值取向多样化，利益格局不断分化，社会环境影响进一步增大。因此，对大学生进行社会主义核心价值观教育具有十分重要的意义。大学生作为社会主义核心价值观教育的重要主体，肩负着历史使命和时代责任。当前，大学生社会主义核心价值观教育是一项复杂的系统工程，大学不仅是培养学生技能的地方，也是塑造健全人格的地方。社会主义核心价值观教育，既是培养人才知识技能的过程，也是关注大学生德、智、体、美全面发展的过程。

引导大学生树立正确的价值观。大学生应树立正确的价值信念，对现实中的价值歪曲现象做出正确的价值批判，实现自己的人生价值，造福社会。正确的价值观应当符合历史发展和社会要求，这正如马克思主义关于人性的认识一样，人性可以分为共同人性和具体人性，共同的人性就是"贯穿于人类一切历史阶段的一般特性"，具体的人性就是"不同历史阶段的特殊人性"[①]，社会主义核心价值观是时代发展产生的理论，对社会实践具有指导作用。高校加强社会主义核心价值观认同教育，提高大学生自我教育、自我约束的能力，既可以提高大学生辨别外界信息的能力，也能够促使他们用正确的价值标准规范自身言行，促进大学生全面发展。

（四）加强民族精神和时代精神教育

中华民族精神与时代精神是中华传统文化、中国传统思想的精华成分，是实现中华民族伟大复兴、实现中华民族繁荣昌盛、实现中国梦宏伟蓝图的精神支柱与精神纽带。它将赋予中华传统精髓的民族精神与时代精神共同凝聚于五千年的历史文化中，熔铸于我国政治、经济、文化、社会建设等各个领域，引领着时代发展、创新的潮流，影响着人们的意识观念

---

① 赖亦明，汪荣有. 马克思主义基本原理专题研究[M]. 合肥：安徽大学出版社，2009：175.

与实践活动，为人民群众的物质与精神生活提供了强大的精神支撑与智力支持。

在纷繁复杂的社会形势影响下，思想政治教育内容得到源源不断的丰富与创新，以不断满足时代发展与变化的新需求，将以爱国主义为核心的民族精神和以改革创新为核心的时代精神融入高校的国情教育内容、教学体系之中，实现民族精神与时代精神的有效培育，提升大学生国情教育、教学的实效性。

1.民族精神与时代精神

民族精神和时代精神是一个国家、一个民族始终保持生命力和活力的重要精神支撑，是人类文明进步的重要精神力量之源。爱国主义是民族精神的核心，是中华民族精神之所以形成的重要原因，是中华民族精神不断发展、生生不息的强大动力。爱国主义不仅表现在维护国家的统一和民族的团结，还表现在为国家的发展提供稳定、平等的国际环境，更表现在激励人们不断进取、开拓创新，为中华民族和世界发展作贡献。以爱国主义为核心的民族精神由多个层面组成：从民族性格层面看，民族精神是一个民族长期生产生活中形成的、构成民族特征的共同品格和稳定素质；从政治层面看，民族精神在政治层面上由于时代不同，所以有对其有不同的价值诉求；从经济层面看，民族精神是一个民族经济稳定进化策略的重要组成部分；从文化层面看，它是为整个民族提供一个价值世界，使整个民族成为一个价值共同体，民族精神是一个民族感情意志、思维方式的集中体现。总之，民族精神是一个民族长期地在一定的地理环境、文化背景、历史传统并共同生活的基础上形成的，为大多数人所认同的价值取向、道德规范、理想追求的总和，具有导向、促进、激励的作用，是把一个民族与其他民族区分开来的标志，是一个民族团结一致的重要精神纽带。

时代精神顾名思义是时代发展的产物，是超脱个人的、体现集体精神面貌的精神，是全体社会成员思想、道德、品质、价值取向的综合体现，是各个时代社会精神生活最客观、最本质的反映。时代精神帮助人们树立正确的价值取向，能够凝聚中华力量，能够规范社会秩序，是我们党带领人民不断向前，取得瞩目成绩的力量。如今，时代精神已经和我国的政治、经济、文化等各个领域融合到了一起，是我国继续取得更大成就和夺取中国特色社会主义伟大胜利的动力源泉。

民族精神和时代精神是国家精神的两个方面，它们既相互区别又相互联系。每个时代都有符合当时社会发展要求的时代精神，而民族精神则是贯穿于各个时代发展始终的基本精神。时代精神和民族精神相结合形成具有不同时期特点的国家精神。

2.民族精神与时代精神教育的内容

国情教育具有动态性特征，要教育和引导大学生关注中国的现实基本国情，因此，国情教育要与时俱进。面对世界性的文化多元化和国内改革发展稳定的艰巨任务，中华民族精神和时代精神教育的内容也要与时俱新，不断丰富和拓展。新时代的爱国主义表现在伟大创造精神、伟大奋斗精神、伟大团结精神和伟大梦想精神。所以，为了使中国特色社会主义新时代取得举世瞩目的发展成果，就必须使新时代的建设者即大学生具备伟大的创造精神、伟大的奋斗精神、伟大的团结精神和伟大的梦想精神。

（1）培养伟大创造精神

伟大创造指的是思想文化创造、政治制度创造、经济体制创造、科学技术创造、建筑工程创造等的综合体现，伟大创造精神是伟大的中国人民在创造精神财富和物质财富中表现出来的勇敢创新、勤奋工作、敢为人先的品质。

伟大创造精神创造出了璀璨的历史：体现在诸子百家璀璨的思想文化，体现在文人骚客的诗词歌赋，体现在闻名世界的四大发明，体现在美轮美奂的亭台楼阁，体现在恢宏大气的建筑工程。伟大创造精神创造出了壮丽的今天：体现在中国人民在改革开放后取得了发展的奇迹，体现在"一带一路"的显著成效，体现在中国六千多万贫困人口稳定脱贫。伟大创造精神为中华民族创造出了辉煌的历史和璀璨的现在，它是中华民族前进发展的动力，因此新时代也要继续大力培育伟大创造精神。

新时代，全面建成小康社会是否能够得到人民的认可，经得起历史的检验；党和国家是否能够推出新的发展理念，建设美丽新中国；在文化多元化的社会现状下是否能够继续延续中华优秀传统文化；在时代的检验中是否能够提炼出中国智慧；中国在激烈的国际竞争中是否能够立于不败之地等一系列问题，都需要中国人民继续保持和发扬伟大创造精神来解决。

历史上，伟大创造精神使中华民族摆脱了落后、贫穷的困境，推动了中国日新月异的发展，赶上了时代的步伐、走在了世界的前列。今天，面对新时代发展的诸多问题，需要新时代大学生具备积极的创造动机、浓厚的创造兴趣、高昂的创造情感和顽强的创造意志，成为合格的创造型人才，充分发挥中华民族伟大创造精神，创造出中华民族特有的、为人类服务的耀眼成果。只要全国人民继续保持伟大创造精神"我们就一定能够创造出一个又一个人间奇迹！"[①]

（2）培育伟大奋斗精神

伟大奋斗精神是中国人民在五千年的不懈奋斗中形成的，克服困难、披荆斩棘、勇敢向前、积极进取、永不放弃的品质。

只有奋斗才能应对考验、只有奋斗才能不断进步、只有奋斗才能在世界的舞台上大放异彩。中国的大好河山、辽阔海疆、广袤良田、各类产业、城镇乡村，都是中国人民不懈奋斗出来的。中国人民凭借伟大奋斗精神推动了历史进步。不论是推翻了两千多年的封建统治，还是在抗日战争中捍卫了国家的主权和领土完整，中国人民的伟大奋斗精神都是取得胜利的关键。伟大奋斗精神是中华儿女优秀品质的传承，在新时代一定会继续发挥鼓舞人们不懈奋斗的作用，把中国建设成富强、民主、文明、和谐、美丽的现代化强国。

新时代，中国社会主要矛盾由人民日益增长的物质文化需要同落后的社会生产之间的矛盾转化为人民日益增长的美好生活需要和不平衡不充分的发展之间的矛盾。矛盾的转变意味着人们对物质文化生活提出了更高的要求，意味着中国社会面临着新的、更艰巨的难题。在新时代，是否能够完成深化供给侧结构的改革，增强我国的经济质量优势；是否能够实现乡村振兴战略，解决好农民问题；是否能够完善社会主义市场经济体制，实现公平竞争，形成灵活有序的市场环境；是否能够繁荣发展社会主义文艺；是否能够提高就业质量和人民生活水平；是否能够在世界文明中形成中国话语体系等等的一系列问题，都需要中国人民以伟大奋斗精神为指引，持之以恒地为解决上述问题而奋斗。

---

① 习近平.在第十三届全国人民代表大会第一次会议上的讲话[N].人民日报,2018-03-21.

伟大奋斗精神需要全体中国人民的继承和发扬，新时代大学生是社会主义现代化强国的建设者，必须具备伟大奋斗精神。伟大奋斗精神是各项事业不断发展的强大动力，是中华民族走向伟大复兴的前提。只要全国人民继续保持伟大奋斗精神，"就一定能够达到创造人民更加美好生活的宏伟目标。"[①]因此，只要新时代大学生始终坚持这种伟大奋斗精神，中国人民追求的美好生活的愿望一定会实现，中华民族将会更加繁荣昌盛。

（3）培育伟大团结精神

习近平说："团结就是力量，团结越紧力量越大。"[②]伟大团结精神是中华儿女凝聚一心、勇往直前，形成的无坚不摧、无所畏惧的强大力量，是一种齐心合力、同心同德、荣辱与共、共同进退的品质，是一种为了集体、为了大局牺牲小我、成全大我的精神。

团结就是力量，伟大团结精神正是中华民族精神凝聚功能的最好诠释。伟大团结精神，是各民族人民为抵御外敌、保卫祖国而浴血奋战的重要精神支撑，它创造出了令世界瞩目的"中国奇迹"。伟大的团结精神使中国各族人民团结一心、共同奋斗，形成了中华民族大发展、大繁荣的景象。伟大团结精神是中国共产党的力量所在和生命所系，它使党和群众密切保持着血肉联系，从而携手同心共同创造了中华民族崛起的伟大奇迹。构建人类命运共同体和"一带一路"的提出，更加体现了伟大团结精神兼爱、博爱的特质。

新时代各项事业的发展离不开对伟大团结精神的坚持。是否能够实现区域协调发展，使各地区的人们共享发展成果；是否能够形成全面开放的新格局，实现全球化的合作；是否能够发挥社会主义协商民主的重要作用，实现有事众人商量，好事一起分享；是否能够巩固和发展爱国统一战线，使全国人民共同为中华民族伟大复兴而努力；是否能够有效维护国家安全，充分发挥全国各族人民热爱祖国、众志成城的品质等一系列问题，都需要全国人民具备伟大团结精神来解决。

只要全国人民继续保持伟大团结精神，"就一定能够形成勇往直前、

---

① 习近平. 在第十三届全国人民代表大会第一次会议上的讲话[N]. 人民日报, 2018-03-21.
② 习近平. 在庆祝中华人民共和国成立65周年招待会上的讲话[N]. 人民日报, 2014-10-01.

无坚不摧的强大力量"。①新时代大学生是中国特色社会主义各项事业的奋斗者，必须具备伟大团结精神。新时代大学生由于科技的发达很多事情可以依靠自己完成，相对缺乏团结合作的精神和能力，而中华民族想要取得更好的发展，想要以更加自信的姿态存在，新时代大学生就必须领会、学习、实践伟大团结精神。

（4）培养伟大梦想精神

伟大梦想精神是中华儿女在中华民族几千年追逐梦想的过程中形成的，心怀梦想、勇于追求、坚持不懈的品质。伟大梦想是在尊重现实规律的基础上，根据中国人民的心愿和努力而形成的，具有实际性和可实现性的特征，伟大梦想精神就是在此基础上形成的精神。

从盘古开天辟地、女娲炼石补天，到神农尝百草、愚公移山等古代神话中，体现了中国人民渴望征服自然、改造自然的愿望，体现了对梦想执着的追求；对"讲信修睦、互助互爱、夜不闭户"的向往，体现了对"天下大同"理念的渴望；从鸦片战争到抗日战争，中国割地赔款、饱受欺凌，民族危机和社会危机及其深重，激起了中国人民民族独立和民族解放的愿望，并且为了这个愿望努力拼搏，不畏牺牲，终于实现了民族的崛起。现在，实现中华民族伟大复兴是中华民族的最伟大的梦想，也是第一次如此的接近中华民族复兴的伟大梦想。

习近平说："人无精神则不立，国无精神则不强。"②梦想作为一种意识，对人的行为具有指导和激励作用，伟大梦想精神就是中国人民取得伟大成绩的精神引领和精神动力。新时代，是否能够实现全面建设社会主义现代化强国；是否能够最大程度上实现人民当家作主；是否能够实现社会主义文化繁荣昌盛；是否能够将中国建设成一个军事强国等一系列问题，都需要树立伟大梦想，以伟大梦想精神激励人们努力奋斗、执着追求。

新时代大学生是有理想、有追求的一代。梦想精神可以理解为一种精神追求，它是正能量的，是值得发扬的。有梦想才能去追求，只有执着追求才能实现梦想，中华民族伟大复兴的中国梦是每一个中国人的梦想，新时代的大学生更应该心怀梦想，为了全民的梦想而努力。只要继续保持伟

---

① 习近平. 在第十三届全国人民代表大会第一次会议上的讲话 [N]. 人民日报, 2018-03-21.
② 习近平. 在纪念红军长征胜利80周年大会上的讲话 [N]. 人民日报, 2016-10-22.

大梦想精神,"就一定能够实现中华民族伟大复兴。"①

　　构建和完善大学生国情教育内容体系,实现国情教育目标,对大学生自身来说,立足国情,明确使命,实现大学生个体的自由全面发展。对国家和社会发展来说,大学生准确把握国情,科学分析复杂的国内外形势,正确认识中国道路、中国的改革与建设、外交政策等,从而坚定理论自信、道路自信、制度自信、文化自信,自强不息,艰苦奋斗,有利于建设中国特色社会主义事业,实现中华民族伟大复兴中国梦。

---

① 习近平. 在第十三届全国人民代表大会第一次会议上的讲话[N]. 人民日报, 2018-03-21.

第五章

创新大学生国情教育方法与实践路径

> 我们要悉心教育青年、引导青年，做青年群众的引路人。青年要顺利成长成才，就像幼苗需要精心培育，该培土时就要培土，该浇水时就要浇水，该施肥时就要施肥，该打药时就要打药，该整枝时就要整枝。要坚持关心厚爱和严格要求相统一、尊重规律和积极引领相统一，教育引导青年正确认识世界，全面了解国情，把握时代大势。既要理解青年所思所想，为他们驰骋思想打开浩瀚天空，也要积极教育引导青年，推动他们脚踏实地走上大有作为的广阔舞台。当青年思想认识陷入困惑彷徨、人生抉择处于十字路口时要鼓励他们振奋精神、勇往直前，当青年在工作上取得进步时要给予他们热情鼓励，当青年在事业上遇到困难时要帮助他们重拾信心，当青年犯了错误、做了错事时要及时指出并帮助他们纠正，对一些青年思想上的一时冲动或偏激要多教育引导，能包容要包容，多给他们一点提高自我认识的时间和空间，不要过于苛责。
>
> ——节选自习近平2019年4月30日在纪念五四运动100周年上的讲话

一、高校加强大学生国情教育应坚持的原则

培育大学生科学的国情观,就必须让大学生接受马克思主义哲学的滋养,掌握科学的世界观和方法论,坚定理想信念,坚持正确方向,增强实事求是能力,增强辩证思维能力,增强解决各种复杂问题的本领。因此,在大学生国情教育中应坚持马克思主义哲学的基本原理和方法论原则。

(一)坚持唯物论的基本原理和方法论原则

第一,坚持实事求是原则。国情,包括省情、市情、县情、乡情等等,都是客观存在的、要准确地把握国情,就要认真、客观地对待它们,深入进行调查研究,将它们完全真实地反映出来,不对国情做任何主观的加工。不管是国情中的成就还是问题,既不能夸大,也不能缩小,必须原原本本地把国情的原貌完全真实地反映出来。实事求是,从实际出发、客观真实的国情观才是科学的。

第二,坚持尊重客观规律和发挥主观能动性相结合。尊重客观规律和发挥主观能动性辩证关系原理启示我们,要培育大学生科学的国情观,必须始终坚持解放思想、实事求是、与时俱进,在认识和掌握客观规律的基础上充分发挥主观能动性。高校思想政治教育工作者在进行大学生国情教育时,要正确认识和把握人的思想认识形成与发展规律、学生成长规律,始终遵循并科学运用思想政治工作规律、教书育人规律,让大学生正确认识共产党执政规律、社会主义建设规律和人类社会发展规律,形成对国情的正确认识,树立科学的国情观。在大学生国情教育过程中,高校也要注重发挥大学生的主观能动性、积极性、创造性,引导大学生能动地认识国情,培养他们自觉教育和自我教育的能力,培养和发挥大学生个体的自觉能动性和自我教育能力。

(二)坚持辩证法的基本原理与方法论原则

要培育大学生科学的国情观,必须坚持辩证法的基本原理与方法论原则,用联系的、发展的、矛盾的观点看待国情,树立辩证思维。

1.用联系的观点看问题

事物是普遍联系的,联系具有普遍性、客观性、多样性,这就要求我

们用联系的观点看问题。第一,坚持联系的观点看问题,对事物的联系进行具体分析,反对形而上学孤立地看问题。从纵向来看,一国的国情是普遍联系的,当下的现实国情是由历史国情发展而来,现实国情又决定着未来国情的发展变化。从横向来看,一国的国情不是孤立存在的,总是不可避免地与其他国家的国情产生联系。要准确把握国情,就得坚持国情是普遍联系的,而不能主观地割断它们之间的联系。第二,坚持系统论。要坚持系统论的观点,善于从总体上把握国情的全貌。国家和社会,是一个庞大的有机整体,所谓国情,就是这个整体方方面面的状况及其反映。国情的内容是多方面、多层次、多角度的,是一个系统的整体。把握国情,不能只抓住一点不顾其他。如中国这样的大国,不同区域的情况就有很大的不同,要准确把握国情,就得从整体上加以认识。同时又分门别类,对不同领域、不同地区的实际和特点加以系统化的研究,从而使我们的国情观更加全面、更加完整。

2.用发展的观点看问题。

一切事物都处于运动变化发展之中,这就要求我们用发展的眼光看问题。第一,国情是动态变化的,我们的国情观也要紧跟社会发展步伐,与时俱进,不能拿老眼光去看待新问题。改革开放四十多年以来,我国政治、经济、军事、文化、外交等各方面都已经取得举世瞩目的成就,中国不再是新中国成立初期一穷二白、积贫积弱的状况了。大学生要树立强大的国家荣誉感、民族自豪感,以身为中国人而骄傲,不能再抱有崇洋媚外、"国外的月亮就是比中国圆"那种思想了。第二,事物发展的总趋势是前进的,而发展的道路是迂回曲折的。事物的发展不会一帆风顺,大都是波浪式前进,螺旋式上升的。比如,当前出现的一些社会矛盾和民生问题,是我们国家在发展过程中必然会遇到的,将来一定会得到妥善解决,我们要对国家的建设事业和改革事业充满信心。第三,国情是动态变化的,但在一定时期内国情中的一些因素会保持相对稳定的状态,而相对稳定的状态是质变前量的积累。量变质变互变规律启示我们,既要重视量的积累,防微杜渐,又要不失时机地促进由量变到质变的转化。比如,我国在发展过程中,曾经盲目追求经济快速发展,掠夺式开发所造成的资源、环境问题,如果不及时控制在一定的限度内,一旦资源环境承载能力超越极限,演变成其他各种问题,到时候解决起来不单单难度更大,而且会付出惨重的代价。

3.用矛盾的观点看问题。

第一,矛盾是客观、普遍存在的。大学生要有问题意识,不能回避现实矛盾,要自觉主动地直面国家存在的各种矛盾,提高解决矛盾的本领。改革开放四十多年来,中国经济以年均9%的高增长率快速发展,一跃成为世界第二大经济体,但经济发展导致了环境污染、资源短缺、贫富差距不断扩大,民生问题,社会矛盾激化、食品安全问题频发、社会道德滑坡等问题。大学生要强化问题意识,正视国家的问题和矛盾,既要清醒地认识到基本国情没有变,也要把握历史阶段新特点积极化解矛盾,努力解决国家发展过程中、前进道路上遇到的各种问题。

第二,坚持两点论与重点论的统一。任何事物都具有两面性,一个国家的国情也不例外。所以,认识国情要坚持一分为二,不能片面化、绝对化,对大学生进行国情教育也要坚持正面教育和反面教育相结合。一方面,要坚持以正面教育为主,给大学生介绍我国灿烂的历史文化、大好河山,短短几十年里我国在经济、社会、民生等方面所取得的巨大成就,我国在国际上影响力越来越大、拥有更多的话语权、扮演着越来越重要的角色,激发他们的爱国之情,强化他们的国家认同、民族认同。另一方面,不能忽视反面教育,不能回避国情劣势,要直面我们的问题和挑战。要实事求是地讲解鸦片战争以来我国落后挨打的屈辱历史,并分析其背后的深层次原因,得出落后就要挨打、弱国无外交的启示,激发他们奋发图强,建设社会主义现代化强国的决心。要让大学生认识到当前我国自然资源相对短缺、浪费严重和生态环境恶化的现实问题,有意识地培养他们节约资源、保护环境,树立正确的资源观、环境观、人口观。更要让他们清楚地看到我国与西方发达国家之间存在的差距,以及现代化建设中存在的各种社会矛盾、社会问题,激发他们的危机感、紧迫感,启发他们努力学习科学文化知识,为强国富民作贡献。只有坚持以正面教育为主,同时坚持两分法,帮助大学生建立起对基本国情的全面、正确的认识,才能真正取得教育的实效,正面教育的目的才能达到。

第三,主次矛盾和矛盾主次方面辩证关系原理启示我们,要抓主要矛盾，抓矛盾的主要方面。这有助于我们全面、客观、科学地分析国情，正确认识党在领导建设社会主义事业过程中所取得的成绩和现实中出现的问题和失误，让大学生正确理解我党的路线方针政策。当前，我国处于并将长期处于社会主义初级阶段这个基本国情没有变，我们的首要任务仍然是解放和发展生产力。我国发展所取得的重大成就表明，我们党和国家坚持的方向、道路是正确的。我们要坚定道路自信，虽然我们在前进道路上遇到了不少问题和挑战，但我们更要看到中国在经济、政治、文化、社会、生态等方面等所取得的巨大成绩。我们要对国家的前途和未来充满信心，建立强大的民族自豪感。

第四，坚持具体问题具体分析。坚持具体情况具体分析的观点，有针对性地解决存在的问题。事物都是普遍性与特殊性的统一。国情是一个整体，需要有总的认识和判断，但这个整体又是由许许多多的局部和部分组成的。因此，我们还需要认真研究和考察有关的局部和部分，例如，每个省、市、县既要了解整体的国情，又要了解自己的省情、市情、县情，然后有针对性地制定自己的发展战略或相关政策。如果谈起国情滔滔不绝，谈起省情、市情、县情却一无所知，这种国情观还是空泛的、不实际、不管用的。

（三）坚持认识论的基本原理与方法论原则

坚持实践认识论的基本原理与方法论原则，有利于大学生把握国情的本质与规律，形成科学的国情观，按客观规律办事，积极发挥主观能动性，去应对国家建设和改革事业中的问题。

第一，坚持知行统一原则。实践是认识的基础，实践决定认识，认识对实践具有反作用。毛泽东在《实践论》里强调要知行统一。大学生的国情观来源于现实的国情实践基础，大学生要正确认识国情，树立科学的国情观，目的还是为了指导中国特色社会主义实践。大学生要言必行，行必果，知行统一，言行一致。认识对实践具有能动的反作用，所以大学生要树立科学的国情观，指导中国特色社会主义建设和改革取得新的成绩。

第二，由感性认识到理性认识、再由理性认识回到实践，是认识过程的两大飞跃。大学生必须占有十分丰富的感性材料，对国情有一个全面、深入的了解，并且运用科学的思维方法进行加工制作，国情观从感性认识上升到理性认识，形成科学的国情观，完成第一次飞跃。认识的最终目的是为了指导实践。之后，用科学的国情观去指导自己的实际行动，投身社会主义建设事业，完成认识过程的第二次飞跃。科学的国情观，一定要批判唯理论和经验论，反对教条主义和经验主义。

第三，透过现象把握本质。要对国情进行全面、系统、深入的了解，还要不断提高自己的科学抽象能力，能够透过国情的表象去发现本质、揭示规律。在现象和本质、内因和外因、内容和形式、偶然和必然、主流和支流、现实和可能等相互关系中，准确把握看不见、摸不着的关系、本质和规律。

二、创新大学生国情教育的方式方法

要做好大学生教育工作，不仅要坚持正确的原则，还应该掌握和运用科学的方法。方法得当，就会事半功倍。毛泽东指出："我们不但要提出任务，而且要解决完成任务的方法问题。我们的任务是过河，但是没有桥或没有船就不能过。不解决桥或船的问题，过河就是一句空话。不解决方法问题，任务也只是瞎说一顿。"① 方法对于目标、任务达成的重要性不言而喻。时代不同了，大学生也具有新的特点，为了增强国情教育的实效性，就要与时俱进，不断创新国情教育的方式方法。

（一）理论教育与实践教育相结合

理论教育法对于大学生国情教育而言，是指教育者有目的有计划地向受教育者进行基本国情理论教育，引导受教育者逐步树立科学的国情观、政治观、价值观的方法。思想政治教育是高校国情教育的重要途径，而高校思想政治理论课则是开展国情教育宣传的主渠道。要充分发挥思想政治理论课的教育作用，还必须使国情教育贯穿和渗透到各学科的课堂教学中。

当代大学生极具活力与朝气，不喜欢教条理论的灌输和僵化道理的劝导，因此，高校应当结合大学生的特点，克服传统的理论灌输和说教的模式，创新国情教育方式方法。首先，教师作为教学的组织者和引导者，要

---

① 毛泽东选集（第1卷）[M]．北京：人民出版社，1991：139．

改变自己的观念、创新知识，完成角色的重塑，充分发挥主导作用，以学生为本，遵循学生身心发展的规律。其次，转变教育方式。提倡启发式、参与式、研究型等教学模式，提高国情教育的说服力与感染力。激发学生的积极性与主动性。教师在其各自的教学中要善于运用典型人物和典型事例渗透国情教育。学校还可以组织开展国情教育相关的观影、辩论赛等活动，使学生感受到生动的国情教育；开展国际时事专题讨论活动，如让学生讨论如何处理中日、中美等国际关系，培养学生理智分析国际形势、合理处理国际关系的观念。

实践教育法对于国情教育而言，是指积极组织、引导教育客体参加各种实践活动，提高其对我国基本国情的思想认识，培养优良品德和良好习惯的教育方法。大学生通过参加国情教育实践活动可以实现角色的转变，实现从一位旁观者到主人翁和当事人的转换，这有利于大学生以一种全新的视角和心态来看待社会现象、政治问题，有利于培养他们运用马克思主义的观点、方法来分析问题、解决问题的能力，有利于他们摆脱狭隘的思维方式和价值取向，在提高其实践能力的同时促使其形成科学的国情观。

国情教育的实践多种多样。在充分利用思想政治课和专业课开展大学生基本国情教育时，也要注重开发课堂外的各种国情教育活动，作为对课堂内教学活动的补充和辅助。比如邀请那些学术水平较高、某一领域的专家学者，经常到学校开展各种有关国情的演讲会、报告会、讨论会和讲座等学术活动。大学生从中可以获取系统深入的国情知识，掌握科学认识分析国情的方法。

2015年1月中共中央出台的《关于进一步加强和改进新形势下高校宣传思想工作的意见》强调，完善党政领导干部到高校作形势报告制度，省（自治区、直辖市）党委、政府主要负责同志每学期至少给学生讲一次形势政策课。①其实早在2005年，习近平在担任浙江省委书记时，每年都会为大学生作形势报告，并且倡导浙江建立了形势政策报告制度和省领导联系高校制度。

高校要建立并完善领导干部向大学生作形势政策报告会制度、省领导联系高校制度，尤其是在每年学期开学或国内外发生重大事件时，结合

---

① 中共中央办公厅、国务院办公厅印发《关于进一步加强和改进新形势下高校宣传思想工作的意见》_中国政府网［EB/OL］．http://www.gov.cn/xinwen/2015-01/19/content_2806397.htm.

大学生的思想实际，可以邀请相关的领导干部到高校进行当前形势与政策的宣讲教育活动，以使得大学生能够及时地了解我国现阶段发展的基本状况，澄清公众对国家现实问题的模糊认识，纠正错误观点，及时解决大学生不能客观、全面、正确看待社会现象的问题。

（二）隐性教育与显性教育相结合

1.显性教育

大学生所接受的国情教育，从形式上来看，存在显性与隐性之分。显性的国情教育，在内容上看往往是有计划的、在步骤上看往往是有序的、在影响上看往往是直观的。显性的国情教育最为基本的形式主要有课堂教学、专题讲座以及党团活动等等。该教育形式的特点集中表现在以下三个方面。

第一，显性的国情教育在教学目标上是明确的。教学目标的明确性，决定了显性的国情教育不是盲目的。无论是理论知识的掌握还是行为实践的变化，显性的国情教育均有着明确要求。这种目的和目标是教育实践开展的依据，也是教育实践结束时的归宿。它对于教育者和大学生来说都是公开的、明显的。

第二，显性的国情教育在形式上具有规范性。大学生国情教育的显性教育的形式都十分规范，具有明确的时间、地点、场景规定和布置。显性的国情教育在形式上所具有的规范性，使得该教育活动的开展对大学生有着不可替代的约束力。

第三，显性的国情教育在内容上具有系统性。显性的国情教育在内容上所具有的系统性，是由教学目标的明确性与教育形式的规范性所赋予的。要完成既定的教学目标，需要构建循序渐进的教学内容。国情教育形式的规范性，决定了相关的教育内容是有规律可循、有步骤可行的。循序渐进、有规律可循、有步骤可行，均是教育内容具有系统性的集中体现。大学生国情教育显性的这些特点决定了它是大学生在短时间内接受系统、完整的基本国情理论教育影响的主要方式。

2.隐性教育

隐性教育是相对于显性教育法而言的，它是利用教育的隐性资源展开的比较隐蔽、含蓄地对大学生施加基本国情影响的教育，主要有环境熏陶、切身体验、榜样激励等方法。大学生国情教育的隐性教育具有如下特点。

（1）教育方式方法具有隐蔽性。对大学生开展国情教育的隐性教育，往往是通过间接的方式与手段将教育内容与教育思想渗透到大学生的头脑中，于无形中影响大学生的思想，进而改变其自身的行为。

（2）知识传授上具有开放性。隐性教育具有覆盖面广的特点，大学生日常生活的方方面面均能受到该种教育形式的影响。教育者所传授给大学生的知识是非闭锁性的，这一优势是显性的国情教育所无法企及的。

（3）教育效果上具有差异性。国情教育的隐性教育是使大学生在一种氛围或情境中自然而然地受到触动，它依靠大学生自我的体验和觉悟。由于个体之间存在差异性，在没有明确规定教育目标的情况下，每个人的体验和体悟程度是不同的。

对大学生开展隐性教育尽管在形式上不容易引起人们的关注，但其所具有的优势同样是明显的。其中最为明显的优势之一，是能够对大学生产生潜移默化的影响。大学生能够通过自身所接触到的环境、情境、氛围接受教育影响，这种非显性的教育方式更加容易使他们在相对放松的氛围中接受教育影响。在开展大学生国情教育的过程中，隐性教育可以尽可能地减少大学生的排斥与逆反心理，这种教育形式能够帮助大学生在潜移默化中接受国情教育。另外，隐性教育还有助于弥补显性教育的不足。显性的国情教育往往集中在课堂教学中，而国情教育的有效开展，应涵盖的领域、所涉及的内容是广泛的。隐性教育因之渗透在各领域、覆盖内容广泛而使之能够有效弥补显性教育的不足，从而使大学生获得全方位、立体性的国情教育影响。国情教育的隐性教育较之显性教育也有不足之处，它不及显性教育所能够在较短时间内形成全面、系统、完整的理论认知，它也不及显性教育的权威性而具有很大的不可控因素存在。所以，在重视显性教育的同时不忽视隐性教育，在开展隐性教育时注重隐性教育环境、情境、氛围等的营造，这样才有助于增强大学生国情教育的实效性，且有助于推动该教育活动的良性发展。

（三）线上教育与线下教育相结合

随着云计算和4G技术的迅猛发展，智能终端的广泛应用，从打手机到用手机，人人都有"麦克风"，人人都是"发言人"，社会已经进入了一个网络的世界。网上信息源头和传播渠道日益多元化，深深影响和改变着大学生的思想认识、心理发展、价值观念以及行为方式。现实表明，大学生对互联网"一网情深"，QQ、微博、微信等现代沟通方式以灵活、智能、平等、立体化、节省资费等优势令大学生对其情有独钟，移动互联网已成为大学生接触和感知社会环境的最主要途径，成为大学生建构自身思想道德标尺和价值准则的重要影响源。在这种情况下，高校要适应移动互联网快速发展形势，将传统的教育方式与现代科学技术进行融合，对大学生进行国情教育既离不开现实物理空间的教育实践（即线下教育），又离不开网络虚拟空间的教育实践（即线上教育），将二者有机融合，加强网络媒体宣传阵地建设，努力创新大学生国情教育的手段和途径。

具体来说，大学生国情教育的线下教育，主要是指教育者与大学生之间开展的面对面的施教与受教活动，如，在课堂上设置专门章节讲授与国情有关的知识，也可以通过系列讲座的形式邀请专家为大学生讲授与国情有关的理论。这种与教师、专家"亲密接触"的线下形式，更容易让大学生感受到人文关怀，教育者可以随时根据大学生的学习情况反馈来调节自身的施教行为，从而有利于教育过程的有效展开。然而，线下教育的局限性也是明显的。最为突出的局限，就在于其受到时间与空间上限制，而且线下教育的重复性低，一节课结束后，大学生不容易再次接受相同课程的知识灌输。

在网上开展国情教育则较好地利用了互联网这一平台。线下教育所存在的诸多局限，因互联网技术的发展与使用而得到破解。从当下来看，能够被线下教育所使用的互联网资源是丰富的、形式是多样的。网络以其不受时间空间限制、资源的丰富性、表达的立体化等优势成为国情教育的重要途径。在2017年2月27日中共中央国务院颁布的《关于加强和改进新形势下高校思想政治工作的意见》中就强调："要加强互联网思想政治工作载体建设，……运用大学生喜欢的表达方式开展思想政治教育。"[1]

线上教育作用的发挥也离不开线下教育实践的推动。首先，线下教育能够提升大学生的网络信息辨别力。由于网络信息具有海量化的特征，

---

[1] 中共中央国务院《关于加强和改进新形势下高校思想政治工作的意见》[N]．人民日报，2017-02-28．

面对多种具有不同价值观念的网络信息的影响和刺激，如何从错综复杂、丰富多样的网络信息中获取有益资源，关系到大学生能否形成科学的国情观。而这一工作往往是通过线下教育进行的。从某种程度甚至可以说，国情教育的线下教育效果的好坏，与大学生网络信息辨识能力的强弱呈正比例关系。其次，网络的负面影响仍然需要线下教育加以解决。由于网络存在门槛低，信息源广泛，且网络监控系统不健全等问题，致使网络实践给大学生带来某些负面的影响，而这些负面影响需要借助网下的教育实践来解决。最后，国情教育理论的系统化掌握还需要借助线下教育平台。线上教育较之线下教育来说，形式多样化，视觉立体化，更富有吸引力，但线上教育往往依赖于大学生的自觉性和自我约束力，它不具有线下教育这种面对面教育方式的约束力和权威性。对于国情教育的理论内核的系统掌握，还是需要有针对性的、系统性的、面对面的教育引导。总之，线下教育与线上教育各具优势，只有将二者相结合，充分发挥各自优势，充分利用大众传播媒介，才能提高大学生国情教育的实效性。

第一，广大教育工作者要积极学习网络知识和操作技能，努力掌握网络新技术新应用，主动研究、运用网络传播规律，不断探索适应大学生身心发展和成长规律，符合网络特性和传播特点的沟通方式，运用"网言网语"与大学生网民交流互动，联系社会现实和大学生身边事例，解惑释疑、析事明理，客观、全面地介绍国情、社情、民情。要用正面声音和先进文化占领网上价值宣传和思想传递阵地，弘扬主旋律，传播正能量，打造一批贴近时代、贴近校园、贴近学生的优秀网络文化品牌和网络社区，并以之为依托传递积极人生追求、高尚思想境界和健康生活情趣，发挥移动互联网在大学生国情教育中的独特作用。

第二，开设专门的国情知识和国情教育栏目。实践证明，观看纪录片、影视剧这一方式深受大学生欢迎。国家可以制作生动有趣、富含国情知识的纪录片，传播我国的国情信息。例如，央视制作的12集纪录片《国情备忘录》，围绕当前我国资源、环境、人口、"三农"、经济、教育、科技等热点问题，全方位、多视角地展现了大国风采。《远方的家》系列节目之《沿海行》，以旅游节目的形式，展现了改革开放以来中国沿海地区所发生的变化，反映了沿海地区人民的吃苦耐劳的创业精神。黑龙江日报在国庆60周年时制作的"沿边行"大型系列专题报道，还有展示全国各地的美食节目《舌尖上的中国》，深受人们的青睐。这些纪录片不像课堂教学那样枯燥无味，大学生在享受视听大餐的同时，国情教育已经深深地浸润到了学生的心灵，达到寓教于乐的效果。

第三，国内一流的专家学者进行国情方面的研究，打造关于国情教育的精品图书。如现任中国科学院和清华大学国情研究中心主任的胡鞍钢教授编著了《中国国情与发展》，还有北京大学国家发展研究院林毅夫、姚洋、黄益平等编著的《北大国情报告——在朗润园读懂中国》，主要关注中国改革九大核心命题，对中国改革、中国经济发展进行全面深入的解读。由中华人民共和国年鉴社编纂、新华出版社出版的《中国国情读本》，通过"国情概略""专题国情""魅力国情"等5部分来介绍中国的国情，其中"魅力国情"分别从时政、经济、文化、科技、民生、人物等几个角度，将这一年来国家发生的大事编成合辑，介绍中国的现实国情。张帆的著作《长城内外》，讲述祖国的大好河山。这些书籍图文并茂，读起来生动有趣，能够极大地吸引学生的兴趣，激发其爱国之心。

（四）外在教育与自我教育相结合

马克思主义哲学认为，在内外因的共同作用下，推动着事物不断地变化与发展，内因是推动客观事物变化发展的根本依据，而外因则是事物变化发展的必要条件，外因只能通过内因才能推动事物的变化与发展。在高校开展国情教育，要实现外在教育与自我教育的良性结合。从某种意义上来看，国情教育活动开展的过程，也是外在教育与自我教育相结合的过程。教育者通过使用一定的教育手段与教育方法，对大学生进行国情教育，以促使其在理论认知与行为实践上发生变化的活动，即大学生所接受的国情教育的外在教育。所谓大学生国情教育的自我教育，是指大学生根据自身的需求，以自我作为认识和改造的对象，自觉地进行国情相关知识的学习和实践的活动。

外在教育与自我教育于大学生接受国情教育而言，在作用上是相互促进的。进而言之，外在教育有助于提升大学生自我教育的能力，内在教育有助于增强大学生接受外在教育的水平。苏霍姆林斯基就曾对何谓真正的教育进行了探讨，在他看来，真正的教育实践是不仅有教师教导学生的功能，还要有引导学生在教育实践结束之后，自我自觉开展继续教育的功能。伟大的教育家叶圣陶也认为，"不教"是"教"的目的。这些论述充分彰显了外在教育与内在教育对推进大学生国情教育是相互促进、相互补充的关系。对大学生进行外在的国情教育，正是为了更好地使之进行自我教育。从大学生开展国情自我教育来看，其也不能脱离外在的国情教育。外在的国情教育是大学生进行自我教育的先导和外部条件，离开这一环节，大学生进行国情自我教育将会失去必要的基础和前提。大学生进行国情自我教育，不仅需要具有自觉性，还要具备相应的学习能力。而这些能力的获取，正是国情外在教育所给予的。

自我教育是国情理论、情感内化的关键。加强自我教育、提高自我修养是践行爱国主义行为的重要前提。教师在这一过程中居于主导地位，起着引导作用，但高校国情教育的成效，不单单取决于教师的教学效果，更取决于大学生能否切实加强自身修养，能否深刻理解并内化国情教育相关理论知识，能否在实际的行为中自觉践行爱国主义行为。大学生自身才是进行国情教育最关键的因素。因此，大学生科学国情观培育，必须积极引导大学生进行自我教育。

一方面，积极引导大学生开展自主创新性学习。大学生国情教育所存在的诸多问题，归根结底还是国情教育实效性差的问题。通常情况下，教师是教育实践活动的主体，掌握着教学的内容的主动权，这就造成了学生被动地去接受教师讲授的知识内容，导致了教育的实效性较差。要化解这一局面，教育者要转变教育观念，把教育对象变成自己教育自己的主体，让大学生加强自我教育，自己教育自己。这就是自主创新性学习模式。通过自主创新性学习模式，可以培养大学生主动的学习态度与自主创新的精神，教给学生自主获取知识和创造的本领，提高学生内在素养和优化学生的外在条件。教育者要积极地创造良好的条件，营造轻松和谐的学习环境氛围，探寻大学生国情观教育与自主创新学习相结合的切合点，增强大学生国情观教育的实效性。

另一方面，大学生应自觉加强对国史国情和时事政治的学习。兴趣是最好的老师。大学生要培养自己对国史国情、时事热点的浓厚兴趣。多读相关的理论书籍，以提高自己的理论修养。多了解时事政治开阔视野，拓展思维，提高分析能力和认识、思辨能力；坚持每天阅读报纸、新闻，收听、收看中央电视台新闻联播，及时掌握国内外重要信息，多关注社会民生问题；面对社会上出现的热点难点焦点问题，要勤动脑、深入思考深层次的原因，尝试着给出一些建议。大学生还可以通过在网上观看网易公开课、在"中国慕课"上学习等方式，共享高校名师的教育资源。在课堂上，勇于发表自己的见解、对时政热点进行分析、点评，多与同学进行交流、讨论，遇到问题多向老师请教，学会运用科学的方法论判断社会形势、分析社会问题，以此激发自己强烈的国家认同感、社会责任感，将自己的个人发展与祖国的前途命运结合起来，努力学习各方面知识技能，为将来投身社会主义建设事业做好准备。

三、创新大学生国情教育的实践路径

在科学技术日益进步的现代社会中，高校大学生国情教育的途径越来越多，但分散在思想政治教育中的国情教育途径需要进一步创新。针对大学生开展国情教育，既不是学校，也不是社会和家庭单方面的事情，应该是高校、家庭、社会的共同任务。高校发挥在大学生国情教育的主阵地作用，家庭发挥特殊的育人作用，社会上营造良好的舆论环境，以期达到国情教育的目的。

（一）充分发挥学校教育"主阵地"作用

大学生思想政治教育是一个系统工程，是由多方面的因素所决定的。不过，大学生之为大学生，虽与中学生有所不同，但他们接受教育的"主阵地"仍然是学校。因此，回顾和总结改革开放以来中国共产党国情观的发展脉络和经验启示以及我国大学生国情教育的历史进程与启示，可以看出，高校在坚定正确的政治方向不动摇、树立科学的教育理念、加强国情教育体系整体设计、加强国情教育载体建设和完善国情教育机制等方面，形成了坚持教育内容与教育形式兼修，注重发挥高校教育主阵地的首要的基本经验，值得在新时代大学生国情教育中继承、借鉴和创新。

1.坚持正确的政治方向

我国高校肩负着培养社会主义事业建设者和接班人的根本任务,能否积极引导在校大学生形成正确的世界观、人生观和价值观,大学生思想政治教育至关重要。早在1978年4月,邓小平就指出:"学校要把坚定正确的政治方向放在第一位。"①正处于世界观、人生观、价值观形成关键时期的青年大学生,如果没有明确的政治方向,就相当于失去了灵魂。所以,在进行国情教育时,坚定正确的政治方向不动摇是首要问题。坚定正确的政治方向,可以使大学生自觉抵制各种错误思潮,知道应该弘扬什么、倡导什么、摒弃什么、禁止什么;还可以帮助他们客观地认识自身的社会角色,勇担社会责任,坚定理想信念,不断开拓创新,从而顺利实现政治社会化。因此,纵观改革开放以来中国共产党国情观的发展脉络和我国大学生国情教育的历史进程,坚持教育内容与教育形式兼修,注重发挥"主阵地"作用最首要的具体表现,就是在对大学生进行国情教育时,始终坚持正确的政治方向不动摇。

(1) 坚持以马克思主义理论尤其是马克思主义中国化最新成果为指导

大学生思想政治教育在很大程度上影响着大学生价值理念的确立和行为习惯的养成,是否能够指引大学生驶向正确的轨道,关系到高等教育的成败。坚持以马克思主义理论尤其是马克思主义中国化最新成果为指导,保证其方向正确,是改革开放四十多年来大学生思想政治教育的一个基本经验。

马克思主义是客观认识世界和能动改造世界的正确的世界观、方法论。改革开放四十多年的历史,既是马克思主义循序渐进传播和持续深入发展的历史,也是用马克思主义及其中国化理论新成果引领大学生思想政治教育不断发展的历史。改革开放四十多年的发展历程表明:只有坚持以马克思主义理论尤其是马克思主义中国化理论新成果为指导,保证方向正确,思想政治教育才能取得效果、获得发展、实现目标;反之,"动摇了马克思主义这个精神支柱"②,就会给党和人民带来负面影响。

新时代高校大学生国情教育要立足社会主义的实践现状,依托马克

---

① 邓小平文选(第2卷)[M].北京:人民出版社,1994:104.
② 中共中央文献研究室.十六大以来重要文献选编(中)[M].北京:中央文献出版社,2006:49.

思主义理论的科学平台开展具体工作。确切地说，主要是通过不断加强课程建设特别是教材编写，使学生将马列主义、毛泽东思想、邓小平理论、"三个代表"重要思想、科学发展观、习近平新时代中国特色社会主义思想以及中国共产党国情观等入脑、入耳、入心，不仅极大地强化了国情教育的理论根基，增强了其实效性，而且还使得大学生国情教育始终朝着正确的方向前行。当前，面对全球化背景下世界多种文化的交融、各种思想的碰撞，以美国为代表的西方发达国家加紧了对社会主义国家的思想文化渗透、加大了对中国进行非马克思主义思想的宣传力度。面对我国经济体制的深化改革、社会结构的调整变动、思想文化也越来越多变、多元这一国内境况，我们必须坚定不移地加强和巩固马克思主义的指导地位，并把社会主义主流意识形态的核心内容和灵魂渗透到大学生学习、生活、工作的各个领域，用不断创新的中国特色社会主义理论武装大学生，进而牢牢把握住了大学生国情教育的主要命脉，最终为国情教育的发展提供正确的导向和不竭的动力。

（2）始终坚持党的领导

大学生国情教育的历史发展过程充分证明：什么时候坚持和加强了党的领导，大学生国情教育就会得到改进和完善；什么时候削弱和放松了党的领导，大学生国情教育就会受阻和受挫。换句话说，只有始终坚持党的领导，大学生国情教育才能朝着正确的轨道前进，才能培养出真正符合时代发展要求的接班人，即坚持党的领导是大学生国情教育顺利开展的有力保障。

改革开放前，我国经历了社会主义改造、建设和"文化大革命"时期，对国内外形势及基本国情的判断出现偏差，导致高校大学生国情教育从内容到形式都出现了一些问题，国情教育经历了曲折和反复。改革开放初期，党领导人民致力于拨乱反正工作，重新确立了实事求是的思想路线，大学生国情教育得以恢复发展。改革开放以来，我国大学生国情教育的内容、方法和实践途径都得到了改进和完善，国情教育逐渐步入良性发展轨道。这些都得益于党的十一届三中全会以来党中央对我国基本国情的正确认识和科学把握，得益于中国共产党人对国情长期、艰难和曲折的探索发展过程。进入21世纪，党中央进一步加强了对国情教育工作的领导，使之较好地发挥了服务经济社会建设的重要作用。总之，只有始终坚持党的领导，大学生思想政治教育才能固本培元。

（3）始终坚持服从和服务于党的中心任务

大学生国情教育立足社会发展的需要，坚持服从和服务于党的中心任务和工作，是我国大学生国情教育历史变迁的重要经验。

新中国成立以来，党通过用共同的理想信念、党的路线方针政策对大学生进行教育，引导他们将毛泽东思想、邓小平理论、"三个代表"重要思想、科学发展观、习近平新时代中国特色社会主义思想以及中国共产党国情观等入脑、入耳、入心，从而使他们逐步树立了服从和服务于党和国家中心任务的思想。实践证明：当国情教育主动面向和自觉服务于党的中心工作时，就会实现自身价值，获得成就感；相反，不顾和忽视党的中心工作时，就会一筹莫展，丧失自身的价值，丧失丰富的源泉和发展的动力，也就没有意义可言。因此，只有坚持服务于党和国家的中心任务，确保方向正确，大学生国情教育才能真正为完成党的中心任务提供精神动力。

大学生国情教育工作的开展始终都立足于中国的基本国情和党的中心任务。例如，改革开放初期，党和国家的工作重心由"以阶级斗争为纲"向"以经济建设为中心"转变，中心任务是团结、带领全国各族人民致力于社会主义现代化建设。这一时期思想政治教育的目标及内容与之相呼应，对大学生进行社会主义建设与发展的教育，将中国特色社会主义共同理想与共产主义远大理想统一起来，积极引导大学生确立"以经济建设为中心"的意识，使他们认识到"经济工作是当前最大的政治"[①]，进而使他们明确目标、坚定信念、奋勇向前。新世纪新时代，党的中心任务是领导和团结全国各族人民艰苦奋斗，不断开拓创新，为决胜全面建成小康社会、实现中国梦而奋斗。各高校紧紧围绕这一中心任务，自觉服务于中国特色社会主义大局开展国情教育，进行了保持和发展共产党员先进性教育、社会主义荣辱观教育、社会主义核心价值体系教育、"不忘初心、牢记使命"主题教育等，使大学生将个人追求与社会发展需要有机结合起来，自觉遵守社会秩序、维护社会公共利益，最终提升了他们的综合素养

---

① 邓小平文选（第2卷）[M]. 北京：人民出版社，1994：194.

和道德情操。

综上可知，坚持围绕党和国家的中心任务进行大学生国情教育是保证各项事业取得巨大成绩的重要法宝，也是需要我们始终坚守的一条重要原则。

2.树立科学的教育理念

"理念，即指导行为的最基本、最核心的思想认识，它既体现着对行为及其结果的理想性认知和理想性追求，也包含着对相应行为的坚信和持守。"[1]科学的教育理念是教育工作得以采取有效教育方法的基础和前提，做好大学生国情教育工作，首先要确立科学的教育理念。在新的时代背景下，坚持人的全面发展、服务立德树人、在改革中创新，是大学生国情教育应该坚持的基本理念。

（1）坚持人的全面发展理念

马克思和恩格斯在《共产党宣言》中描绘共产主义伟大理想时，向全人类宣告："代替那存在着阶级和阶级对立的资产阶级旧社会的，将是这样一个联合体，在那里，每个人的自由发展是一切人的自由发展的条件。"[2]并指出："每一个人都无可争辩地有权全面发展自己的才能"，[3]全面发展包括思维能力在内的人的一切能力，把人的全面发展作为社会主义社会的基本特征之一。依据马克思主义关于"人的全面发展"理论，人的全面发展可以理解为"人的体力和智力的充分、自由、和谐的发展，实质上就是人类社会从必然王国向自由王国的过渡，它强调的是人的社会化程度，即整个人类社会在经济、政治、文化各方面的全面发展。"[4]也就是说，人的全面发展是人在物质生活、精神生活、身心素质等方面都实现发展。人的全面发展不仅是共产主义社会的本质体现，也是建设中国特色社会主义社会的本质要求和奋斗目标，中国特色社会主义的各项事业，既要满足人民的物质需求，又要实现人民素质的提高，也就是要推进人的全面发展。在当今世界知识经济和科学技术对社会影响越来越深远的背景下，国家间的竞争、社会中人与人的竞争都日趋激烈，个人自身素质的高低就

---

[1] 骆郁廷主编.当代大学生思想政治教育[M].北京:中国人民大学出版社,2010:72-73.
[2] 马克思恩格斯选集(第1卷)[M].北京:人民出版社,1995:534-535.
[3] 马克思恩格斯论教育(修订本)[M].北京:人民教育出版社,1986:55.
[4] 谭蔚沁.论马克思"人的全面发展理论"与大学生创业教育[J].思想战线,2009(05).

成为竞争的关键。只有全面发展的人才才能掌握竞争的主动权,站在决胜的制高点。习近平指出:"要把人才工作抓好,让人才事业兴旺起来,国家发展靠人才,民族振兴靠人才。"①对于高校而言,就是把培养全面发展的大学生作为教育的最终目标,因此,要在高校的教育过程中贯彻人的全面发展理论,实现大学生德智体美劳全面发展。

大学生国情教育要坚持人的全面发展理念,注重大学生人格的塑造,帮助大学生实现成长成才,给大学生的就业创业提供精神支撑。高校国情教育要充分发挥应有的作用,以满足大学生精神层面的需求,养成良好的道德品质,使其成长为能够实现自己人生价值和满足中国特色社会主义事业所需的人才。当前有些大学生在追求物质的过程中迷失了自我,就是因为过于注重物质需要而忽视精神需要,助长了拜金主义、享乐主义、极端利己主义等不思进取的不良风气,导致精神空虚,道德滑坡。这需要积极的人生价值观的引领。对大学生开展基本国情教育,拓展社会主义核心价值观教育、爱国主义教育、制度自信教育以及民族精神和时代精神教育等,教育和引导大学生抵御社会不良风气的思想侵蚀,增加责任意识和忧患意识,培养大学生的爱国情操,推进大学生思想道德素质的提升,为大学生的成长成才保驾护航。

(2)坚持立德树人理念

继党的十七大报告提出"坚持育人为本、德育为先"的理念之后,党的十八大报告更是深化了这一理念,将"立德树人"确立为我国教育的根本任务。党的十八大报告明确指出:"把立德树人作为教育的根本任务,培养德智体美全面发展的社会主义建设者和接班人。"②这就是说,"立德树人"体现了高校教育的本质,是高校的立身之本,是新形势下思想政治教育的根本任务所在。高校作为传承文化、创造知识、创新思想、培养人才的重要场所,使高等教育担负着传承宝贵的传统文化、传播知识和技能、进行科研创新、为国家和社会培养所需的德才兼备的人才的重要

---

① 习近平在辽宁考察时强调:深入实施创新驱动发展战略 为振兴老工业基地增添原动力[N].人民日报,2013-09-02.

② 胡锦涛.坚定不移沿着中国特色社会主义道路前进 为全面建成小康社会而奋斗——在中国共产党第十八次全国代表大会上的报告[M].北京:人民出版社,2012:35.

使命，其中最根本的、最重要的任务就是"立德树人"。"树人"是指培养合格人才，是要通过教育去培养人、改造人和发展人，把大学生培养成国家和社会发展所需的人才；"立德"是树立良好道德，通过道德教育来感化人、引领人和激励人，为塑造人才服务。因此，在"立德树人"的教育根本任务中，"立德"与"树人"二者紧密相连。一是"树人"是"立德树人"的根本，指明了教育的根本目的和价值追求。这也是高等教育的目标方向所在，即高等教育要以育人为本，就是要把大学生培养成为身心健康、德才兼备的优秀人才，培养成有理想信念、又红又专、德智体美劳全面发展的社会主义合格建设者和可靠接班人。二是"立德"是为了"树人"，德育是培养人才的重要方式和途径，"树人"需要"立德"，只有"立德"才能真正达到"树人"的目标。没有"立德"的"树人"会偏离教育的正确方向，有才无德的人可能会对社会发展有害。高校教育需要培养具有社会主义道德的人才。三是"树人"要先"立德"，教育要坚持"育人为本，德育为先"的基本原则，体现了德育在教育中的首要地位和价值选择。高校教育也要把道德教育置于整个教育过程的中心环节，处于学校各项工作的首要位置。

以"立德树人"作为教育的根本任务，既是对中华传统文化中教育思想的传承，又是对党的与时俱进的教育理念的遵循。我国古代很早就有关于"立德"的教育意识，《左传》中有"太上有立德，其次有立功，其次有立言，虽久不废，此之谓不朽"的观点，古人把培养良好的德行、树立崇高理想，能够建功立业、事业有成和著书立说、形成自己的思想体系视为人生的终极追求，而这三种追求中居于首位的就是立德，这充分体现出古人对道德追求的重视。《管子》中有古人最早对"树人"的认识："一年之计，莫如树谷；十年之计，莫如树木；终身之计，莫如树人。"可见，古人早已看到培养人才的重要，并一直坚持人才必有高尚道德追求的教育思想。

为了保证社会主义建设事业后继有人，为国家和社会发展提供可靠的人才保障，党的教育方针始终坚持"育人为本、德育为先"的理念。习近平指出："我国高等教育肩负着培养德智体美全面发展的社会主义事业建设者和接班人的重大任务，必须坚持正确政治方向。高校立身之本在于立德树人。"①中国共产党一以贯之这样的教育理念,即培养社会主义事业所需人才为根本,突出道德教育的目标,把德育放在各项素质培养的首位,把立德树人作为教育的根本任务,并为我国社会主义事业的建设和发展培养了一批批宝贵人才。

当前,我国处于决胜全面建成小康社会、进而全面建设社会主义现代化强国的时代,实现中华民族伟大复兴是党的历史使命和全面人民共同的理想,"高校要实现立德树人的教育任务,就是要培养又红又专、德才兼备、全面发展的中国特色社会主义合格建设者和可靠接班人。"②首要的教育工作就是培养大学生树立社会主义道德,使他们坚定中国特色社会主义道路自信、理论自信、制度自信和

文化自信,积极培育和践行社会主义核心价值观,自觉弘扬中华优秀传统文化,弘扬民族精神和时代精神。而国情教育的目标就是把大学生培养成为具有社会主义道德的全面发展的人才,让大学生的个人理想和奋斗,融入中国特色社会主义的共同理想和奋斗之中。

①贯彻"立德树人"的教育理念,要求高校要重视国情教育,把国情教育放在思想政治教育工作的重要位置。高校要充分重视和运用国情教育在人才培养中的重要作用,促进大学生正确认识我国的基本国情,培育大学生的科学国情观,勇于担当推动全面建成小康社会,实现大国崛起的历史使命,进而脚踏实地、刻苦钻研,形成良好学风;激励大学生敢于探索、勇于创造,专于学术研究;能艰苦奋斗精神支撑大学生百折不挠、越挫越勇,形成过硬的心理素质和坚忍不拔的意志品质;教育和引导大学生树立为理想信念奋斗的坚定决心,促进个人奋斗目标与社会主义奋斗目标的结合。

(2)贯彻"立德树人"的教育理念,就是把大学生国情教育融入学校教育的全过程,要求高校除了要做好教育育人的工作,还要通过履行管理育人、服务育人的职责,实现全员育人、全程育人、全方位育人的良好

---

① 习近平在全国高校思想政治工作会议上强调:把思想政治工作贯穿教育教学全过程 开创我国高等教育事业发展新局面[N]. 人民日报, 2016-12-09.
② 中共中央国务院印发《关于加强和改进新形势下高校思想政治工作的意见》[N]. 人民日报, 2017-02-28.

效果。通过高校的管理和服务，把国情教育贯穿于学校日常管理的各个环节，渗透于大学生学习和生活的各个方面，实现全程、全方位的培养。管理和服务部门在不断提高管理和服务水平的过程中，从大学生反映的问题入手，关心大学生的冷暖疾苦，满足大学生的需求，解决大学生的实际困难，以获得大学生的认可和支持。以此为基础，把国情教育融入大学生宿舍、食堂、操场、浴池、活动中心等日常生活的建设、服务和管理当中，引导大学生树立正确的人生观、世界观和价值观，完善自我教育并贯穿于整个学习生活中，在科学严格的管理和细致入微的服务中，从大学生学习生活的一点一滴中，有效开展大学生国情教育工作。

（3）贯彻"立德树人"的教育理念，高校领导和教师除了要通过国情教育使大学生"立德"，还应使自身先"立德"。"立德树人"中的"立德"应该是双向的，师德对大学生的示范引领作用不容忽视。习近平在全国高校思想政治工作会议上强调："传道者自己首先要明道、信道。高校教师要坚持教育者先受教育，努力成为先进思想文化的传播者、党执政的坚定支持者，更好担起学生健康成长指导者和引路人的责任。"[①]大学教师不但有传授知识和技能给大学生的责任，还有引导和教育大学生树立远大理想和养成良好道德品质的使命。教师是学生成长的领路人。正人先正己，立德先立师，教育者首先要自觉加强自身的道德修养教育，身教甚于言传，教师应注重正面教育示范，用自己的模范行为给大学生作表率，用自己的人格魅力感染大学生，以德立身、以德施教，这将对大学生的精神引领和良好行为习惯养成起到更加明显的作用。

综上所述，高校只有落实立德树人的理念，把大学生国情教育放在思想政治教育工作的重要位置并融入学校教育的全过程，促进大学生全面健康成长，培养具有良好道德自律能力、德智体美劳全面发展的中国特色社会主义事业的合格建设者和可靠接班人。

（3）坚持在改革中创新的理念

改革创新是推动人类社会进步和民族发展的强大精神动力，改革就是变革旧事物中不适宜的东西，除弊兴利；创新，就是创造新的事物，弃

---

① 习近平在全国高校思想政治工作会议上强调：把思想政治工作贯穿教育教学全过程 开创我国高等教育事业发展新局面[N].人民日报,2016-12-09..

旧图新。人类文明发展的历史，就是靠着改革创新而变得丰富多彩和不断进步。新时代大学生国情教育也要坚持改革创新的教育理念，以教育的理念、思路的改革创新，带动教育内容、教育模式和教育方式方法的改革创新，是大学生国情教育符合时代要求，提升教育的实效性，与时俱进的需要。

中国共产党以改革创新的精神，把中国的革命、建设、改革事业不断推向前进，使改革创新逐步凝结成为中国人民认可的时代精神核心。中国共产党从领导革命开始，就勇于突破创新，坚持把马克思主义中国化，反对教条主义，确立实事求是的思想路线，找到中国革命的规律，形成了毛泽东思想，以此作为指导中国新民主主义革命胜利的思想武器。新民主主义革命胜利以后，中国共产党人重视社会主义建设实践中的创新，在坚持马克思主义基本原理的同时，没有完全照搬照抄苏联经验，初步探索了社会主义建设道路，并为发展中国特色社会主义积累和提供了重要借鉴。改革开放以来，中国共产党人解放思想，坚持实事求是，带领中国人民进行改革开放的实践，提出了邓小平理论，开创了中国特色社会主义发展道路，提出改革创新对民族和国家发展的重要作用。中国共产党在理论和实践上大胆改革创新，在经济、政治、社会、文化、生态文明建设等方面不断变革，使中国特色社会主义事业取得了巨大成就。党在领导中国人民革命、建设和改革中不断坚持改革创新的理念，这对人们产生了巨大影响，极大地调动了人民群众建设社会主义的积极性、主动性和创造性，逐步形成全社会追求变革、奋发向上、敢于创造的进取风尚，改革创新成为时代精神的核心。改革开放以来，改革创新精神激励我国在各方面发展取得的成就举世瞩目，没有改革创新，社会就难以发展，时代就难以进步。如今，改革创新更是大势所趋，人心所向。改革是决定当代中国人命运的关键。全面深化的改革，让我们不再故步自封，奋起直追，解决发展中的现实问题，利用好发展机遇，实现全面建成小康社会和中华民族伟大复兴；创新是民族的灵魂，是引领发展的第一驱动力，创新可以让我们在新一轮科技革命和产业变革中抢占先机，可以加快实现经济强国的目标，实现经济持续健康发展。改革创新精神激发了人们革故鼎新的勇气，创新创造潜能，让人们更快接受新事物，敢于变革敢于竞争，极大促进了人的全面发展。

改革创新广泛存在于社会主义建设的方方面面，有力推动经济、文化、社会、理论、生态文明、党的建设、制度、科技等各个领域的发展进步，高校教育发展同样需要改革创新的强大动力。改革创新是学校的灵魂，高校教育同样需要以改革创新的理念为先导，引领其他方面的改革创新，来不断推进学校发展和人才培养。缺少改革创新精神的教育，就像一潭死水，缺少灵性和活力，影响教育成效。在社会物质生活极为丰富的今天，如何进行国情教育是需要不断改革创新的，要根据不同的时代特征、社会背景、生活环境，进行国情教育的内容、形式、方法、手段、环境和机制等方面不断变革创新，让受教育者尤其是大学生深切体会国情教育对其人生、事业乃至生活具有重大的指导意义，确保大学生的发展符合社会需要，使之面对各种困难和挑战时有慨然应战的勇气和百折不挠的意志品质；在面对挫折和暂时的失败时有充分的心理准备，不迷惘、不退缩，一往无前；使之明白自身的发展与国家和民族的整体进步和发展，荣辱相连、休戚与共；使之在面对利益诱惑时，不以触犯法律底线和丧失道德操守为代价，避免因蝇头小利跌入万劫不复的深渊，害人害己。大学生国情教育的改革创新使大学生国情教育工作符合时代要求，满足大学生的实际需要，增强工作时代感和实效性，促进大学生的健康成长和全面发展。

（4）坚持从传统文化中汲取养分的理念

习近平在中共中央政治局第十八次集体学习时强调："中华传统文化源远流长、博大精深，中华民族形成和发展过程中产生的各种思想文化，记载了中华民族在长期奋斗中开展的精神活动、进行的理性思维、创造的文化成果，反映了中华民族的精神追求，其中最核心的内容已经成为中华民族最基本的文化基因。"[①]中华民族的历史源远流长，是四大文明古国中唯一没有经历断代的民族，中华民族特有的传统文化特点赋予了它独特的气质，虽然几度风雨飘摇，却从未真正倒下，即便在最危难的时刻，也挺了过来，甚至反过来影响不发达的文明，使之与中华文明相融合。如今谈新时代大学生思想政治教育问题，就必须从传统文化中汲取养分。

第一，要将民族坚忍性的理念贯穿大学生国情教育的始终。坚忍就

---

① 习近平在中共中央政治局第十八次集体学习时强调：牢记历史经验历史教训历史警示 为国家治理能力现代化提供有益借鉴[N]．人民日报，2014-10-14．

是"屈而后伸","忍"字包涵了观察自然规律,敢于挑战恶劣环境、努力生存的勇气。同时,坚忍也作为一种积极的心理状态存在,即不在一时一事上争短长。另外,坚忍还包括了中华民族坚持不懈达到目标的状态。孟子说:人之有德慧术知者,恒存乎疢疾。那些有德行、智慧、谋略、见识的人,多是因为他经常生活在艰难的环境之中,孟子认为,艰难困苦可以磨炼人坚强的意志,锻炼人的德行与智慧。"故天将降大任于斯人也,必先苦其心志、劳其筋骨、饿其体肤、空乏其身,行拂乱其所为,所以动心忍性,曾益其所不能。"这段话成为千百年来鼓舞后人要有刚健品格,能够在困境中生存,能在艰苦中奋斗的励志名言。同时,孟子反对自暴自弃,"自暴者,不可与有言也;自弃者,不可与有为也。"意思是说,跟自己糟蹋自己的人,没有什么好说的;跟自己抛弃自己的人,没有什么好做的。这是孟子对自暴自弃之人发出的慨叹。如果一个人不能自信、自强、自立,又怎能有所作为呢?

新时代大学生大多数是独生子女,自小缺乏挫折教育,心理承受能力差,遇到点困难就灰心丧气,不但不能越挫越勇,反而自暴自弃,甚至自杀。在大学生思想政治教育工作中,拓展和大力加强传统文化教育,从传统文化中汲取养分,把民族坚忍性的理念贯穿于国情教育的始终,是新时代大学生国情教育改革创新的迫切需要。

第二,用自强不息、持之以恒的理念指导大学生国情教育的开展。中国传统文化中,自强不息的含义主要指,不惧艰难、持之以恒、坚定意志、刚健有为之意。中华民族推崇自强不息精神的思想,在古代典籍、诸子的思想中都有所体现。《周易》突出强调了自强不息精神的重要作用——"天行健,君子以自强不息",就是说,天道运行周而复始,永不停息,君子也应效仿天道刚健有力的品质,自觉进取、奋发图强、坚持不懈、永不停息。这句话是《周易》对君子应该具有自强的精神品质的集中概括,也成为后人勉励自己效法天道、奋发有为的警句。中国古代思想文化中对自强不息精神的理解是刚健不屈、持之以恒的奋斗精神。《周易》曰:"君子终日乾乾,夕惕若,厉,无咎。"意思是说,君子应当不懈努力奋斗,终日都不松懈,晚上也要保持戒备警醒,不疏忽大意,能一直保持这样,才不会有过失。这句话告诫人们做事要坚持不懈,努力拼搏，不仅能避免灾祸，还能扭转局势取得成功。"君子以言有物，而行有恒"——君子应该注意自己的言行，言之有物，做事不可半途而废，应持之以恒。在孔子看来，刚健不屈的品格是君子应当具有的基本品质，子曰：刚毅木讷近仁。这是孔子称颂人的四种品质，其中的"刚"就是指刚强不屈。孔子还用堆土成山为例，劝诫学生们无论在做学问还是提升道德品质，都应该是自觉自愿，坚持不懈地去做。自强不息还是坚定意志、不畏艰难的刚健品格。中国古代思想家认为，自强不息还是获得成功的关键。因为一个人学习、修身、治国的过程中都免不了遇到艰难险阻，能最终取得成功的关键在于能否坚持志向不动摇，能否不畏惧困难，在艰苦中磨砺自己的才干。《周易》曰："险以说，困而不失其所亨，其惟君子乎！"意思是说君子在面对危险困难时，也保持乐观的心态，处于穷困的条件下，坚定固守自己的志向和目标，还能够坚持自己的操守和追求。对此，孟子有更深刻的阐述。他认为，人要有志向，不受任何因素的影响，始终坚持自己的志向不动摇，这是能够有所作为的前提。"富贵不能淫，贫贱不能移，威武不能屈，此之谓大丈夫。"财富地位、贫穷困苦和权势武力，都不能使一个人动摇，改变自己的志向，才称得上是大丈夫。这句充满豪情的话语，成为后人用来勉励自己立志的座右铭，表现了人坚守志向不动摇的高尚品质。"志以发言，言以出信，信以立志，参以定之。"立志是实现远大目标的基础，在明确志向指引下，才能朝向目标努力前行。中国古代圣贤认为坚定的远大志向，是人们奋斗不息，勇攀高峰，最终取得成功的重要前提。同时他们也认为经历艰苦磨难，是成才成功的关键。张载的《西铭》中有云："贫贱忧戚，庸玉汝于成也。"说出了在逆境中，更有助于人的成长成才的道理。艰难困苦的生活，可以磨炼人的意志，激发人的进取精神，能使人千锤百炼之后终有所成。这句话一直激励人们战胜艰苦磨难，不懈奋斗，走向成功。后世将这句话演变为"艰难困苦，玉汝于成"，成为流传于世的佳句。正是自古形成的自强不息精神，激励炎黄子孙不惧任何艰险困难，以顽强坚忍的意志，积极乐观的精神，不断奋斗进取，不但使自身成为强者，也促成了国家和民族的兴盛强大。大学生是国家培养的高级专业人才，是推动社会进步的栋梁之材。高校在培养大学生成才教育中，要培养大学生自强不息，持之以恒的意志品质，教育和引导大学生勤奋刻苦钻研专业知识，扎扎实实掌握专业技能，同时，大学生要在各方面锻炼和提高自己，坚持不懈，自强、自立、自信，树立远大的理想信念，注重自己的全面发展，努力使自己成为德智体美劳全面发展的社会主义建设者和接班人。

第三，以居安思危、常怀忧患之心的理念培养大学生的责任感。古代思想家认为人应该居安思危，未雨绸缪，有忧国忧民的忧患意识。中国古代思想中的忧患意识体现在：一方面对个人自身发展的重要性，激励人们即使身处安逸的环境中也不忘奋斗的意识。子曰："人无远虑，必有近忧。"意思是说，如果没有长远打算，只顾眼前，在不远的将来就会有危机。孔子告诫人们要有忧患意识，做到未雨绸缪，不要只顾眼前的事物，而忘却了为将来奋斗。孟子的"生于忧患而死于安乐"是说，只有经常处在忧患之中，才能使人经受各种考验，使人发奋图强，因而也才能得以生存和发展；在安乐的环境中，就会安于现状、贪图享受而意志消沉，最终导致灭亡。"居安思危。思则有备，有备无患。"提醒人们要事前做好充足准备，未雨绸缪，以避免祸患，说的也是这个道理。这些思想都充分说明了居安思危的重要性。另一方面，忧患意识还表现在古人对国家和百姓的担忧，激发古代仁人志士心系天下，以天下苍生、以国家民族为己任的高度社会责任感。在中国古代思想家中，孔子和老子对忧国忧民思想论述较多，产生的影响也最为深远。孔子认为君子要能"修己以安人""修己以安百姓"——君子不断修身的目的，就是要实现百姓安定。这种忧患、关心百姓的疾苦，为解决天下百姓困难而奋斗的思想，体现了儒家以天下为己任的价值追求，对后世影响深远。孔子还担忧民心，子曰："自古皆有死，民无信不立。"孔子认为一个国家如果失去百姓的信任，将难以为继。老子看到因连年征战，社会生产和百姓生活都受到严重破坏而深感痛心。他认为战争是统治者不知足所致，提出"知足常乐"的观点。孟子反对统治者以民为敌，提出民本思想。"生于忧患，而死于安乐也。"他认为忧患可以兴国的道理，一个国家需要树立忧患意识，这样才能有防范意识，促进国家发展。这与欧阳修的"忧劳可以兴国，逸豫可以亡身"所讲的道理是一样的。无论是帝王将相还是庶民百姓，要想成就一番事业，就要有居安思危的意识和自立自强的精神，追求安逸享受而裹足不前是很难能建功立业、有所作为的。忧患意识激发了仁人志士忧国忧民的历史责任感，让无数有识之士为国家为民族奋斗不止，甚至牺牲生命。

新时代大学生不仅应该有居安思危的意识，在安逸的环境中也不忘记勤奋刻苦，努力奋斗，使自己成长成才，还要有忧国忧民的高度社会责任感。新时代赋予了大学生新的时代责任与历史使命，大学生应该将个人同国家和民族紧密联系起来，同国家和民族同呼吸、共命运，应该深刻明白自己对于建设祖国所承担的责任和义务。大学生的个人价值体现为在各自研修的领域刻苦钻研、努力创新，自觉学习，用成绩回馈国家、社会和人民。无论是在什么领域，新时代的大学生都需要发奋图强，为科教兴国尽自己所能，不断提高自己，从点滴做起，从小事做起，以身作则，为国家兴旺发达竭尽所能，以正确的责任观和强烈的使命感积极投身于中国特色社会主义建设的伟大实践中。

3.加强国情教育体系整体设计

加强国情教育体系的整体设计，需要从健全国情教育的组织领导、加强国情教育师资队伍建设、充分发挥课堂教学的主渠道作用、大力强化社会实践活动和完善考核评估体系等五个方面入手。

（1）健全国情教育的组织领导

第一，强化组织管理。各级领导对于国情教育的活动、环节等，在思想认识上应高度重视。高校要对参与大学生国情教育的各个部门，如公共课教学部门、学生处、党团宣传部门等进行有机整合，成立专门的组织机构，对各部门职责进行科学合理分工，人员进行合理安排，责任划分到位，部门之间有效协调，各个职能部门形成有机统一的整体，协作配合，保证国情教育能够有序、有效、有的放矢地开展。将国情教育列入学生培养计划，将国情教学安排、教学环节、学校管理等方面纳入目标化管理，对学生进行系统的国情教育。

第二，做好人财物的保障。在政策上、制度上、物质上、人员配备上对国情教育给予保障与支撑。要有足够的经费投入，并确保所需经费落到实处。学校要为国情教育提供必要的场所和设备，如在校园内设立电子屏幕，定时播放《新闻联播》。要充分利用校报、校园网、广播站等媒体，及时宣传报道党和国家的重大方针政策、新闻事件等，加强正面引导。要把国情教育作为一项重要内容，纳入学校党建工作和大学生的思想政治教育工作中。

要选拔培养一批马克思主义理论功底扎实、思想好作风正、熟悉中国国情的思想政治教育工作者，可以是学科带头人、青年骨干教师、高校辅导员，不断提高他们的思想政治教育素质和教书育人能力，为国情教育的理论研究和实践探索提供人才支持。同时，对教学人员给予课时保证与评价机制的保障，对国情教育活动及时反思、及时总结并予以表彰，保证国情教育活动的长期性、稳定性、计划性和有效性，使国情教育的全过程得到有效保障和考评，真正实现教育育人的目标。

第三，全面推进实践育人。实践是国情教育在学生中唤起情感、形成体验、增进认同的重要途径，将国情教育有机融入校园文化，要扎实推进社会实践育人。习近平指出："道不可坐论，德不能空谈。于实处用力，从知行合一上下功夫。"[①]高校要把国情教育工作融入实践育人的全过程之中，不断地强化与实践教学相关的要求，创新实践育人的方法与路径，切实地加强实践育人基地的建设，持续加大对实践育人经费的投入，全面开展实践育人工作，进一步增强社会实践活动的效果，积极地引导大学生在实践过程中去消化相关知识，增强大学生对现实国情的真切感受，有利于大学生自觉地承担起历史使命。

高校要支持各级党团组织、学生社团充分利用重大节庆日、纪念日，组织开展国情教育主题教育实践活动，比如社会调查、公益活动、社会劳动、参观国情教育基地、观看国情教育影片等，唱响爱国主义、集体主义、社会主义主旋律。要经常组织大学生志愿者开展宣传国情知识的志愿服务活动，把理论与实践有机结合，激起大学生强烈的爱国情怀，增强他们的社会责任感。

积极加强国情教育基地建设，与社会组织建立起互助共赢的教育基地，有机地把学生的专业学习、社会服务、择业就业、社会实践结合起来，让大学生在社会实践活动中也得到国情教育。例如跟各类博物馆、纪念馆、革命老区及各种爱国主义教育基地进行合作，建立国情教育实践基

---

① 习近平在北京大学考察时强调：青年要自觉践行社会主义核心价值观　与祖国和人民同行努力创造精彩人生[N]. 人民日报, 2014-05-05.

地,保证国情教育能够持续、深入地开展。

(2)加强国情教育师资队伍建设

加强国情教育师资队伍建设,提高教师队伍的素质,是高校国情教育的关键。

首先,注重培养教师的政治素养,提高思想觉悟水平。教师的思想政治素质直接决定着大学生被带到哪个方向的问题,因为教师是思想认识、价值观念、科学文化的传播者,是对学生进行教育的主力军,必须具有坚定的政治方向和高尚的道德情操,对党的路线方针政策的认识要有高度的准确性和全面性,能够用马克思主义的基本理论来指导社会实践和学习生活,以辩证客观的态度来看待和分析当前的社会形势和热点问题。因此,要切实加强高校教师的马克思主义理论学习,提高师资队伍政治理论素养和水平,具有高度的使命感和责任感。只有这样,才能保证教育的社会主义意识形态立场和观点的正确性,才能为我国的社会主义现代化建设培养所需要的人才。

其次,不断充实教师队伍,选拔专业能力强和政治素质高的教师。高校要坚持党的教育方针,建立开放、灵活的人才招聘体制,从政治觉悟、思想品德、专业能力、科研能力和学历学位等几个方面明确标准和要求,选择学术水平高、业务能力强、政治信仰坚定的人才担任教育教学工作。吸引、鼓励校内相关专业的教学骨干专职或兼职国情教育教学活动,也可以适当地从社会各界聘请某一方面的资深专家负责一定的思想政治理论课教学,建立和形成一支多层次、高素质、学历高、业务强的国情教育师资队伍。

最后,加强对教师的培训和重用,保证定期进修,提供科研支持。积极开展教师的培训工作,建立层次分明、形式多样的教师培训系统。第一,加强对思想政治理论课和专业课教师的培训,通过岗前培训、知识更新和高校进修等方式提高教师的业务能力;第二,加强对学校中青年骨干教师和国情教育教学部门负责人的培养,提供资金支持其出国进修、理论研究或在职攻读硕士、博士学位,全面提高他们的业务水平和科研能力;第三,注重对教师国情教育的实践培训。针对部分教师缺乏必要的实践经验,对国情内容发展变化的把握和实践积累不足的现象,积极组织教师参加学习考察和实践锻炼,使其走进基层、接触实际,形成对国情的深入把握,不断提高理论与实践结合的能力,以便在今后的国情教育教学中更好地发挥作用。

(3) 充分发挥课堂教学的主渠道作用

要培育大学生树立科学的国情观,必须要用好课堂教学这个主渠道。把高校"两课"建成国情教育的基地,在继承和发扬学校思想政治教育德育工作优良传统的基础上,必须清醒认识到社会思潮多元多样多变的现实,必须紧密联系当代大学生思想实际、学习实际,促进大学生国情教育内容更加丰富多彩,让大学生国情教育生动具体、贴近生活、针对性强,真正让国情教育入耳、入脑、入心。

第一,发挥好高校思想政治理论课的重要作用。国情教育包含在思想政治教育的范畴之内,也是思想政治教育的基础工程。思想政治理论课的教学内容中包含了丰富的国情教育知识和资源,如"中国近现代史纲要"课程就包含了我国近现代史的大量国情知识;"毛泽东思想和中特色社会主义理论体系概论"既涉及了我们党对现实国情的根本认识,又包含了中国特色社会主义理论;近年来高校开设的"形势与政策",则主要分析当前的基本国情、面临的国内外形势以及我国最新的时事热点、方针和政策。

思想政治理论课教师要不断改进思想政治理论课的教学方式,增强思想政治理论课的教育亲和性和针对性,满足学生的成长和社会的期待,从而奠定大学生国情观培育的理论基础。同时,把加强国情教育融入思想政治理论课,让大学生在提高思想政治理论素养的同时,能够了解一个客观真实的中国。

第二,不断丰富和拓展国情教育内容。随着社会形势发生日新月异的变化,国情也在不断变化,教育内容也要紧跟时代,与时俱进,与现实紧密结合,不断丰富国情教育的内容。大学生国情教育应当是涵盖中国政治、经济、文化、优良传统等各个方面。国情的内容主要包括我国的自然现状、历史发展、现实国情、比较国情等,其中,自然国情和历史国情是相对稳定的,现实国情、比较国情和人文国情都是随着时代发展而不断发展变化的。针对当前我国大学生国情观不科学的问题,我们要不断丰富和拓展国情教育内容，例如，加强社会主义核心价值观认同教育、爱国主义教育、制度自信教育、民族精神和时代精神教育等，并及时更新时事热点，用与时俱进的国情教育理论武装大学生的头脑，增强国情教育的针对性和实效性。

第三，在专业课教学中渗透国情教育。专业课教师要根据所教的学科特点，结合着我国现阶段的发展现状和趋势，在自己所教学科中对大学生进行国情教育的渗透，激发他们努力学习，将来用所学知识解决现实问题，促进国家未来发展。各种专业课程有其特定的内容体系，教学目的和教学任务。虽然专业课不能以国情教育为主题来组织教学的，但许多专业课程的教学活动都和国情教育有着密切的关系，对于我们进行国情观教育具有一定的帮助。由于专业课对某一部分的国情有比较系统深入的研究，在专业课教学过程中渗透国情教育，方式较为隐蔽，教育效果反而会比直接进行国情教育还要好。

专业课教师在进行专业课程的讲授时，可以有意识地把专业知识的学习与学生的思想政治教育结合起来。专业课教师在授课过程中不仅要讲授本学科的专业知识，更重要的是要着重阐明我国在此领域发展过程中的现状，把师者的身教与言传结合起来，充分挖掘专业学科中所隐含的育人内涵，使大学生在潜移默化的学习过程中接受国情教育，引导学生进行人生感悟的启发与人生哲理的归纳，提升大学生的人格素养，实现心灵的净化与目标的重构。

第四，进行"国情课"试点探索。要推进教学方法改革创新，推广国情观教育的好经验好做法。例如，2006年3月到2010年12月，中国老教授协会在教育部有关部门大力支持下，先后在首都13所高校开设了"当代中国国情与青年历史责任"课程试点，遴选协会内德高望重、有深厚理论基础、有较高学术造诣、有丰富人生阅历、有丰富的教学经验的知名专家学者进行授课，努力打造由精选师资精心讲授的"精品"国情课程。课程以专题讲座的形式进行，每位专家主讲一个自己专长的专题。"国情课"分8到12讲，每讲3学时，学生修满全部学时，写出论文，经考核合格记2学分。4年来，十余所高校共有2208名大学生选修；另有学时选听部分课程，不计学分，总计听课大学生为37764人次。①他们把国情教育讲课看成"育人的事业"，而不是把它当作换取名利的手段。老教授们"笃信之、躬行之、诚教之"，将传播知识与思想教育相结合，将身教与言传相结合，传授自己的研究成果和真知灼见，讲述自己的亲身经历和人生感悟，以自己高尚的情操和专业的知识打动学生，将国情知识润物无声地渗入学生的心灵。

老教授协会试点的成功实践，为高校大学生国情教育提供了有益的借鉴，我们可以加以推广。借鉴老教授协会的经验，规避其缺点，尝试开展国情课程，在理论与实践的结合中探索更有效的国情教育方式。

（4）大力强化社会实践活动

周恩来同志曾说，群众思想的转变，有三种方式，一种是对社会生活的观察和实践，一条是自身的社会实践，还有就是系统的学习。其中社会实践对人思想的影响最为直接和广泛，是对大学生进行国情教育的必要渠道，能为国情教育提供更为广阔的天地。只有让学生参加各种各样的社会实践活动，通过亲身的听、说、看、做来了解社会、思考人生，接受社会实践锻炼，他们才能真正认清我国的国情，树立为我国的社会主义现代化建设事业奋斗的理想信念。

①做好社会实践活动的整体规划，完善激励大学生参与活动的制度安排

首先，高校要把社会实践纳入国情教育的教学计划之中，明确规定具体的社会实践的时间安排、内容和方式，有计划有组织地宣传国情知识。对国情教育的社会实践课程规定适当的学时和结业学分，制定相关的管理办法和条例保证实践活动的有序性，提供必要的经费支出和人力支持。其次，要针对学生特点科学划分实践活动的内容。高校要针对不同年龄大学生的实际情况，采用不同的教育方法和内容，分层次、由浅入深地进行，既有注重爱国主义情怀培养的自然国情和历史国情内容，也有提高学生对当前社会状况认识水平的形势政策国情教育内容。结合学生的思想特点，低年级学生有针对性地参与课外实践，弥补课堂教学的不足；高年级学生结合所学专业参加社会实习和创业锻炼；工科大学和文科大学国情教育实

---

① 参见张幕萍, 魏志渊. 创新高校国情教育 提升青年历史责任 [J]. 中国高等教育. 2011（11）: 34–35.

践活动内容的侧重点和具体形式也要有所不同。最后，要做好对国情教育实践活动的全程管理、考核测评和总结表彰，完善激励制度。高校应加强对实践活动整个过程的管理和协调，确保实践活动落到实处。学校的相关领导和管理人员重视对国情教育实践活动的组织、引导和协调，激励大学生主动参与实践活动。高校专业课教师、辅导员以及班主任要经常指导学生如何更好地做到理论与实践的结合，并及时地对效果进行考核评估，优秀人员给予奖励，不足之处加以改进，提高国情教育实践活动的效果。

②积极指导大学生进行社会实践，探索社会实践活动的具体形式

目前，我国高校大学生的社会实践活动已经初步形成相对稳定的内容和形式，同时也在不断探索新的形式，以适应时代的变化和学生的发展，强化国情教育效果。主要形式有：社会实习，也可称为实践锻炼，高校积极组织青年学生参与多种形式的实践锻炼，拓宽大学生知识面，增加对国情的感性认识，但是这种途径通常时间较短，国情教育不易深入，可能会达不到预期的效果，因此要加强管理，提高效率；公益活动，例如青年志愿者活动、社会服务、公益劳动、科技服务、环境保护活动等，大学生们自觉运用他们的知识、技能、体力和脑力，志愿和无偿的帮助社会弱势群体和需要帮助的人，服务社会和群众，在这个过程中获得的国情知识和信息，更加深刻、持久，而且奉献社会能让大学生提高自身的思想境界；社会调查和考察，大学生深入社会、深入基层、深入群众，通过调查、访问和实地考察的方式，获取丰富的第一手资料，经过分析、研究得出准确的认识，从而了解国情，认识社会现实，例如组织学生适时地参加科技、文化、卫生"三下乡"活动等；专业教学实习；创业活动和科技活动；勤工俭学和军训等。社会在发展，经济在进步，社会实践活动活动的内容、形式越来越多元化，要根据学生的特点和专业需要，对现有的国情教育途径进行改造和完善，并不断探索新的社会实践活动具体形式，把国情教育融入和贯穿到整个社会实践活动的始终。一些高校把社会实践纳入了教学计划，成为一门课程，定期检查和考核。

（5）完善考核评估体系

考核评估是思想政治教育管理的一个重要组成部分，通过对思想政治理论课、"形势与政策"等国情教育课程和社会实践活动及网络平台的

全程督导，使得高校对国情教育活动有一个及时有效的控制和约束，并借助于科学的评估指标、量化考核以及有效的评估管理来反馈国情教育的效果，从而提高国情教育的实效性。建立健全完善的国情教育考核评估制度，能够及时发现高校国情教育中的漏洞和薄弱环节，避免大学生只注重考试成绩而忽视参与课外实践活动，促进学生全面发展。

①建立一支完善的考核评估队伍。目前高校国情教育中存在着重管理、轻考核或者考核形式化的现象，这极大地影响了国情教育管理的良性发展。针对这种现象，高校必须改变观念，加强考核评估队伍的建设。首先，要制定必要的倾斜政策，吸引更多的优秀人才加入考核队伍，提高队伍的整体素质；其次，加强国情教育评估管理各方面的经费投入，提供必要的场所和设备，保证考核工作顺利开展；最后，完善奖励机制，提高评估人员的工作积极性和建设性，发挥考核队伍最佳效能。

②确定科学的评估指标，根据学生实际进行量化考核。确立科学的评估指标，是开展国情教育考核评估工作的前提，要依据高校国情教育管理目标的要求，充分考虑不同年级、不同专业学生的实际，确立差异化的评估指标。低年级学生在国情教育课程学时的安排上、知识讲座和报告的数量上以及社会实践活动的次数上可以有最低数量规定，达到对国情基本知识和信息的掌握即可，而高年级学生要有一个相对较高的数量要求和评定标准，要求其对国情的掌握更加深刻并能够外化为实际行动，自觉性更高。相对于理科专业的学生来说，文科专业在国情理论知识的掌握上评估标准更高。

③制定科学的考评方法。一是定性和定量评估相结合，国情教育活动效果有时很难做出精确估量，比如学生对某一时事问题的认识看法、重大会议的心得体会、社会热点的独到见解等，只要方向正确，言之有理，体现出了学生分析问题和解决问题的能力，即是符合要求的。而对国情基本知识和信息的考察可以根据课堂效果和考试成绩来评定。二是定期和随机考评相结合。坚持期中和期末定期考评，同时根据需要随机地对学生进行个别谈话、抽查作业、调研报告等形式，考查学生的学习和日常表现，以确保评估结果全面、真实。三是全面评估和重点评估相结合。全面评估是对学生整体水平的估量，重点评估使评估更典型。全面评估不仅考核学生

的学习成绩，也考核学生的平时表现和认识水平，重点评估主要是考查学生对国情知识的掌握和灵活运用程度，考查其用国情知识分析、解决问题的能力以及思想觉悟是否得到提高。

4.充分利用大众传播媒介

（1）大众传媒是大学生基本国情教育的有效途径

大众传媒，即大众传播媒介，指能够向全社会大规模传播信息的专业化载体，包括广播、电视、互联网、报纸、杂志、图书等，前三种是电子传媒，后三种又称印刷传媒。大众传媒的这些特点和功能使其迅速成为大学生基本国情教育的重要载体和有效途径，运用大众传播媒介作为传递国情教育知识和信息的载体，可以使人们接受的国情知识和信息更加的全面、立体和丰富，为国情教育提供现代化的物质手段，克服了时间、空间上的阻碍；丰富了国情教育的内容、途径和方式，适应了社会和学生发展的需要。但是，大众传媒也存在一些局限性，例如传播的信息失真、良莠不齐，甚至出现一些不利于学生身心健康和阻碍社会发展的内容，给主流意识形态造成了不小冲击，从一定程度上削弱了国情教育效果。因此，对待大众传媒，我们要辩证地看待，利用它的优势发挥其对国情教育的巨大促进作用，同时采取措施加强监理避免其负面影响。

（2）充分挖掘大众传媒在大学生基本国情教育方面的优势和潜力

第一，充分发挥报纸、杂志、图书、电视、广播等媒介的宣传作用。当前，报纸、杂志、图书、电视、广播等媒介在传递国情知识和信息、加强国情教育方面的作用越来越凸显，我们要充分利用这些媒介，不断在其中渗透国情教育的知识和内容，规范他们的政治、思想和道德导向，使大学生在潜移默化中受到影响，不知不觉中提高自身的思想道德素质和水平；开设专门的国情知识和国情教育栏目，如《感知中国》；致力于打造关于国情教育的精品图书，例如《国情备忘录》，围绕当前我国人口、耕地保护、环境保护、城市建设以及"三农"问题、大学生就业等热点问题，通过广阔的视角、丰富的资料和权威的数据，全方位、多角度地描述真实国情，认识到国情是一个动态的发展过程。高校开展国情教育的工作者要广泛了解各种报纸、杂志，给大学生推荐主流思想积极向上、内容健康的刊物或蕴含丰富国情知识的杂志和报纸等，如《光明日报》《人民日报》等；充分利用多样化的传播媒介，发挥其优势；加强与课堂教学、校园文化建设和社会实践活动的结合，吸引大学生群体的注意力；拓展思想政治课的受众面，扩大校园文化建设活动的影响力，提高大学生参与社会实践的积极性，全方位地进行大学生基本国情教育。

第二，充分挖掘网络平台对国情教育的推广作用。首先，创办关于大学生基本国情教育的专题网站。设立有关国情知识和信息的主题网站，可分为现实国情、历史国情和政策国情等三个版块，现实国情大致包含我国当前的基本国情和社会现实情况、热点问题，历史国情包括中国革命、改革和建设的历史，政策国情主要介绍党的路线、方针和政策，使大学生从宏观上对我国国情有一个基本了解。高校可以从政治、经济、社会、文化等几个方面设立专题，使国情教育的内容知识更加系统化、专业化，并及时更新与大学生密切相关的热点讯息，如大学生就业形势和职位信息。组织专门人员进行网络信息的采集、编辑、发布、更新、网页制作等工作，定期开展国情知识的更新和网络维护，通过开展生动活泼的网络国情教育活动，形成线上线下国情教育的合力。其次，加强网络与其他媒介的全方位合作，为国情教育提供广阔平台。信息网络技术的应用使国情教育活动的实效性得到提高，影响力得到增强。报刊、书籍等媒介所传递的国情信息科学准确，但传播效率不高、传播不及时，利用网络平台，加强双方的合作，可以大大提高传统媒介的传播效率，推动国情知识和信息的迅速普及。努力打造内容丰富并且极具感染力的国情教育精品，利用网络平台和电视栏目的优势进行广泛宣传，使优秀作品走进校园，影响大学生的思想，渗透大学生的心灵，成为高校国情教育的优秀素材。再次，注重开展网络教学，提供国情教育网络资源。根据专业不同的各类大学生的需要，在网络上开展多媒体教学，聘请专业老师进行指导，双方可以就很多问题进行更加广泛的交流探索，弥补薄弱环节，满足学生求知的需要。大学生可以利用国情教育网络资源平台，下载大量与教学内容相关的资料图片视频，及时学习解决疑惑，增强国情教育效果。最后，加强对网络平台的监管和队伍建设。定期由专业人员对网络平台进行维护与监管，保障网站的健康正常运行。建立一支由各院系学生骨干组成的兼职队伍，他们与学生接触多，了解学生需求和想法，以普通学生身份，参与网上聊天、论坛、留言簿等版块，并在老师指导下负责网络信息的采集、更新、发布和网页制作等工作，对于活跃和加强网络国情教育很有优势。

（二）发挥家庭教育特殊的育人作用

家庭教育具有学校教育、社会教育不可替代的作用，必须深入把握家庭教育的特点与规律，从当代中国特殊的家庭结构出发，抓好家庭教育，奠定大学生科学国情教育的基础。习近平同志就曾不止一次强调要重视家庭建设、注重家教、注重家风，因此，我们要充分发挥家庭教育特殊的育人作用，让大学生具有浓浓的家国情怀。

一方面，家长应提高国情素养，努力优化家庭教育环境。使孩子感觉到这个家庭关心时事新闻、关心国家发展，有一种精神上的感召力。这包括家长平时谈话的内容，和孩子交流中的价值取向，家长关注的事务，以及家中平时谈话的内容，和孩子的话题等等，都有意无意地渗透国情教育的内容。在家庭教育中，家长应该坚持科学教育子女，不过分溺爱孩子，有意地让子女多经历风雨，培养其艰苦奋斗的精神；坚持正确的价值导向，不以成绩好坏、金钱地位的高低去评判子女，引导子女积极地树立起正确的世界观、人生观、价值观；教育子女要恪守传统的礼仪道德规范，追求仁义礼智信，培育感恩意识，常怀感恩之心才会爱他人、爱家乡、爱学校、爱祖国。

另一方面，家长要开发利用身边的资源，给子女提供国情学习的条件。例如，家长注重向子女讲授自己的家族史、了解自己家族的历史、现状，以及这一代人应该承担的家族使命；秉承家族的优秀传统，养成良好的家风家教，并把好家风好家训一代一代地传承下去；给子女介绍家乡的物质资源、历史文化、风土人情，带领子女去参观当地的名胜古迹，了解我们生长的这片美丽的土地，爱自己脚下的这片热土，爱自己的家乡，进而升华为爱自己的祖国。只有了解家乡，才可能热爱家乡、眷恋故乡，拥有对故乡割舍不掉的乡土情结，才能记住本来延续的根脉，传承几千年来深藏在基因中的家风祖训、传统美德和家国情怀。

（三）营造良好的社会环境

人们的行为都会受到周围环境和人们舆论的评价以及法律、道德、纪律、规范的检验。要培育大学生科学的国情观，就要营造良好的社会环境。以传播媒介为载体,政府主导舆论导向,社会舆论营造国情教育的良好氛围。

首先,加强民主法制建设,为大学生国情教育营造良好的法治环境。政府相关部门依法依规管好宣传思想阵地,不给宣传错误思潮的观点言论提供平台,依法依规管理散播虚假信息的人和事。针对传媒世俗化、网络谣言问题,要建立健全相关社会传媒监管的立法体系和规章制度。

其次,巩固共同的思想基础,发挥舆论的正面导向作用,用社会主义核心价值体系领环境渗透的方向。广泛开展社会主义核心价值观教育,继承和发扬中华优秀传统文化,促进社会主义先进文化建设,为大学生国情教育营造良好的人文环境。以重大节日、纪念日为契机,开展各种形式的国情教育活动,正面传播中国的国史国情。

再次,规范信息平台管理,为大学生教育提供良好网络环境。政府要规范网络管理,加强高校网上思想政治教育与信息安全工作,严打网络"水军",净化网络环境;面对质疑及时回应,对社会上一些热点难点问题,要主动说、尽快说、如实说,一旦发现谣言苗头,就要及时、理直气壮地公布真相,澄清事实。

最后,加强社会传媒自律性,真实传播国情信息。网络时代,信息来源多元化,公共媒体和自媒体都要负起社会责任,睁大眼睛,对信息的真实性小心求证,不能为了争时效、"博眼球"而放松把关,助推谣言传播,散播虚假、错误的信息。大众传播媒体在传递国情信息的时候,一定要客观、真实、全面,不加任何的修饰或篡改,如实地反映客观事实真相,尤其是新闻必须对客观事实进行如实的报道,用事实说话。

(四)注重大学生自我教育的作用

大学生国情教育是一个动态的系统工程,需要社会、学校、家庭等各方面的合力作用,但最重要的是大学生要提高自我教育的能力。吾日三省吾身。大学生想要树立科学的国情观,就必须提升自我教育意识,保障自我教育能力的基础作用,用自我教育能力提高、完善其他能力。大学生科学国情观的树立,关键在于大学生自我思考、自我坚持与自我追求。

1.不断提高自主创新能力

创新一个是国家兴旺发达的不竭动力,尤其是在世界经济全球化发展日新月异的今天，如何在激烈的国际竞争中处于不败之地，唯创新者胜。在我国向创新型强国的道路上迈进时，缺乏自主创新能力已经成为制约性因素。新时代大学生作为创新创造的主力，理应走在创新前列。

要培养大学生勇于创新的精神。大学生要有敢为天下先的志向，敢于突破常规，敢于另辟蹊径，勇于攻坚克难，勇于挑战前沿的科学问题，要有"虽九死其犹未悔"的豪情，更要有接受失败的勇气。

要培养大学生善于创新的能力。大学生要刻苦钻研，勤于学习，培养深层次思考的能力；培养发现问题、总结问题的能力；培养自主创新的能力，提出原创思想，搞出原创发明。不仅要让"中国制造"走向全世界，还要让"中国智造"走向全球；不仅要跟上世界各国创新发展的步伐，还要争取掌握领域主动权。

2.要提高主动实践的能力

马克思在《哥达纲领批判》一文中指出："一步实际行动比一打纲领更重要。"[①]从中可以看出马克思对实践的重视。主动实践是大学生从主观意愿出发，自愿参与到社会实践活动的社会行为。主动实践能力的养成，可以帮助大学生积极参与社会实践活动，乐于奉献社会，乐于接触社会。主动实践能力的养成对大学生国情教育起着推动作用。

大学生要养成良好的心态，主动参加到社会实践活动之中。无论是社会，还是高校，都会提供很多实践机会，大学生应从锻炼自身出发，积极参加到社会实践活动之中。在社会实践过程中，不断充实自己，检验自己，达到思想上的坚定、心灵上的启迪。在主动实践的过程中，大学生可以适当做一些兼职，发现自己的兴趣与爱好，在实践的过程中找到适合自己发展的方向，确定自己的人生目标。大学生可以选择参加一些社会志愿活动，如去偏远地区支教、慰问养老院，在现实接触中，大学生能够全面地认识社会，有效地参与社会建设，提升与人沟通交往的能力，维系良好的人际关系，从而能够站在社会的角度提高自身对社会的积极影响。大学生也能够在主动实践的过程中了解到社会发展需要每一个个体都贡献自己的力量，每一个个体都要将自己的发展与社会发展相联系，才能在实践的

---

① 马克思恩格斯选集（第3卷）[M].北京：人民出版社，2012：355.

过程中坚定建设国家的决心，从而促进大学生自身的健康成长与全面发展。因此，大学生在主动实践过程中，用心检验理论学习的正确性，体会自身成长与社会发展相结合的重要性，从而树立科学的国情观，培养自身的家国情怀。

3.牢固树立民族担当精神

新时代赋予我们的历史使命是实现伟大复兴的梦想，这是全体中国人民的共同心声和共同夙愿。大学生作为国家发展、时代进步的主力军，更是要担当起民族复兴大任，坚守爱国主义精神，牢记肩负的时代使命，切实巩固国家意识、涵养爱国情怀、激昂强国之志，并将爱国主义情感转化为理性自觉的爱国主义行为，成为建设社会主义现代化强国的主力军，做有明确使命的时代新人。

树立民族担当精神，要求大学生认识到自己所担负的历史责任。大学生应当爱党爱国、爱人民，坚决维护祖国统一，坚决拥护民族团结，树立崇高的理想信念，树立实现中华民族伟大复兴中国梦的远大理想，自觉将个人发展和祖国前途命运紧密结合。

树立民族担当精神，要求大学生能够为担当重任而拼搏奋进。大学生要有锲而不舍的奋进精神，要有驰而不息的拼搏力量，要有不畏艰难、锐意进取的精神，要有不辱使命、躬身力行的实践态度；到国家需要的地方实现自己的人生价值，在民族复兴过程中建功立业，不断成长奋进。

4.进一步造就自信心态

（1）准确认识世界发展大势

当今世界处于全球化的背景之下，世界各国的联系异常紧密，所以，必须将新时代爱国主义放到国际化的视野中来看待，和国际主义联系起来。

习近平要求大学生："正确认识世界和中国发展大势，正确认识中国特色和国际比较……"[1]树立国际意识的逻辑起点是正确认识世界和中国发展大势，这是新时代大学生国情教育工作的重要任务。中国为什么选择了社会主义道路？我们又是怎样走上中国特色社会主义道路的？资本主义道路和社会道路未来的发展前景是什么样的？这是大学生正确认识和把握人

---

[1] 习近平在全国高校思想政治工作会议上强调：把思想政治工作贯穿教育教学全过程　开创我国高等教育事业发展新局面[N].人民日报，2016-12-09.

类社会发展规律,正确认识中国现行制度优越性的必要前提。而后,进一步"正确认识中国特色和国际比较",这是客观认识中国、看待外部世界的重要一环,也是培育科学国情观自信心态的关键环节。

(2)加强中外文化交流互动

俗话说:读万卷书,行万里路。进行国情自我教育,只是停留在书本上或理论层面是远远不够的,必须不断走出去,多实践,通过实地考察,与当地人沟通交流的方式才能够真正认识世界,丰富国际视野。《关于加强和改进中外人文交流工作的若干意见》[①]指出,要坚持兼容并蓄、和而不同的原则,加强各个国家民族之间的交流,推动文明互鉴。进入新时代,世界各国之间的交流更加紧密,中国的发展不能脱离世界进行,闭门造车是行不通的,我们必须以更加包容的心态增强与世界各国、各地区之间的互动交流。我们要积极学习世界上其他国家的先进文化,汲取先进的经验,为我们所用;运用多种途径传播中华文化,让更多外国人认识、了解真正的中国。如果有机会出国,要争当中外文化交流的民间大使,要记得注意自己的言行举止,因为你代表的就是中国的形象。

(3)正确看待自身发展水平

不可否认,现实社会中还存在许多不足。我们应该客观看待这些不足,不能否认这些问题的存在,但是也不可过于夸大事实。而现在很多大学生过多关注过去历史上的苦难和屈辱,看不到自身发展所取得的成就,这在潜意识里会弱化对于中国未来发展前景的期盼。同时,我们也要认识到,自党的十八大以来取得的成就也是毋庸置疑的,曾经挨打落后的中国已经逐渐走进世界舞台的中央,这只雄狮已经苏醒了,这日益强大的综合国力是我们理性爱国的强有力的支柱。

我们要在充分了解世界大势、了解中国发展现状、正确认识自身优点和不足的基础上,正确认识中国社会发展的现状,有助于增强"四个自信",更好地投身社会主义伟大事业的建设。

---

① 中共中央办公厅 国务院办公厅印发《关于加强和改进中外人文交流工作的若干意见》_最新政策_中国政府网[EB/OL]. http://www.gov.cn/zhengce/2017-12/21/content_5249241.htm.

参考文献

1.经典著作

[1] 马克思恩格斯全集(第3卷)[M].北京:人民出版社,1965.
[2] 马克思恩格斯全集(第23卷)[M].北京:人民出版社,1972.
[3] 列宁全集(第40卷)[M].北京:人民出版社,1986.
[4] 毛泽东选集(第1卷)[M].北京:人民出版社,1991.
[5] 毛泽东选集(第2卷)[M].北京:人民出版社,1991.
[6] 毛泽东文集(第4卷)[M].北京:人民出版社,1991.
[7] 邓小平文选(第3卷)[M].北京:人民出版社,1993.
[8] 邓小平文选(第2卷)[M].北京:人民出版社,1994.
[9] 马克思恩格斯选集(第1卷)[M].北京:人民出版社,1995.
[10] 马克思恩格斯选集(第3卷)[M].北京:人民出版社,1995.
[11] 马克思恩格斯选集(第4卷)[M].北京:人民出版社,1995.
[12] 列宁选集(第1卷)[M].北京:人民出版社,1995.
[13] 列宁选集(第3卷)[M].北京:人民出版社,1995.
[14] 列宁选集(第4卷)[M].北京:人民出版社,1995.
[15] 毛泽东选集(第3卷)[M].北京:人民出版社,1996.
[16] 毛泽东文集(第8卷)[M].北京:人民出版社,1999.
[17] 马克思恩格斯文集(第2卷)[M].北京:人民出版社,2009.
[18] 马克思恩格斯文集(第3卷)[M].北京:人民出版社,2009.
[19] 马克思恩格斯文集(第10卷)[M].北京:人民出版社,2009.
[20] 马克思恩格斯选集(第2卷)[M].北京:人民出版社,2012.

2.报纸

[1] 习近平. 紧紧围绕坚持和发展中国特色社会主义 学习宣传贯彻党的十八大精神[N]. 人民日报, 2012-11-19.

[2] 习近平. 在中央党校建校80周年庆祝大会暨2013年春季学期开学典礼上的讲话[N]. 人民日报, 2013-03-03.

[3] 习近平在出席金砖国家领导人第五次会晤前夕接受媒体采访[N]. 人民日报, 2013-03-20.

[4] 中共中央关于全面深化改革若干重大问题的决定[N]. 人民日报, 2013-11-16.

[5] 习近平. 把握大局审时度势统筹兼顾科学实施 坚定不移朝着全面深化改革目标前进[N]. 人民日报, 2014-01-23.

[6] 习近平在德国科尔伯基金会的演讲[N]. 人民日报, 2014-03-30.

[7] 习近平在布鲁日欧洲学院的演讲[N]. 人民日报, 2014-04-02.

[8] 习近平. 青年要自觉践行社会主义核心价值观——在北京大学师生座谈会上的讲话[N]. 人民日报, 2014-05-05.

[9] 习近平. 积极树立亚洲安全观 共创安全合作新局面——在亚洲相互协作与信任措施会议第四次峰会上的讲话[N]. 人民日报, 2014-05-22.

[10] 习近平. 在庆祝中华人民共和国成立65周年招待会上的讲话[N]. 人民日报, 2014-10-01.

[11] 习近平. 共倡开放包容 共促和平发展[N]. 人民日报, 2015-10-23.

[12] 习近平在中共中央政治局第二十九次集体学习时强调: 大力弘扬伟大爱国主义精神 为实现中国梦提供精神支柱[N]. 人民日报, 2015-12-31.

[13] 习近平在庆祝中国共产党成立95周年大会上的讲话[N]. 人民日报, 2016-07-02.

[14] 习近平在学习《胡锦涛文选》报告会上的讲话[N]. 人民日报, 2016-09-30.

[15] 习近平. 在纪念红军长征胜利80周年大会上的讲话[N]. 人民日报, 2016-10-22.

[16] 习近平在全国高校思想政治工作会议上强调: 把思想政治工作贯穿教育教学全过程 开创我国高等教育事业发展新局面[N]. 人民日报, 2016-12-09.

[17] 中共中央国务院印发《关于加强和改进新形势下高校思想政治工作的意见》[N].人民日报,2017-02-28.

[18] 习近平对黄大年同志先进事迹作出重要指示[N].人民日报,2017-05-25.

[19] 中国共产党第十九次全国代表大会在京闭幕[N].人民日报,2017-10-25.

[20] 习近平.决胜全面建成小康社会夺取新时代中国特色社会主义伟大胜利——在中国共产党第十九次全国代表大会上的报告[N].人民日报,2017-10-28.

[21] 中华人民共和国国家统计局:中华人民共和国2017年国民经济和社会发展统计公报[N].人民日报,2018-02-28.

[22] 习近平.在纪念周恩来同志诞辰120周年座谈会上的讲话[N].人民日报,2018-03-02.

[23] 习近平.在第十三届全国人民代表大会第一次会议上的讲话[N].人民日报,2018-03-21.

[24] 习近平.在庆祝海南建省办经济特区30周年大会上的讲话[N].人民日报,2018-04-14.

[25] 习近平在北京大学师生座谈会上的讲话[N].人民日报,2018-05-03.

[26] 习近平.在庆祝改革开放40周年大会上的讲话[N].人民日报,2018-12-19.

3.论文专著

[1] 龚自珍全集(上册)[M].北京:中华书局,1959.

[3] 列宁.哲学笔记[M].北京:人民出版社,1974.

[4] 李小江.共产国际有关中国革命的文献资料(第一辑)1919—1928[M].北京:中国社会科学出版社,1981.

[5] 金性尧.实事求是的"国情观"[J].读书,1982(03).

[6] 中共中央文件选集(第2卷)[M].北京:中共中央党校出版社,1983.

[7] 中华人民共和国教育大事记(1949—1982)[M].北京:教育科学出版社,1984.

[8] 中国教育年鉴(1949—1981)[M].北京:中国大百科全书出版社,1984.

[9] 杨中.论老舍三十年代初期之国情观——也论《猫城记》[J].四川大学学报(哲学社会科学版),1984(02).

[10] 马克思恩格斯论教育(修订本)[M].北京：人民教育出版社,1986.

[11] 韩振峰.国情学[M].北京：中央国际出版社,1990.

[12] 晏开利、陆勤.对大学生进行国情教育的若干思考[J].高等师范教育研究,1991(05).

[13] 中国教育年鉴1992[M].北京：人民教育出版社,1993.

[14] 中国教育年鉴1993.[M]北京：人民教育出版社,1994.

[15] 中国教育年鉴1995.[M]北京：人民教育出版社,1996.

[16] 中华人民共和国重要教育文献(1949—1975)[M].海口：海南出版社,1998.

[17] 邓小平思想年谱(1975—1997)[M].北京：中央文献出版社,1998.

[18] 李大钊文集(第3卷)[M].北京：人民出版社,1999.

[19] 江泽民.江泽民论社会主义精神文明建设[M].北京：中央文献出版社,1999.

[20] 庄福龄.简明马克思主义史[M].北京：人民出版社,1999.

[21] 中共中央文献研究室编.毛泽东邓小平江泽民论青少年和青少年工作[M].北京：中央文献出版社,2000.

[22] 王瑞生、黎德华.读懂马克思[M].成都：四川人民出版社,2001.

[23] 张耀灿、陈万柏.思想政治教育学原理[M].北京：高等教育出版社,2001.

[24] 冯昆.张澍军.论毛泽东的国情观及其思想理论启示——纪念毛泽东同志诞辰110周年[J].思想教育研究,2003(12).

[25] 郑志发,黎辉.爱国主义教育结构探析[J].南昌大学学报,2005(05).

[26] 宁馨.略论邓小平国情观的主要特点[J].理论导刊,2005(01).

[27] 中共中央文献研究室.十六大以来重要文献选编[M].北京：中央文献出版社,2006.

[28] 张耀灿.中国共产党思想政治教育简史[M].武汉：华中师范大学出版社,2006.

[29] 武东升.应高度重视高校的国情教育工作[J].山西煤炭管理干部学院学报,2006(3).

[30] 教育部社会科学司组编.普通高校思想政治理论课文献选编(1949—2008)[M].北京：中国人民大学出版社,2008.

[31] 赖亦明,汪荣有.马克思主义基本原理专题研究[M].合肥:安徽大学出版社,2009.

[32] 王占仁.共产国际联共布与马克思主义中国化研究(1919-1943)[D].东北师范大学,2009.

[33] 李德芳等.中国共产党思想政治教育史料选编[M].武汉:武汉大学出版社,2009.

[34] 谭蔚沁.论马克思"人的全面发展理论"与大学生创业教育[J].思想战线,2009(05).

[35] 田晓玉.推进社会主义民主政治建设的若干思考[M].北京:知识产权出版社,2010.

[36] 骆郁廷主编.当代大学生思想政治教育[M].北京:中国人民大学出版社2010.

[37] 解丹.高校加强基本国情教育[D].中国地质大学,2011.

[38] 张耀灿.中国共产党思想政治教育史论[M].北京:高等教育出版社,2011.

[39] 张幕薄,魏志渊.创新高校国情教育 提升青年历史责任[J].中国高等教育,2011(11).

[40] 罗庆宏.胡锦涛对弘扬和培育中华民族精神的论述及其意义[J].胜利油田党校学报,2011(01).

[41] 张士义,王祖强.决策:中国共产党全国代表大会纵览[M].杭州:浙江教育出版社,2012.

[42] 龚惠香.高校思想政治理论教育教学改革研究与实践[M].杭州:浙江大学出版社,2012.

[43] 胡锦涛.坚定不移沿着中国特色社会主义道路前进为全面建成小康社会而奋斗——在中国共产党第十八次全国代表大会上的报告[M].北京:人民出版社,2012.

[44] 李雅莉.毛泽东的国情观与马克思主义中国化[J].前沿,2012(08).

[45] 习近平谈治国理政[M].北京:外文出版社,2014.

[46] 玛雅."制度自信"——一个其他模式选择的存在与成功[M].北京:外文出版社,2015.

[47] 教育部思想政治工作司组编.加强和改进大学生思想政治教育重要文献选编(1978—2014)[M].北京:知识产权出版社,2015.

[48] 胡鞍钢, 鄢一龙. 中国国情与发展[M]. 北京: 中国人民大学出版社, 2016.
[49] 李晶晶. 大学生科学国情观培育研究[D]. 河南大学, 2017.
[50] 习近平. 习近平谈治国理政(第2卷)[M]. 北京: 外文出版社, 2017.
[61] 党的十九大报告[M]. 北京: 人民出版社, 2017.